Défi 3

B1

MÉTHODE DE FRANÇAIS
LIVRE DE L'ÉLÈVE + CD

Auteurs :
Pascal Biras
Anna Chevrier
Stéphanie Witta

Raphaële Fouillet
(précis de grammaire)

Christian Ollivier
(stratégies de lecture et d'écoute)

Conseil pédagogique
et révision
Agustín Garmendia

maison des langues

www.emdl.fr/fle

AVANT PROPOS

Défi, ou comment éveiller la curiosité de l'apprenant

Nous sommes ravis de vous présenter notre nouvelle méthode de français pour grands adolescents et adultes. Si nous avons accepté de relever ce défi, c'est surtout pour vous proposer à vous, professeurs et apprenants de FLE du monde entier, une approche originale et motivante qui place la culture comme élément fondamental dans l'apprentissage de la langue.

Dans Défi, **le fait culturel et socioculturel se met au service des acquisitions linguistiques**. C'est au travers d'éléments culturels, multiculturels et de faits de société que l'apprenant éprouve spontanément le besoin d'acquérir des outils linguistiques. C'est pour cette raison que nous nous sommes attachés à proposer **des documents qui intéressent vraiment les apprenants**, et ce, au-delà du contexte de l'apprentissage de la langue. Nous sommes effectivement convaincus que **l'apprentissage se fait plus facilement lorsque l'on fait naître un réel intérêt chez l'apprenant**, lorsque l'on éveille sa curiosité, ce qui le pousse à s'investir dans son apprentissage.

Nous avons également accordé une **place primordiale à l'interculturalité**, car réagir et interagir à partir de sa propre identité et de son vécu est, selon nous, l'un des fondamentaux de la motivation en classe de FLE. Sans aucun doute, le défi consistait à proposer **des documents intéressants où la langue est utilisée en contexte, tout en étant abordable pour des apprenants de niveau B1.** Nous avons relevé ce défi grâce aux stratégies de lecture et d'écoute. Dans cette méthode, l'apprenant met en place des stratégies à partir de ses connaissances préalables sur le monde, sur les genres et les typologies de documents, et à partir de ses propres connaissances linguistiques. Ces stratégies l'aident à comprendre les documents, à travailler en autonomie et, surtout, à développer son savoir-faire.

L'apprenant prend ainsi plaisir à découvrir les textes et à développer ses propres outils linguistiques. C'est pourquoi, nous avons également souhaité faciliter le processus d'acquisition de ces outils. Dans Défi, **la grammaire est traitée de manière progressive et inductive** : l'apprenant réfléchit sur les points de grammaire abordés dans les documents, puis co-construit sa compétence grammaticale. **Le lexique fait également l'objet d'un processus d'acquisition réfléchi. L'apprenant est amené à se l'approprier selon ses goûts et ses besoins** : créer ses propres cartes mentales, reconnaître les collocations les plus courantes, comparer avec sa langue maternelle… **Autant d'éléments qui assurent un apprentissage efficace et qui permettent à l'apprenant d'aborder sereinement les activités, les micro-tâches et les tâches finales (les défis) de fin de dossier**.

Enfin, conscients que les apprenants sont habitués à chercher des informations sur Internet et à utiliser les applications mobiles dans leur vie quotidienne, nous avons souhaité mettre ces **pratiques numériques au service de l'apprentissage du français**. Ainsi, nous vous proposons un environnement numérique complet sur l'Espace virtuel avec des défis supplémentaires qui mettent à profit les habitudes numériques des apprenants, des vidéos authentiques, des exercices autocorrectifs, etc.

Nous vous souhaitons, à toutes et à tous, de beaux moments en classe de FLE, riches en activités ludiques et en découvertes culturelles, avec des apprenants plus que jamais motivés par leur apprentissage.

**Les auteurs et l'équipe
des Éditions Maison des Langues**

DYNAMIQUE DES UNITÉS

Structure du livre de l'élève

- 9 unités de 14 pages chacune
- 1 précis de grammaire
- des tableaux de conjugaison
- un mémento des stratégies de lecture et d'écoute
- la transcription des enregistrements des documents audio et vidéo
- des cartes de la francophonie, de l'Europe et de la France

▶ Chaque unité est composée de deux dossiers thématiques de six pages chacun et d'une page de lexique.

La page d'ouverture de l'unité

UN TITRE
évoquant la thématique de l'unité

LES TÂCHES FINALES
deux défis adaptés à la progression des apprenants

UNE PRÉSENTATION
des deux dossiers thématiques

LES POINTS DE CULTURE(S) ET SOCIÉTÉ(S)
francophones traités dans chaque dossier

UN DÉFI NUMÉRIQUE
une tâche complémentaire et indépendante qui met à profit les habitudes numériques des apprenants

LES POINTS LANGAGIERS
(communication, grammaire, lexique)

trois **3**

DYNAMIQUE DES UNITÉS

Deux dossiers culturels construits de la même façon

Une double-page *Découvrir* très visuelle et présentée comme un magazine pour découvrir la thématique culturelle du dossier.

🎧 DES AUDIOS
indiqués par un pictogramme avec le numéro de la piste audio

Une colonne d'activités de compréhension globale des documents

DES ENCADRÉS *AH BON ?!*
proposant des informations culturelles complémentaires sur la thématique

▶ DES VIDÉOS
indiquées par un pictogramme avec le numéro de la vidéo à retrouver sur espacevirtuel.emdl.fr

UN PANIER DE LEXIQUE
une collecte des acquis lexicaux des apprenants

4 quatre

DYNAMIQUE DES UNITÉS

Deux doubles-pages *Construire et (inter)agir* et *Construire et créer*, construites à partir de documents culturels authentiques qui amènent l'apprenant à découvrir la langue en contexte.

AVANT DE LIRE : des activités pour préparer à la lecture

LIRE, COMPRENDRE ET RÉAGIR : des activités de compréhension du document

ÉCOUTER, COMPRENDRE ET RÉAGIR pour comprendre un audio en relation avec le document

TRAVAILLER LA LANGUE pour découvrir des points de grammaire et de lexique de manière inductive

PRODUIRE ET INTERAGIR pour co-construire ses apprentissages

REGARDER, COMPRENDRE ET RÉAGIR : pour comprendre une vidéo en lien avec la thématique à retrouver sur espacevirtuel.emdl.fr accompagnées d'exploitations pédagogiques complémentaires

SL DES STRATÉGIE DE LECTURE ET
SE D'ÉCOUTE indiquées par un pictogramme et développées dans un mémento en fin d'ouvrage.

DÉFI en fin de dossier : une tâche mobilisant l'ensemble des acquis linguistiques et culturels du dossier

cinq **5**

DYNAMIQUE DES UNITÉS

Une page par unité consacrée au lexique

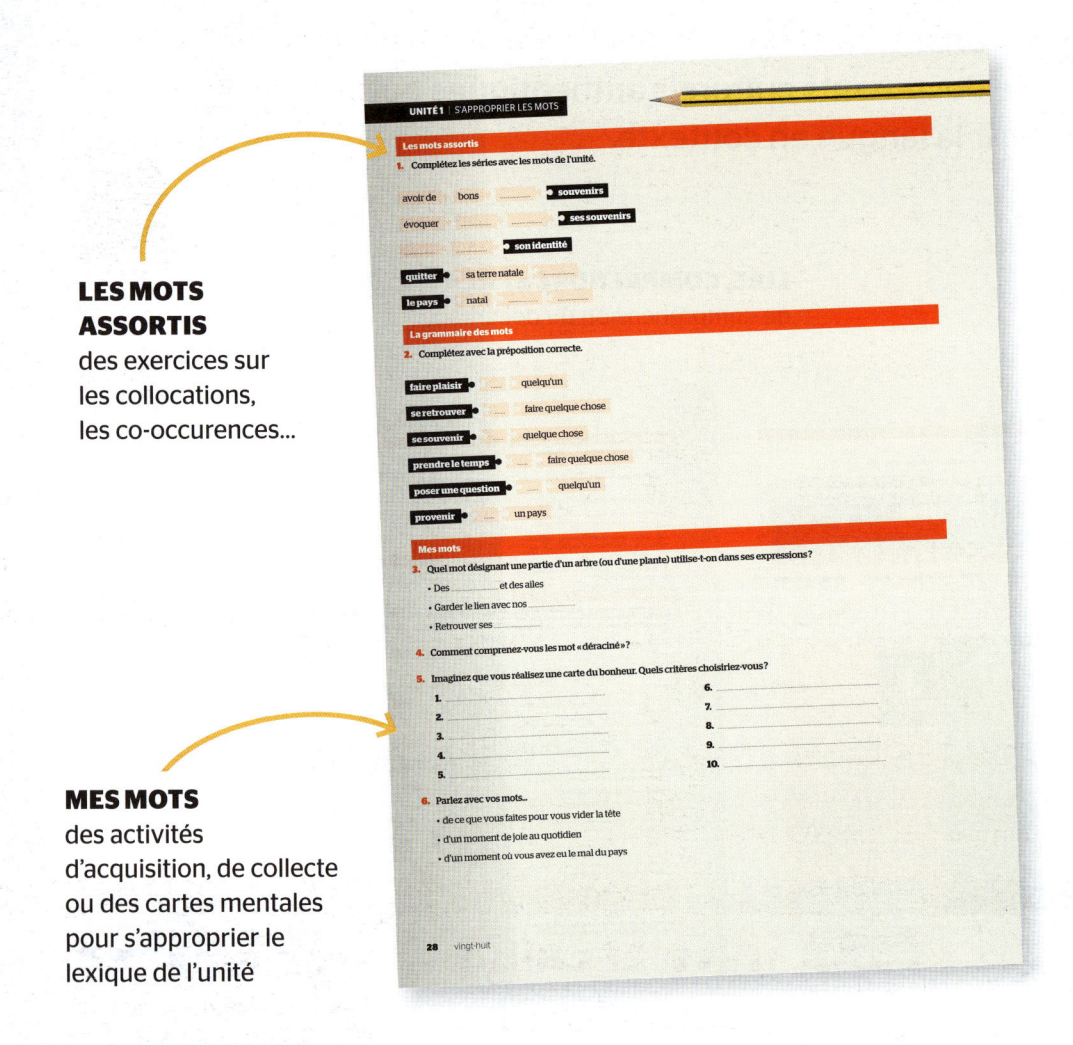

LES MOTS ASSORTIS
des exercices sur les collocations, les co-occurences...

MES MOTS
des activités d'acquisition, de collecte ou des cartes mentales pour s'approprier le lexique de l'unité

Un mémento des stratégies de lecture et d'écoute utilisées dans le livre

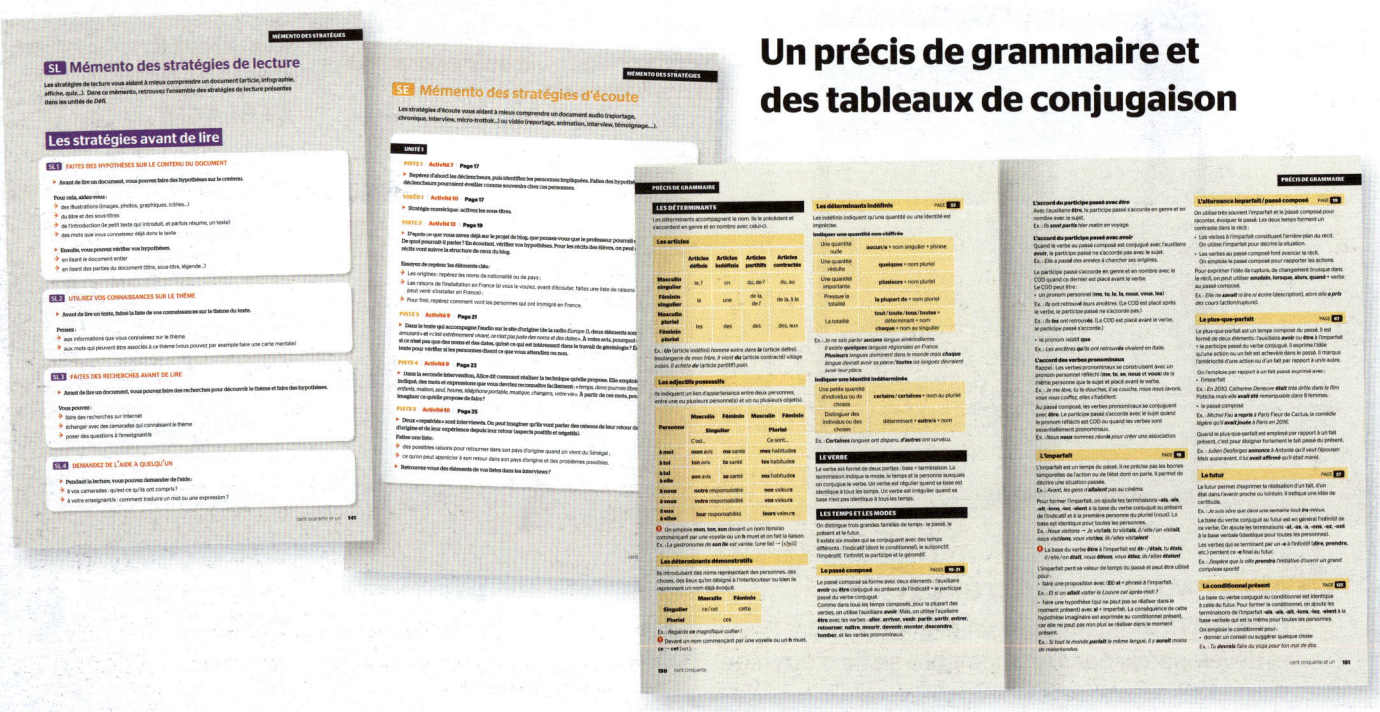

Un précis de grammaire et des tableaux de conjugaison

6 six

Défi

L'OFFRE NUMÉRIQUE DE *DÉFI*
UNE CONTINUITÉ COMPLÈTE ET MOTIVANTE DE VOTRE MANUEL

- Travaillez où que vous soyez
- En toute autonomie
- Avec des contenus actuels, en images et adaptés à votre niveau

Parcourez l'ensemble des ressources en ligne de *Défi*

vidéos authentiques
avec des exercices autocorrectifs

exercices autocorrectifs
pour mettre en pratique la grammaire et le lexique

autoévaluations autocorrectives
des examens clés en main par compétence

défi numérique
des tâches complémentaires à réaliser en ligne

livre et cahier numérique
avec les activités 100% interactives

Toutes les ressources numériques de *Défi* sont sur

espace virtuel
La plateforme pédagogique en ligne qui vous facilite la vie !

Activez votre compte sur **espacevirtuel.emdl.fr**

Livre de l'élève et cahier d'exercices en version **optimisée pour tablette et ordinateur**

Accessible **hors connexion** grâce à l'application

TABLEAU DES CONTENUS

01 DES RACINES ET DES AILES

p. 15 - 28

DOSSIERS

DOSSIER 01
Avant

DOSSIER 02
Après

DÉFIS

DÉFI #01
Créer une vidéo sur un souvenir d'un/e camarade

DÉFI #02
Participer à un concours d'écriture sur le thème des migrations du futur

DÉFI #03 DÉFI NUMÉRIQUE
espacevirtuel.emdl.fr

CULTURE(S) ET SOCIÉTÉ(S)

- La fabrique des souvenirs
- Le récit de mes origines
- 13 millions de branches
- À la recherche du bonheur
- Le phénomène des « repats »
- La prochaine grande migration : Mars !

02 ALLEZ, RACONTE !

p. 29 - 42

DOSSIERS

DOSSIER 01
Les traditions

DOSSIER 02
Les contes

DÉFIS

DÉFI #01
Présenter une tradition de son pays et donner des conseils aux visiteurs

DÉFI #02
Imaginer la vie actuelle d'un personnage de conte

DÉFI #03 DÉFI NUMÉRIQUE
espacevirtuel.emdl.fr

CULTURE(S) ET SOCIÉTÉ(S)

- Les traditions de Noël
- Les fêtes traditionnelles à La Réunion
- Quand la tradition fait débat
- Pourquoi lire des contes aux enfants ?
- *Amna et sa marâtre*
- Les griots : des bibliothèques vivantes

03 LANGUES VIVANTES

p. 43 - 56

DOSSIERS

DOSSIER 01
Les mots venus d'ailleurs

DOSSIER 02
Langues multiples et langue unique

DÉFIS

DÉFI #01
Organiser un débat sur une question linguistique

DÉFI #02
Faire une infographie sur les langues de la classe

DÉFI #03 DÉFI NUMÉRIQUE
espacevirtuel.emdl.fr

CULTURE(S) ET SOCIÉTÉ(S)

- Le fleuve du français
- L'étude des langues de l'Antiquité (le latin et le grec ancien)
- Le congrès mondial d'espéranto au Québec
- Les langues régionales françaises
- Voir le monde avec la langue
- Si on parlait tous la même langue ?

TABLEAU DES CONTENUS

▶ Vidéos disponibles sur espacevirtuel.emdl.fr

COMMUNICATION
- évoquer un souvenir lié à une émotion
- raconter un récit au passé
- parler de ses origines
- exprimer des sentiments
- parler de sa recette du bonheur
- dire son mécontentement
- parler de ses rêves, de ses souhaits et de ses projets

GRAMMAIRE
- l'alternance imparfait et passé composé
- l'accord du participe passé avec *avoir*
- parler de ses projets (*avoir l'intention de, envisager de...*)
- le futur simple (rappel)
- les pronoms possessifs
- exprimer l'opposition (*alors que, tandis que...*)

LEXIQUE
- les souvenirs, les émotions et les sentiments (1)
- le parcours migratoire
- la famille, les ancêtres
- la généalogie
- les souhaits et les projets
- la carrière professionnelle
- exprimer l'insatisfaction
- le voyage spatial, la BD

VIDÉO
▶ 1. La madeleine de Proust

COMMUNICATION
- parler des traditions
- questionner l'utilité et l'actualité des traditions
- conseiller, recommander
- exprimer des sentiments
- raconter une histoire
- parler des différences culturelles des contes
- situer des événements
- décrire sa relation aux autres

GRAMMAIRE
- *il faut que / il ne faut pas que*
- le subjonctif présent
- la mise en relief avec *c'est / ce sont* (1)
- les pronoms compléments d'objet direct et indirect (rappel)
- les pronoms *en* et *y* (rappel)
- les pronoms toniques

LEXIQUE
- les traditions et la modernité
- les codes culturels
- les traditions et le gavage
- les sentiments (2)
- l'apprentissage
- les caractéristiques des contes et les formulettes
- les indicateurs temporels

VIDÉO
▶ 2. La photo du bébé
▶ 3. Une nouvelle façon de faire du foie gras

COMMUNICATION
- parler des origines et de l'influence d'une langue
- exprimer son intérêt
- exprimer son opinion, son accord et son désaccord
- parler de sa relation aux langues et de leur apprentissage
- caractériser une langue
- faire des hypothèses imaginaires

GRAMMAIRE
- les pronoms relatifs composés (*lequel, duquel, auquel...*)
- les verbes d'opinion (*penser, croire, trouver*) avec l'indicatif et le subjonctif
- les indéfinis (*certains, plusieurs, quelques*)
- l'hypothèse imaginaire avec *si* + imparfait et conditionnel

LEXIQUE
- les langues et les mots d'origines étrangères
- les passions et les intérêts
- l'utilité et l'utilisation d'une langue
- les caractéristiques et la richesse des langues
- le langage et la communication

VIDÉO
▶ 4. Les langues autochtones du Canada

neuf **9**

TABLEAU DES CONTENUS

04 BÊTES DE SCÈNE

p. 57 - 70

DOSSIERS

DOSSIER 01
Le spectacle vivant

DOSSIER 02
De la scène à l'écran

DÉFIS

DÉFI #01
Créer le programme d'un festival de spectacles vivants

DÉFI #02
Faire une exposition sur les films culte de la classe

DÉFI #03 DÉFI NUMÉRIQUE
espacevirtuel.emdl.fr

CULTURE(S) ET SOCIÉTÉ(S)

- Les festivals en Belgique
- Le cirque Phare au Cambodge
- L'opéra français
- Trois comédies françaises culte
- Le retour du théâtre de boulevard
- Un pensionnaire de la Comédie-Française

05 LE MONDE 2.0

p. 71 - 84

DOSSIERS

DOSSIER 01
L'indispensable 2.0

DOSSIER 02
Vivre connectés

DÉFIS

DÉFI #01
Présenter une application farfelue

DÉFI #02
Créer un post pour défendre une cause

DÉFI #03 DÉFI NUMÉRIQUE
espacevirtuel.emdl.fr

CULTURE(S) ET SOCIÉTÉ(S)

- La folie des applis
- L'illectronisme
- Le selfie, narcissisme ou forme d'expression sociale ?
- Tous connectés
- Les profs youtubeurs en France
- Le hashtivisme au Maroc

06 À CONSOMMER AVEC MODÉRATION

p. 85 - 98

DOSSIERS

DOSSIER 01
La jungle de l'information

DOSSIER 02
La publicité

DÉFIS

DÉFI #01
Rédiger un fait divers

DÉFI #02
Faire un exposé

DÉFI #03 DÉFI NUMÉRIQUE
espacevirtuel.emdl.fr

CULTURE(S) ET SOCIÉTÉ(S)

- Les Français et les médias
- L' éducation aux médias à l'école en France
- L'infobésité
- Le sexisme dans la pub
- L'influence de la publicité sur la santé des enfants
- La pollution publicitaire

10 dix

TABLEAU DES CONTENUS

Vidéos disponibles sur
espacevirtuel.emdl.fr

COMMUNICATION
- parler des arts de la scène
- caractériser des gens, des choses et des actions
- donner un avis sur un spectacle
- parler de cinéma et de théâtre
- résumer l'intrigue d'une pièce ou d'un film
- parler d'événements successifs ou simultanés
- parler de la carrière d'un/e artiste

GRAMMAIRE
- Le pronom *dont*
- le participe présent (1)
- exprimer la postériorité et l'antériorité (*après*, *avant de*)
- le plus-que-parfait
- exprimer la simultanéité

LEXIQUE
- les arts de la scène
- les mots pour qualifier un spectacle
- les positions et les mouvements du corps
- le cinéma, le théâtre, le succès, les prix
- les expressions avec *faire* et *prendre*
- la carrière artistique

VIDÉO
- 5. La comédie musicale *Notre-Dame de Paris*
- 6. Un extrait de l'opéra *Les Contes d'Hoffmann*
- 7. L'interview de Catherine Frot

COMMUNICATION
- décrire une application et son fonctionnement
- parler de l'inégalité numérique
- nuancer des propos
- analyser la mode des selfies
- parler des usages d'Internet
- parler de l'apprentissage sur YouTube
- exprimer la surprise
- parler d'engagement 2.0

GRAMMAIRE
- exprimer la concession
- les pronoms indéfinis
- exprimer le but
- les structures pour exprimer une opinion (2)
- le subjonctif passé

LEXIQUE
- les applications
- Internet et la Toile
- les démarches sur Internet
- les selfies
- exprimer la surprise (*ça m'étonne que...*)
- l'engagement citoyen pour défendre une cause

VIDÉO
- 8. L'application TikTok
- 9. L'illectronisme
- 10. Les stars du Web
- 11. Le hashtivisme à Marseille

COMMUNICATION
- parler de sa relation aux médias et à l'information
- échanger sur la vérification de l'information
- échanger sur la publicité
- parler de l'influence de la publicité
- débattre de la santé publique
- rapporter les propos de quelqu'un

GRAMMAIRE
- la forme passive
- exprimer la certitude et le doute
- les verbes introducteurs
- le discours rapporté au passé

LEXIQUE
- les médias et l'actualité
- les expressions pour introduire une information
- la surconsommation médiatique
- la publicité
- les connecteurs logiques pour structurer un texte écrit et un exposé

VIDÉO
- 12. L'infobésité
- 13. Résister à la publicité

TABLEAU DES CONTENUS

07 PLANÈTE PAS NETTE

p. 99 - 112

DOSSIERS

DOSSIER 01
Les déchets

DOSSIER 02
Le changement climatique

DÉFIS

DÉFI #01
Rédiger un test sur l'écocitoyenneté

DÉFI #02
Faire des prédictions apocalyptiques

DÉFI #03 DÉFI NUMÉRIQUE
espacevirtuel.emdl.fr

CULTURE(S) ET SOCIÉTÉ(S)

- Homo détritus *versus* homo recyclus
- Le tri sélectif, un casse-tête
- Des initiatives en francophonie contre le plastique
- Les prédictions de Nostradamus
- L'effet papillon et la chenille du pin
- La montée des eaux en Nouvelle-Calédonie

08 ON LÂCHE RIEN !

p. 113 - 126

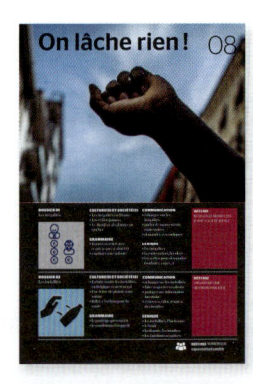

DOSSIERS

DOSSIER 01
Les inégalités

DOSSIER 02
Les incivilités

DÉFIS

DÉFI #01
Rédiger le manifeste d'une société idéale

DÉFI #02
Organiser une réunion publique

DÉFI #03 DÉFI NUMÉRIQUE
espacevirtuel.emdl.fr

CULTURE(S) ET SOCIÉTÉ(S)

- Les inégalités en France
- Les « Gilets jaunes »
- *Le Manifeste des femmes du Québec*
- La lutte contre les incivilités en Belgique et au Sénégal
- Une lettre de plainte à un voisin
- Râler, c'est bon pour la santé

09 ÊTRES DIFFÉRENTS

p. 127 - 140

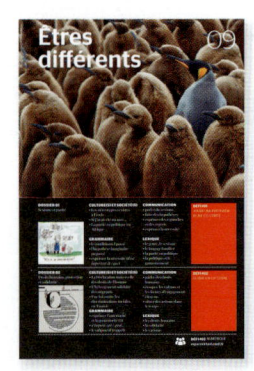

DOSSIERS

DOSSIER 01
Sexisme et parité

DOSSIER 02
Droits humains, protection et solidarité

DÉFIS

DÉFI #01
Jouer une interview d'une célébrité

DÉFI #02
Écrire un éditorial pour dénoncer une loi absurde

DÉFI #03 DÉFI NUMÉRIQUE
espacevirtuel.emdl.fr

CULTURE(S) ET SOCIÉTÉ(S)

- Les stéréotypes sexistes à l'école
- Si j'avais été un mec...
- La parité en politique en Afrique
- La Déclaration universelle des droits de l'homme
- L'hébergement solidaire des migrants
- Une loi contre les discriminations raciales en Tunisie

Mémento des stratégies 141-148

TABLEAU DES CONTENUS

▶ Vidéos disponibles sur espacevirtuel.emdl.fr

COMMUNICATION
- parler des bonnes et des mauvaises pratiques de recyclage
- donner des instructions de recyclage
- évoquer des engagements écocitoyens
- expliquer les causes et les conséquences d'une action, d'un phénomène
- exprimer une crainte

GRAMMAIRE
- exprimer la condition (à condition de / que)
- exprimer l'exclusion (sauf, excepté…) et l'inclusion (y compris, inclus)
- exprimer la cause et la conséquence
- exprimer l'inquiétude, l'angoisse, la peur

LEXIQUE
- les déchets, le recyclage, le tri sélectif
- le réchauffement climatique
- les catastrophes naturelles
- la faune, la flore
- la nominalisation
- la mer et les océans
- l'engagement citoyen

VIDÉO
- ▶ 14. Le 8e continent
- ▶ 15. Lutter contre le plastique
- ▶ 16. Les causes du changement climatique
- ▶ 17. Les conséquences du changement climatique

COMMUNICATION
- échanger sur les inégalités
- parler de mouvements contestataires
- demander, revendiquer
- échanger sur les incivilités
- faire respecter ses droits
- partager une information incertaine
- s'énerver, râler, réagir à des insultes

GRAMMAIRE
- la mise en relief avec ce qui, ce que, ce dont (2)
- exprimer une volonté
- le participe présent à la forme composée
- le conditionnel présent (rappel)

LEXIQUE
- les inégalités
- la contestation, la colère
- les verbes pour demander (souhaiter, exiger…)
- les incivilités, l'incivisme
- le bruit
- la dispute, les insultes
- les émotions négatives

VIDÉO
- ▶ 18. Un discours présidentiel
- ▶ 19. Un collectif à Dakar

COMMUNICATION
- parler du sexisme
- faire des hypothèses
- exprimer la nécessité
- exprimer des reproches et des regrets
- parler des droits humains
- évoquer les valeurs et les formes d'engagement citoyen
- situer des actions dans le temps

GRAMMAIRE
- le conditionnel passé
- l'hypothèse imaginaire au passé
- exprimer la nécessité (il est important de / que)
- exprimer l'antériorité et la postériorité (2)
- n'importe qui / quoi…
- le subjonctif (rappel)

LEXIQUE
- le genre, le sexisme
- le langage familier
- la parité en politique
- la politique et le gouvernement
- les droits humains, la solidarité
- le racisme

VIDÉO
- ▶ 20. France Télévisions casse les clichés
- ▶ 21. La parité à l'Élysée

Précis de grammaire 149-173   **Transcriptions** 174-187   **Cartes** 188-192

Des racines et des ailes

01

DOSSIER 01
Avant

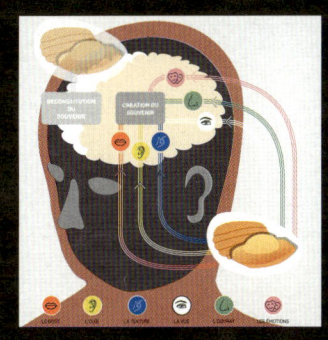

CULTURE(S) ET SOCIÉTÉ(S)
- La fabrique des souvenirs
- Le récit de mes origines
- 13 millions de branches

GRAMMAIRE
- l'alternance imparfait et passé composé
- l'accord du participe passé avec *avoir*

COMMUNICATION
- évoquer un souvenir lié à une émotion
- raconter un récit au passé
- parler de ses origines
- exprimer des sentiments

LEXIQUE
- les souvenirs, les émotions et les sentiments (1)
- le parcours migratoire
- la famille, les ancêtres
- la généalogie

DÉFI #01
CRÉER UNE VIDÉO SUR UN SOUVENIR D'UN/E CAMARADE

DOSSIER 02
Après

CULTURE(S) ET SOCIÉTÉ(S)
- À la recherche du bonheur
- Le phénomène des « repats »
- La prochaine grande migration : Mars !

GRAMMAIRE
- parler de ses projets
- le futur simple (rappel)
- les pronoms possessifs
- exprimer l'opposition

COMMUNICATION
- parler de sa recette du bonheur
- dire son mécontentement
- parler de ses rêves, de ses souhaits et de ses projets

LEXIQUE
- la carrière professionnelle
- exprimer l'insatisfaction
- le voyage spatial, la BD

DÉFI #02
PARTICIPER À UN CONCOURS D'ÉCRITURE SUR LE THÈME DES MIGRATIONS DU FUTUR

DÉFI #03 NUMÉRIQUE
espacevirtuel.emdl.fr

UNITÉ 1

La fabrique des souvenirs

Docteur Grise, spécialiste du cerveau, a répondu aux questions de nos lecteurs à propos de la mémoire et des souvenirs.

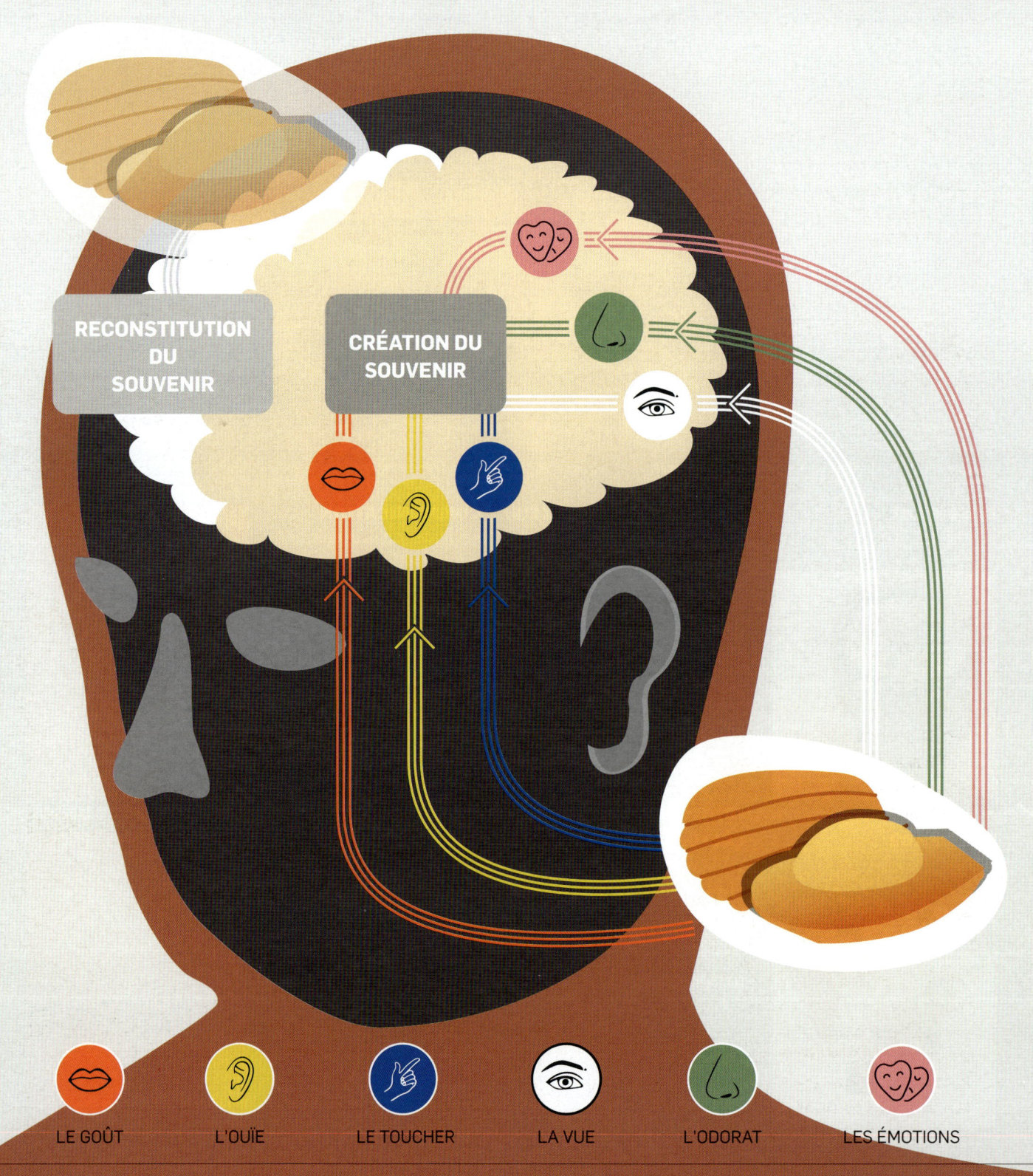

RECONSTITUTION DU SOUVENIR

CRÉATION DU SOUVENIR

LE GOÛT — L'OUÏE — LE TOUCHER — LA VUE — L'ODORAT — LES ÉMOTIONS

Comment fabriquons-nous nos souvenirs ?

C'est tout un processus ! D'abord, nous recevons les informations grâce à des organes récepteurs : les oreilles, le nez, les yeux, la peau et la langue. Ces récepteurs envoient des messages au cerveau qui traite les informations, puis le cerveau les stocke et crée nos souvenirs. Savez-vous que nous avons différentes mémoires ? Par exemple, c'est la mémoire autobiographique qui active les souvenirs d'enfance et qui nous fait revivre des événements que nous avons déjà vécus.

Comment s'activent ces souvenirs ?

De différentes façons : marcher dans la rue, sentir un parfum, écouter une chanson peuvent nous rappeler quelque chose, évoquer un moment de notre enfance, une personne, un lieu… C'est la fameuse madeleine de Proust !

Quelle est l'origine de cette expression ?

Dans son roman *À la recherche du temps perdu*, Marcel Proust raconte comment il s'est souvenu de sa tante et de la ville où il a passé une partie de son enfance en mangeant une madeleine avec du thé. Depuis, l'expression « madeleine de Proust » est entrée dans le langage courant.

Est-ce que nos souvenirs changent ?

Oui, les souvenirs évoluent avec l'âge, avec notre imagination et avec les histoires qu'on nous a transmises.

Pourquoi certains souvenirs disparaissent ?

On ne peut pas se souvenir de tout ! On ne sait pas pourquoi nous nous souvenons de certaines choses et pourquoi nous en oublions d'autres. Mais, on sait que les souvenirs se fixent souvent grâce à des émotions fortes : la peur, la joie, etc. Par contre, on peut aussi se souvenir de choses sans importance.

Pourquoi c'est important de se souvenir ?

Nos souvenirs construisent notre identité, ils nous permettent de garder le lien avec nos racines. Ils expliquent aussi nos comportements à l'âge adulte. On dit souvent que si on ne sait pas d'où on vient, on ne peut pas savoir où on va !

DOSSIER 1 | DÉCOUVRIR

Avant de lire

1. Avez-vous bonne mémoire ? Échangez en classe.

2. Observez l'infographie. À votre avis, qu'est-ce qu'elle explique ? `SL1`

Lire, comprendre et réagir

3. Lisez l'article. Puis, à deux, résumez-le.

4. Que savez-vous sur Marcel Proust ? Échangez en classe, puis lisez l'encadré *Ah bon ?!* `SL6`

5. Êtes-vous d'accord avec la dernière réponse du docteur Grise ? Échangez en classe.

6. Est-ce que vous aimez parler de vos souvenirs ? De quels souvenirs ? Avec qui ?
   - *Avec mes amis, j'aime parler des moments passés ensemble, de nos vacances, mais avec ma famille, c'est différent…*

Écouter, comprendre et réagir

7. Écoutez les témoignages de trois personnes sur leur madeleine de Proust. Puis, complétez le tableau. `SE`

	Mathilde	Tihomir	Saïd
déclencheur			
souvenir			

8. Réécoutez le document. Quel sens évoquent les personnes dans leur témoignage ?
   - Mathilde : _____
   - Tihomir : _____
   - Saïd : _____

9. Quelles sont vos madeleines de Proust ? Échangez en classe.

Regarder, comprendre et réagir

10. Regardez cette vidéo. De quel type de document s'agit-il ? `SE`

11. Pourquoi la femme interrogée dit-elle que la glace est sa madeleine de Proust ?

12. Que s'est-il passé en 1999 et en 2007 ?

Mon panier de lexique

Quels mots pour parler des souvenirs voulez-vous retenir ? Écrivez-les.

Ah bon ?!

Marcel Proust est un écrivain du début du xxᵉ siècle très connu en France. Sa grande œuvre, composée de sept tomes, s'intitule *À la recherche du temps perdu*. Tous les lycéens français en étudient des extraits. C'est dans le premier tome de cette œuvre qu'il évoque la madeleine.

dix-sept **17**

UNITÉ 1

Avant de lire

1. Observez le blog sans le lire. De quoi parle-t-il ? SL1
2. Quelles sont les raisons pour quitter son pays ou sa région ? Échangez en classe. SL2

www.leblogdes6-defi.fr

RÉCIT DE MES ORIGINES
LE BLOG DE LA CLASSE DE 6ᴱ DU COLLÈGE AIMÉ-CÉSAIRE À MARSEILLE

ACCUEIL | ARCHIVES | HISTOIRE | QUI SOMMES-NOUS

Publié le 23 janvier 2019

DIS-MOI D'OÙ TU VIENS

Cette année, mes élèves et moi avons créé un projet pédagogique appelé. **Dis-moi d'où tu viens.** *Ils racontent ici le parcours migratoire de leurs parents ou grands-parents.*

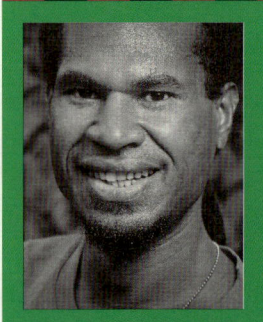

ABOU RACONTE L'HISTOIRE DE SON PÈRE ALPHA

Alpha, le père d'Abou

Mon père est né en Guinée, à Conakry, en 1979. Il allait souvent en France pour les vacances. En 1995, il a visité Marseille. Et voici l'histoire : il montait vers l'église Notre-Dame-de-la-Garde et, soudain, il a fait un malaise. D'après lui, c'était parce qu'il faisait trop froid à Marseille ! Une femme l'a aidé (ma mère), et ils ne se sont plus quittés. Mon père a quitté son pays par amour, il était enthousiaste, mais il était nerveux de rencontrer la famille de ma mère. Rester sans travail, ça l'inquiétait aussi. Il cherchait depuis six mois quand un ami lui a proposé un boulot dans le bâtiment. Ce n'était pas le job de ses rêves, mais il se sentait utile ! Travailler, c'était aussi montrer qu'il avait sa place ici. Avec le temps, mon père a fait des économies et a ouvert un petit commerce, il s'est épanoui en France et il y a construit sa vie. Il a toujours gardé des liens avec sa famille, mais il n'a pas le mal du pays. Il me parle toujours de mes origines, de sa jeunesse à Conakry. Il me transmet la mémoire et l'amour de son pays. Il me dit : « Tu es né en France mon fils, mais tu es aussi guinéen ! »

INÈS RACONTE L'HISTOIRE DE SA GRAND-MÈRE BAYA

Baya, la grand-mère d'Inès

Ma grand-mère est née dans un petit village kabyle, en Algérie. La vie y était agréable lorsque la guerre a éclaté en 1954. Il fallait partir, mais elle ne voulait pas quitter sa terre natale. Sur le bateau qui l'emmenait en France, elle était terrifiée. Comment vivre là-bas, loin et sans sa famille ? Les premiers mois à Marseille ont été durs, mais ma grand-mère était courageuse. Elle ne savait ni lire ni écrire, alors elle a appris. Pour elle, c'était une chance d'aller à l'école. Et puis, plus tard, elle a rencontré mon grand-père. Ils se sont mariés, ils ont eu des enfants. Ma grand-mère est heureuse en France, son pays d'accueil. Mais elle est parfois nostalgique. Son pays natal, sa région, la douce Kabylie, lui manque. Quand elle en parle, elle est triste, raconter ses souvenirs la fait souffrir.

Ah bon ?!

En France, selon l'Institut national d'études démographiques, 40 % des Français ont des grands-parents étrangers. 36 % viennent d'Europe, le pays le plus représenté est le Portugal. 43 % viennent d'Afrique, le plus souvent d'Algérie et du Maroc.

DOSSIER 1 | CONSTRUIRE ET (INTER)AGIR

Lire, comprendre et réagir

3. Lisez l'introduction et confirmez vos hypothèses de l'activité 1. `SL6`

4. Lisez le blog. Quelles sont les raisons du départ d'Alpha et de Baya ?

5. Quelle histoire vous touche le plus ? Pourquoi ?

6. Dans le témoignage d'Inès, comment comprenez-vous les expressions « pays natal » et « pays d'accueil » ?

7. À votre avis, pourquoi le sujet de l'immigration est-il important en France ? Lisez l'encadré *Ah bon ?!* pour vérifier vos réponses.

8. Est-ce qu'un projet similaire vous semble intéressant pour les collégiens de votre pays ?

Travailler la langue

9. Relevez dans le blog les mots ou expressions pour parler des sentiments d'Alpha et de Baya. À deux, complétez l'encadré. Puis, comparez vos réponses avec celles de vos camarades.

EXPRIMER DES SENTIMENTS
- La peur :
- La joie :
- La tristesse, la douleur :

➔ CAHIER D'EXERCICES **P.5**

10. Lisez les phrases suivantes. Pourquoi y a-t-il deux temps différents ? Qu'expriment-ils ?

— La vie y **était** agréable lorsque la guerre **a éclaté** en 1954.
— Il **montait** vers l'église et, soudain, il **a fait** un malaise.
— Elle ne **savait** ni lire ni écrire, alors elle **a appris**.
— Il **cherchait** depuis six mois quand un ami lui **a proposé** un boulot.

11. Soulignez les mots qui précèdent le passé composé dans les phrases précédentes. Puis, complétez le tableau.

L'IMPARFAIT ET LE PASSÉ COMPOSÉ

Dans un récit au passé, on utilise l'imparfait et le passé composé.
- L'imparfait décrit une situation en cours, des sentiments, un contexte.
Ex.: *La vie y **était** agréable.*
Ex.:

- Le passé composé fait avancer le récit. Il introduit un changement ou une rupture dans la situation. Souvent, cette rupture est introduite par **lorsque**, _____, _____, _____.
Ex.: *lorsque la guerre **a éclaté**.*
Ex.:

➔ CAHIER D'EXERCICES **P.5**

12. Est-ce que cela fonctionne de la même manière dans votre langue ? Ou dans les langues que vous connaissez ?

Écouter, comprendre et réagir

13. Écoutez le professeur qui présente le projet à la médiathèque du quartier de l'école. À deux, rassemblez le plus d'informations possible sur les éléments suivants, puis comparez vos réponses. `SE`

- Les raisons et la naissance du projet
- L'histoire d'Hi Lane et de Valentin

14. Est-ce qu'un membre de votre famille vous a raconté ses souvenirs ? Lesquels ?

• *Ma mère m'a souvent parlé de sa jeunesse, elle aimait aller au bal avec ses amies.*

Produire et interagir

15. En petits groupes, racontez un souvenir d'un moment triste, heureux, terrifiant ou nostalgique à l'aide du lexique de l'activité 9.

16. À deux, imaginez une situation où il y a une rupture. Mimez-la devant la classe. Vos camarades devinent.

• *Ah oui, il nageait quand un requin est arrivé !*

17. À deux, rédigez le parcours de Gaël Faye, chanteur et écrivain, à l'aide des illustrations. Puis, faites des recherches pour compléter son histoire.

18. Sur une carte, à tour de rôle, marquez les lieux d'origine de vos grands-parents. Vos camarades vous interrogent sur leur histoire. Y a-t-il des points communs ?

UNITÉ 1

Avant de lire

1. Qu'est-ce que la généalogie ? Faites des recherches si nécessaire. **SL 3**

2. À votre avis, pourquoi utilise-t-on un arbre pour représenter sa généalogie ? Est-ce similaire dans votre culture ? **SL 2**

≡ **LES CURIEUX**   S'abonner   Accès

CULTURE

ARTICLE

13 millions de branches

Vous pensez que le monde est grand ? Au contraire, il est tout petit !
La preuve est dans le magazine *Science* de mars 2018, qui présente
le plus grand arbre généalogique au monde !

POUR CRÉER CET ARBRE, des chercheurs ont téléchargé les données de 86 millions de personnes. Ils les ont trouvées sur un site Internet où des gens, comme vous et moi, entrent des informations qu'ils ont collectées sur eux et leurs ancêtres : dates de naissance et de décès, noms et prénoms, mariages… Les données provenaient surtout d'Amérique du Nord et d'Europe. Ensuite, les chercheurs les ont analysées.

Grâce à l'arbre qu'ils ont créé, les chercheurs ont relié 13 millions de personnes, sur onze générations et 500 ans ! Ça veut dire que toutes ces personnes ont des parents communs.

Certains résultats que les chercheurs ont trouvés sont sans surprise : par exemple, on savait déjà qu'il y a eu de grandes migrations pendant les deux guerres mondiales. Mais l'arbre présente aussi des tendances étonnantes. On apprend ainsi qu'avant 1750 les Américains rencontraient leur conjoint à 10 km de leur lieu de naissance, mais deux siècles plus tard, en 1950, ils les rencontraient à plus de 100 km.

Le profil des gens qui s'intéressent à la généalogie a changé. Il y a vingt ans, c'étaient surtout les personnes âgées qui fréquentaient les archives pour faire des recherches sur leurs ancêtres. Aujourd'hui, les jeunes actifs trentenaires se sont mis à la généalogie, c'est devenu plus facile grâce à la numérisation des documents.

Alors, découvrir l'histoire de votre famille, ça vous dit ? Vous trouverez sûrement des histoires surprenantes et peut-être même de nouveaux cousins !

> **Ah bon ?!**
>
> En France, dès 1061 les rois font les premières généalogies. Le mot « **arbre généalogique** » s'impose autour de 1300, mais les représentations en forme d'arbre sont rares jusqu'au XVIᵉ siècle.

DOSSIER 1 | CONSTRUIRE ET CRÉER

Lire, comprendre et réagir

3. Lisez l'article. Pourquoi le journaliste affirme que le monde est tout petit?

4. À deux, écrivez un titre pour chaque paragraphe.

5. Selon vous, pourquoi les Nord-Américains rencontrent leurs conjoints plus loin qu'avant?
   plus facile à voyager

6. Aimeriez-vous savoir si votre famille apparaît dans cet arbre généalogique?
   mais oui!

7. Est-ce que vous avez déjà fait des recherches généalogiques? Si non, est-ce que l'article vous donne envie d'en faire? Pourquoi?
   un peu

Travailler la langue

8. Relevez dans l'article les verbes au passé composé et observez les participes passés. Que remarquez-vous? Complétez le tableau.

L'ACCORD DU PARTICIPE PASSÉ AVEC *AVOIR*

Avec l'auxiliaire **avoir**, le participe passé ne s'accorde pas avec le sujet.
Ex.: *Des chercheurs ont télécharg**é** les données de...*

Mais il s'accorde avec le complément d'objet direct quand celui-ci est placé *avant* le verbe.
- Le COD peut être un pronom personnel **me, te, nous, vous, le, la, les**.
Ex.: *Ils les ont trouvées.*
Ex.: *les chercheurs les ont analysés*
- Le COD peut être le pronom relatif **que**.
Ex.: *des informations qu'ils ont collectées.*
Ex.: *qu'ils ont ~~trouvé~~*

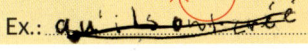

→ CAHIER D'EXERCICES P.5

résultats que les chercheurs ont trouvés

Écouter, comprendre et réagir

9. Écoutez la chronique d'*Europe 1* sur la généalogie. Quelle place occupe-t-elle pour les Français?
   3. après bricolage et jardinage

10. Qu'est-ce qui a favorisé les recherches généalogiques?
    l'internet

11. Le journaliste affirme que la généalogie est un jeu de pistes très addictif. Réécoutez Dylan et la généalogiste. Que disent-ils à ce sujet? Reformulez avec vos propres mots.
    savoir les grand-parents pas [...]

12. Est-ce que la généalogie est un loisir populaire dans votre pays? *pour quelques, mais pas trop*

Produire et interagir

13. Cherchez sur Internet le poème *Le Message* de Jacques Prévert. Lisez-le à voix haute. Est-ce que certains accords du participe passé s'entendent?

14. Pensez à des souvenirs familiaux et écrivez votre poème. Lisez-le à la classe si vous le souhaitez.

    — *Les gâteaux que ma mère a préparés pour mes 18 ans.*

15. À deux, partagez vos souvenirs en vous posant des questions. Utilisez les verbes en étiquettes et les mots proposés.

    | apprendre | prendre | faire | dire | écrire |

    - une langue
    - une règle de grammaire
    - une carte postale
    - une photo
    - une bêtise
    - une erreur
    - etc.

    • *Quelle est la dernière bêtise que tu as dite... ou faite?*
    ○ *La dernière bêtise que j'ai faite, c'est ce matin, j'ai mis du sel dans mon café!*

DÉFI #01
CRÉER UNE VIDÉO SUR UN SOUVENIR D'UN/E CAMARADE

Vous allez créer une vidéo sur un souvenir d'un/e camarade.

▸ Pensez à une anecdote: un souvenir d'école, de voyage, d'un plat, d'une rencontre, d'un proche, etc.

▸ À deux, posez-vous des questions pour connaître les détails de l'anecdote.

   • *Quel souvenir tu as envie de me raconter?*
   ○ *J'ai envie de te parler d'une rencontre étrange dans le métro.*
   • *Ah oui? C'était où?*

▸ Puis, préparez un petit monologue d'une à deux minutes sur l'anecdote de votre camarade. Répétez-le plusieurs fois.

▸ Filmez-vous.

▸ En classe, regardez les vidéos. Quelle anecdote vous plaît, vous touche ou vous amuse le plus?

vingt et un **21**

UNITÉ 1

À la recherche du bonheur

Quels sont les pays où les gens vivent le plus heureux ?

Tous les ans, l'institut de sondage Gallup établit une carte mondiale du bonheur. Pour cela, des experts posent la question suivante à environ 3 000 personnes dans plus de 140 pays : « Imaginez une échelle, de 0 à 10. Le haut de l'échelle représente la meilleure vie possible pour vous tandis que le bas de l'échelle représente la pire vie possible pour vous. Où vous situez-vous en ce moment ? »

Suite à cette première réponse, les experts de l'institut posent des questions plus précises sur le bien-être des personnes, à l'aide de six critères : les revenus, l'espérance de vie en bonne santé, le soutien social, la confiance, la liberté de faire des choix et la générosité.
Mesurer le bonheur reste cependant assez subjectif. Chaque culture a une idée différente du bien-être : pour les Latino-Américains, rire dans la vie de tous les jours est très important, alors que pour les Asiatiques c'est la réussite financière qui prime ; pour les Européens, ce serait un peu de tout ! Alors, y a-t-il une recette du bonheur ?

- Très heureux
- ↑
- Pas heureux

William, Kourou, Guyane

Ma recette du bonheur ? C'est la bonne humeur ! Chanter sous la douche, rire, et faire des blagues. C'est comme ça que j'essaie de passer mes journées. Quand je ne vais vraiment pas bien, je danse ! L'exercice physique et la concentration me font tout oublier, ça me vide la tête !

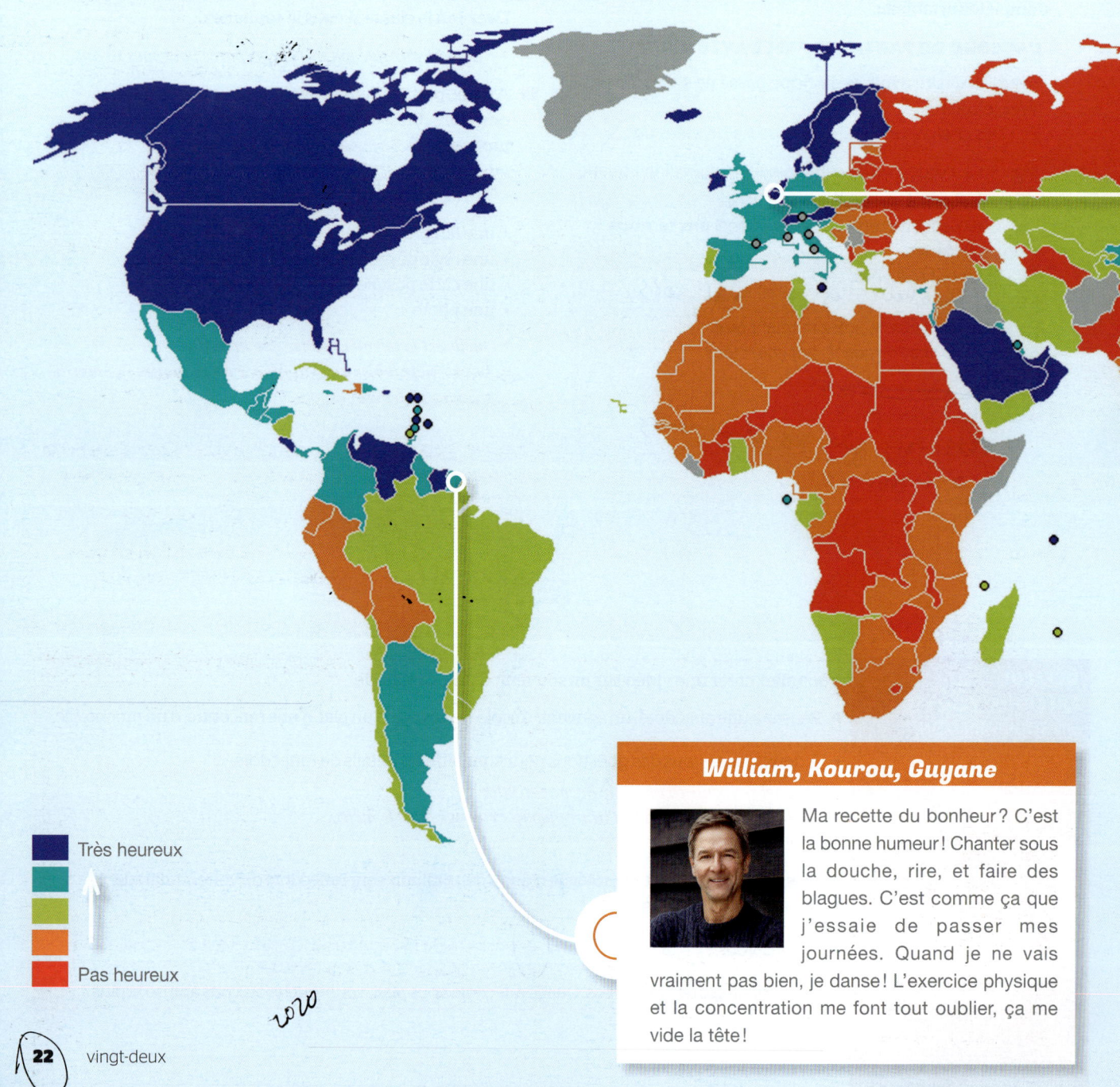

DOSSIER 2 | DÉCOUVRIR

Toussaint, Bruxelles, Belgique

Moi, je suis heureux quand j'apprends de nouvelles choses, quand je voyage ! J'ai toujours plein de projets dans la tête ! La nouveauté, la découverte, ça me stimule ! L'année prochaine, j'ai l'intention de partir six mois en Amérique du Sud pour faire un break !

Avant de lire

1. Qu'est-ce qui vous rend heureux dans la vie ? Répondez spontanément !

2. Observez la carte du monde et sa légende. Que présente-t-elle ? Que dit-elle sur votre pays ?

3. Selon vous, comment s'expliquent ces résultats ? Échangez en classe.

4. Lisez le texte. Que pensez-vous des critères utilisés pour établir la carte du bonheur ? En manque-t-il d'après vous ?

5. En petits groupes, répondez à la première question et posez-vous les six questions des experts. Puis, comparez et commentez vos résultats.

6. Lisez les trois témoignages sur les recettes du bonheur. Quels ingrédients choisiriez-vous ? Pourquoi ?

7. Écrivez votre recette du bonheur. Comparez-la avec celle de vos camarades.

8. Lisez l'encadré *Ah bon ?!* Est-il important d'avoir une Journée internationale du bonheur, selon vous ?

Écouter, comprendre et réagir

9. Écoutez cette chronique radio sur le bien-être et la santé. Comment s'appelle la technique de développement personnel ? SE

10. Quel est l'objectif de cette technique ? Comment se pratique-t-elle ?

11. Quelles conditions sont nécessaires pour bien réaliser cette technique ? Relevez-en un maximum, puis comparez vos réponses avec celles d'un/e camarade.

12. Est-ce que la chronique vous donne envie d'utiliser cette technique de développement personnel ? Pourquoi ?

Source : Wikipédia 2017

Mon panier de lexique

Quels mots de ces pages voulez-vous retenir ? Écrivez-les.

Françoise, Nouméa, Nouvelle-Calédonie

Ma recette du bonheur c'est d'être en famille, faire plaisir à mes proches, leur dire que je les aime. C'est vrai qu'on est souvent occupés mais c'est important de prendre le temps. Alors, chaque semaine, on se retrouve chez moi pour manger ensemble ! C'est le moment qui me rend le plus heureuse !

Ah bon ?!

D'après l'ONU, la poursuite du bonheur est un objectif fondamental de l'être humain. Depuis 2013, le 20 mars, c'est la **Journée internationale du bonheur**.

vingt-trois 23

UNITÉ 1

Avant de lire

1. Observez l'affiche. Faites des hypothèses à partir des quatre photos : qui est cet homme ? À quoi pense t-il ? **SL1**
2. Qu'est-ce que la diaspora ? Faites des recherches si nécessaire. **SL3**

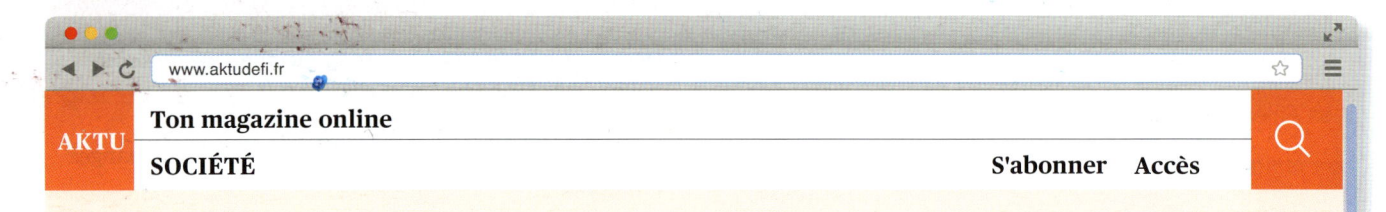

AKTU — Ton magazine online
SOCIÉTÉ   S'abonner   Accès

Le retour au pays

Depuis les années 2000, de plus en plus de jeunes d'origine africaine, nés ou venus étudier en Europe, retournent faire carrière sur le continent de leurs ancêtres. On les appelle les « repats », un diminutif du terme récemment inventé « repatriés » : ces personnes parties de leur pays qui ont décidé d'y retourner. Un parcours à l'envers, du Nord vers le Sud !

Ce sont surtout les trentenaires diplômés ou avec une première expérience professionnelle qui envisagent de s'installer dans leur pays d'origine pour réaliser leur *African dream*. 38 % sont des cadres supérieurs, et 58 % sont des femmes. Tous ont l'intention de profiter des opportunités de business en Afrique. « *Le Sénégal propose une aide financière au retour, alors je pense à créer une entreprise de fabrication de vêtements. En plus, être salarié, ça ne me va pas, c'est pas mon truc ! Et puis, je veux mieux connaître mon pays d'origine* », témoigne Moktar, Sénégalais de 28 ans.

Comme lui, beaucoup de ces jeunes ont envie de retrouver leurs racines, ils décident aussi parfois de revenir parce que leur famille le souhaite. « *Pour mes parents, me voir une fois par an, ce n'est pas suffisant. Je suis prête à rentrer au pays, c'est décidé ! Et j'en ai assez de refaire mon titre de séjour tous les ans !* », raconte Akissi, Ivoirienne de 32 ans.

Ils veulent aussi changer l'image de l'Afrique. « *Quand les médias parlent de mon pays, c'est souvent pour dire qu'il y a des problèmes. Mais le Gabon est en pleine croissance, et je veux participer à son développement, faire quelque chose ! En plus, je n'en peux plus du climat du Luxembourg, ça ne me plaît pas de vivre ici* », explique Tita, Franco-Gabonnaise de 25 ans.

Pour répondre à cette envie de retour, de plus en plus d'événements de networking, de conférences et de salons professionnels s'organisent partout en Europe. Plus qu'un simple phénomène, les repats semblent représenter un enjeu économique important pour le continent africain.

DIASPORA DREAM

Africa Now Forum récompense une initiative entrepreneuriale des membres de la diaspora africaine souhaitant retourner et s'installer en Afrique, afin d'y développer leur activité.

Affiche pour l'Africa Now Forum en 2017

> « Pour mes parents, me voir une fois par an, ce n'est pas suffisant. Je suis prête à rentrer au pays, c'est décidé ! Et j'en ai assez de refaire mon titre de séjour tous les ans ! » — AKISSI, IVOIRIENNE DE 32 ANS.

DOSSIER 2 | CONSTRUIRE ET (INTER)AGIR

Lire, comprendre et réagir

3. Lisez l'article. Quel est le profil des repats?
   jeunes Africains en Europe

4. Quelles sont les motivations de Moktar, Akissi et Tita?
   revenir au pays natal, la famille, bon pour pays

5. Que pensez-vous de leur motivation? Échangez en petits groupes. *très biens*

6. Y a-t-il des informations qui vous surprennent dans l'article? *non*

Travailler la langue

7. Repérez les expressions de Moktar, Akissi et Tita pour exprimer leur insatisfaction. Puis, complétez l'encadré.

   EXPRIMER L'INSATISFACTION
   - Ça ne me va pas (de) + infinitif *d'être salarié*
   - J'en ai marre (de) + infinitif ou nom
   - *ce n'est pas suffisant*
   - *j'en ai assez de ... + infinitif*
   - *je n'en peux plus ... de + nom*
   - *ça ne me plaît pas de ... + infinitif*
   - *ce n'est pas mon truc*

   → CAHIER D'EXERCICES P. 5

8. Comment se traduisent ces expressions dans votre langue?

9. Relisez l'article. Repérez les verbes ou expressions qui expriment un projet. Puis, complétez le tableau.

   PARLER DE SES PROJETS
   - Décider **de** + infinitif
     Ex.: *qui envisagent de s'installer*
   - Envisager **de** + infinitif
     Ex.:
   - Avoir l'intention **de** + infinitif
     Ex.:
   - Penser **à** + infinitif
     Ex.:
   - Avoir envie **de** + infinitif
     Ex.:
   - Être prêt/e **à** + infinitif
     Ex.:
   - Vouloir + infinitif
     Ex.:
   - C'est décidé est une expression.
     Ex.: *Je suis prête à rentrer au pays, c'est décidé!*

   → CAHIER D'EXERCICES P. 5

Écoutez, comprendre et réagir

10. Écoutez l'interview de deux repatriés sénégalais qui racontent leur expérience. Puis, complétez le tableau. SE

	Hapsatou	Adam
pays quitté	Suisse / Sénégal	France
raison du départ	froid	pas plaisir à Paris

11. Qui a rencontré quelles difficultés? Cochez la bonne case.

	Hapsatou	Adam
le rythme de travail		✓
les coupures d'électricité		✓
la lenteur administrative		✓
la langue	✓	
l'état civil		
les habitudes culturelles	✓	
se sentir étranger	✓	

12. Avez-vous déjà rencontré les mêmes difficultés d'adaptation? *oui, le rythme de travail*

Produire et interagir

13. Imaginez que vous n'êtes jamais content/e. À l'aide des mots en étiquettes, faites la liste de vos insatisfactions, puis échangez en petits groupes. Y a-t-il des points communs?

    1 l'apprentissage du français 2 les études 3 le sport
    4 le travail 5 le climat 6 l'actualité ...

    • *Je n'en peux plus de faire de la grammaire!*

14. En petits groupes, dites chacun trois projets: deux vrais et un faux. Posez-vous des questions pour découvrir quel projet est faux.

15. Rédigez un petit texte sur un de vos projets, à l'aide du tableau de grammaire.

16. Vous êtes en B1, quelles sont vos bonnes résolutions pour améliorer votre français cette année?
    Je pense à écouter de la musique française
    • *J'envisage de voir plein de films français.*

vingt-cinq **25**

UNITÉ 1

Avant de lire

1. Aimez-vous la bande dessinée ? Si oui, quel genre de bande dessinée lisez-vous ?
   - *J'aime bien la BD d'aventures, mais je n'aime pas les mangas.* Je n'aime pas bien la BD.

2. Observez la couverture et la planche de bande dessinée. De quoi parle la BD ? **SL1**
   de l'espace (Mars)

---

www.bd.defi.fr

DEFI BD   PAF !   POUM !   BOOM !   SMACK !

Les nouveautés

Mars Horizon

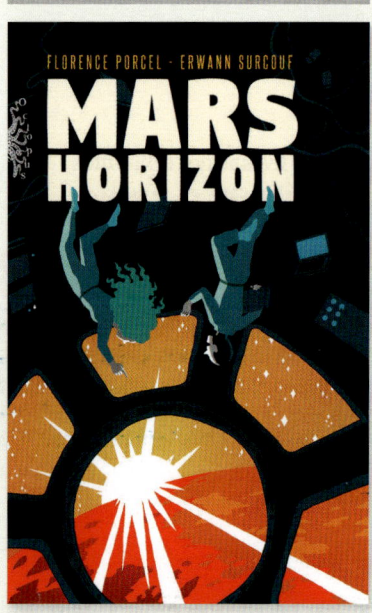

Mars Horizon, de Florence Porcel et Erwann Surcouf
© Éditions Delcourt pour l'édition française, 2017

Mars Horizon, une BD entre anticipation et science

2080. Nous nous installons sur la planète Mars car la nôtre va mal. Comment vivrons-nous, déracinés, à 150 millions de kilomètres de notre Terre natale ? De la science-fiction ? Oui, mais pour combien de temps ?

Mars Horizon de Florence Porcel et Erwann Surcouf raconte les aventures spatiales d'une jeune femme et de ses coéquipiers. Leur mission : préparer l'installation définitive des humains sur Mars. Encore une BD sur la Planète rouge ? Oui, mais celle-ci est vraiment originale !

D'abord le scénario de Florence Porcel.

Tandis que beaucoup d'œuvres sur Mars décrivent un monde imaginaire peuplé de petits hommes verts, *Mars Horizon* raconte une aventure réaliste. L'auteure s'est basée sur les connaissances scientifiques actuelles pour créer l'histoire. Ensuite, la conquête de Mars, c'est souvent plein de dangers et de mystères dans les bandes dessinées, en revanche, dans la leur, Florence Porcel et Erwann Surcouf proposent une vision optimiste. Évidemment, tout ne sera pas facile pour les nouveaux arrivants, il y aura des tensions, mais grâce à leur collaboration pacifique, la mission sera une réussite. Et un peu d'optimisme, ça fait du bien !

Enfin le style des dessins d'Erwann Surcouf.

Contrairement aux dessins très travaillés et colorés des BD de science-fiction, les siens sont simples et laissent toute la place au texte. En effet, *Mars Horizon* est avant tout une œuvre pédagogique. Lire et apprendre en même temps, c'est chouette, non ?!

Mars nous fascine, y aller est un rêve d'enfant. Si c'est le vôtre, lisez *Mars Horizon*, vous vous ferez une idée de ce qui vous attend sur la Planète rouge !

Ah bon ?!

Depuis 1974, le plus grand **festival international de bande dessinée** d'Europe a lieu chaque année à Angoulême. Dans les rues, on voit des vignettes de bandes dessinées sur les murs.

---

26 vingt-six

DOSSIER 2 | CONSTRUIRE ET CRÉER

Lire, comprendre et réagir

3. Lisez la critique. Pourquoi cette bande-dessinée est-elle originale? *avec d~~es~~ les humains*

4. Est-ce que la critique vous donne envie de la lire? *non*

5. Aimeriez-vous voyager dans l'espace? Pourquoi? *oui parce que je veux le sentir ~~et~~ ~~venteux~~ et voir*

6. Selon vous, pourquoi les humains quitteront la Terre un jour? *une apocalypse nucléaire ou écologique*

Travailler la langue

7. Lisez ces phrases. À quoi servent les pronoms *la nôtre* et *le vôtre*? Complétez le tableau.

   – Nous nous installons sur la planète Mars car **la nôtre** va mal.
   – Mars nous fascine, y aller est un rêve d'enfant. Si c'est **le vôtre**, lisez *Mars Horizon*.

LES PRONOMS POSSESSIFS

Les pronoms possessifs s'accordent en genre et en nombre avec les mots qu'ils remplacent.

SINGULIER		PLURIEL	
MASCULIN	FÉMININ	MASCULIN	FÉMININ
le mien	la mienne	les miens	les miennes
le tien	la tienne	les tiens	les tiennes
le sien	la sienne	les *siens*	les siennes
le/la *nôtre*		les nôtres	
le/la *vôtre*		les vôtres	
le/la *leur*		les leurs	

→ CAHIER D'EXERCICES P. 5

8. Relevez dans le texte les verbes au futur. Qu'expriment-ils? Échangez en petits groupes sur la formation et l'usage du futur.

Travailler la langue

9. Relevez dans le texte des phrases qui expriment une opposition, c'est-à-dire deux réalités contraires. Puis, complétez le tableau.

EXPRIMER L'OPPOSITION

Pour exprimer l'opposition, on utilise:
- **mais**, **au contraire**, *tandis que*, **par contre** + nom ou phrase
  Ex.: *J'aime bien la BD d'aventures.* **Par contre**, *je n'aime pas les mangas.*
  Ex.: _____
  Ex.: _____
- *Contrairement* à + nom
  Ex.: _____
- **alors que**, *tandis* que + phrase
  Ex.: _____
  Ex.: ~~____~~

→ CAHIER D'EXERCICES P. 5

Produire et interagir

10. Faites des phrases qui expriment une opposition sur les sujets suivants. Échangez en petits groupes.

    - Connaître ses origines
    - Voyager dans l'espace *cool, alors que très dangereux*
    - Lire des bandes dessinées *c'est utilisant, mais ennuyeux*
    - Faire des recherches généalogiques *au contraire des résultats*
    - Apprendre une langue *amusant, gratifiant, en revanche, difficile*

    ○ *Connaître ses origines, c'est important. Par contre, on peut découvrir des histoires tristes.*
    ○ *Oui, c'est vrai, mais c'est parfois nécessaire de connaître les histoires tristes.*

11. À deux, échangez sur les sujets suivants en utilisant les pronoms possessifs. Notez les réponses de votre camarade.

    - Votre film préféré
    - Vos rêves d'enfant *ballerina*
    - L'origine de vos parents
    - Votre genre de musique préféré *kpop*

12. Dites à un/e autre camarade les réponses de votre binôme à l'activité précédente.

DÉFI #02
PARTICIPER À UN CONCOURS D'ÉCRITURE SUR LE THÈME DES MIGRATIONS DU FUTUR

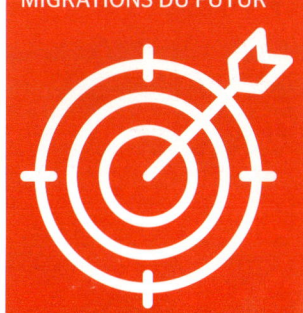

Vous allez participer à un concours d'écriture et rédiger une histoire originale, drôle ou réaliste sur le thème des migrations du futur.

▶ À deux, déterminez les éléments qui vont constituer votre histoire.
   – Qui part? Où?
   – Quels problèmes et quelles insatisfactions provoquent ce départ?
   – Quels projets ont les gens qui partent?
   – Que se passera-t-il?

▶ Rédigez votre histoire, puis lisez-la devant la classe.

▶ Votez pour votre histoire préférée.

UNITÉ 1 | S'APPROPRIER LES MOTS

Les mots assortis

1. Complétez les séries avec les mots de l'unité.

- **avoir** • *les* bons souvenirs
  • .... souvenirs
- évoquer .... • **ses souvenirs**
- .... • **son identité**
- **quitter** • sa terre natale ....
- **le pays** • natal ....

La grammaire des mots

2. Complétez avec la préposition correcte.

- **faire plaisir** • *de* quelqu'un
- **se retrouver** • *à* faire quelque chose
- **se souvenir** • *de* quelque chose
- **prendre le temps** • *de* faire quelque chose
- **poser une question** • *à* quelqu'un
- **provenir** • *d(e)* un pays

Mes mots

3. Quel mot désignant une partie d'un arbre (ou d'une plante) utilise-t-on dans ces expressions ?
- Des .... et des ailes
- Garder le lien avec nos *racines*
- Retrouver ses ....

4. Comment comprenez-vous le mot « déraciné » ? *unrooted*

5. Imaginez que vous réalisez une carte du bonheur. Quels critères choisiriez-vous ?

1. *temps libre*
2.
3.
4.
5.
6.
7. *vie*
8. *accès à éducation*
9.
10.

6. Parlez avec vos mots...
- de ce que vous faites pour vous vider la tête. *yoga dehors*
- d'un moment de joie au quotidien.
- d'un moment où vous avez eu le mal du pays.

Allez, raconte !

02

DOSSIER 01
Les traditions

CULTURE(S) ET SOCIÉTÉ(S)
- Les traditions de Noël
- Les fêtes traditionnelles à La Réunion
- Quand la tradition fait débat

GRAMMAIRE
- *il faut que / il ne faut pas que*
- le subjonctif présent
- la mise en relief avec *c'est / ce sont* (1)

COMMUNICATION
- parler des traditions
- questionner l'utilité et l'actualité des traditions
- conseiller, recommander
- exprimer des sentiments

LEXIQUE
- les traditions et la modernité
- les codes culturels
- les traditions et le gavage
- les sentiments (2)

DÉFI #01
PRÉSENTER UNE TRADITION DE SON PAYS ET DONNER DES CONSEILS AUX VISITEURS

DOSSIER 02
Les contes

CULTURE(S) ET SOCIÉTÉ(S)
- Pourquoi lire des contes aux enfants ?
- *Amna et sa marâtre*
- Les griots : des bibliothèques vivantes

GRAMMAIRE
- les pronoms compléments d'objet direct et indirect (rappel)
- les pronoms *en* et *y* (rappel)
- les pronoms toniques

COMMUNICATION
- raconter une histoire
- parler des différences culturelles des contes
- situer des événements
- décrire sa relation aux autres

LEXIQUE
- l'apprentissage
- les caractéristiques des contes et les formulettes
- les indicateurs temporels

DÉFI #02
IMAGINER LA VIE ACTUELLE D'UN PERSONNAGE DE CONTE

DÉFI #03 NUMÉRIQUE
espacevirtuel.emdl.fr

UNITÉ 2

TOUT FOUT LE CAMP !

LES GENS.. FÊTENT NOËL SOUS LES TROPIQUES

ET LA MESSE DE MINUIT SE CÉLÈBRE DANS LES DISCOTHÈQUES

JADE URQUINA
@jade_urquina

Demain, c'est Noël ! Je consulte ma liste.

Décoration du sapin ✅

Cadeaux sous le sapin ✅

Foie gras et champagne ✅

Dinde aux marrons ✅

Il ne manque que la neige pour respecter la tradition. S'il vous plaît Petit Papa Noël, il faut qu'il neige ! ❄️

Et mon petit cadeau pour mes followers ! Ce Chat qui m'a bien fait rire...

Joyeux Noël à tous ! 🎅 #tradition #noel #Lechat

© P. Geluck / Editions Play Bac.
Image extraite des 365 Jours du Chat, 2009.

DOSSIER 1 | DÉCOUVRIR

Avant de lire

1. Quelles sont les fêtes et les traditions importantes dans votre culture?
   • *En Bulgarie, il y a la fête de la rose à Kazanlak.*
2. Expliquez avec vos propres mots le terme «tradition». SL2

Lire, comprendre et réagir

3. Observez la double-page. Décrivez la situation.
4. Observez le dessin. De quelle fête s'agit-il? Quelque chose vous semble étrange? Pourquoi est-ce comique? SL8
5. Lisez les bulles. Comment comprenez-vous l'expression «tout fout le camp»?
6. Est-ce que les fêtes traditionnelles sont importantes pour vous? Est-ce qu'elles ont évolué dans votre pays?
   • *Oui, je trouve que les fêtes sont un moment privilégié pour se retrouver en famille.*
7. Lisez le post. Pourquoi cette personne a-t-elle publié ce dessin?
8. Listez cinq éléments qui représentent Noël ou une autre fête traditionnelle pour vous.

Écouter, comprendre et réagir

9. Écoutez cette chronique radio. Quelle est la question discutée par le chroniqueur? SE 6
10. À quel moment de l'année fait-il sa chronique?
11. Réécoutez la chronique. Quelle définition de la tradition donne le chroniqueur? Avez-vous la même?
12. Que veut dire «le poids des traditions»? Expliquez avec vos propres mots.
13. Et vous, que faites-vous par tradition?

Mon panier de lexique

Quels mots de ces pages voulez-vous retenir? Écrivez-les.

Ah bon?!

Philippe Geluck est un artiste belge, principalement connu pour ses dessins humoristiques de presse et ses bandes dessinées **Le Chat**. C'est un personnage qu'il a créé pour le quotidien belge *Le Soir*.

UNITÉ 2

Avant de lire

1. Quand vous voyagez, aimez-vous découvrir les traditions locales ? Décrivez-en une qui vous a marqué/e.

2. Observez le document. De quoi s'agit-il ? SL2

www.voyagermalin.defi.fr

VOYAGER MALIN Forums FAQ ... S'inscrire

Voyager Malin > Forums > La Réunion

FORUM La Réunion   Commencé il y a 9 jours par **Karien**   Suivre ce sujet

Sujet : Quelles traditions découvrir à La Réunion ?

Karien dit

Bonjour à tous,
J'envisage de visiter La Réunion l'année prochaine, mais je ne sais pas trop quand partir. J'ai envie de découvrir les fêtes traditionnelles du pays.
Qu'est-ce qu'il faut que je voie ? Des recommandations particulières ? Je voyagerai seule et je louerai une voiture. Merci de votre réponse.

Dido dit

Bonjour,
Il faut ABSOLUMENT que tu assistes à la fête du Dipavali ! C'est la fête de la Lumière chez les Tamouls. Elle se célèbre entre mi-octobre et mi-novembre au moment de la pleine lune. Il y a une méla (fête indienne avec des stands), un défilé avec des chars fleuris, des spectacles de danse indienne…
Petite recommandation : ne visite pas seule les lieux de culte ou demande très poliment la permission.

Arii dit

Moi, j'adore le Jacquot malbar. Cette tradition a lieu en début d'année en l'honneur du dieu singe hindou Hanuman. Un danseur se peint le corps et parade dans les rues de son quartier en faisant peur aux habitants. Quand un passant lui lance une pièce de monnaie, il faut qu'il la prenne avec sa bouche en faisant des acrobaties.

Tamir dit

Bonjour Karien,
Si vous aimez les fêtes traditionnelles, vous devriez assister à une fête de Pandialé qui se termine par la marche sur le feu. Il y en a régulièrement. Le mieux, c'est de se faire inviter par une famille malbar. Il s'agit d'une cérémonie sacrée, alors il faut que vous portiez une tenue correcte. Et surtout, il ne faut pas que vous entriez dans l'espace sacré, il est réservé aux gens qui ont fait le jeûne.

Sandra dit

Le Nouvel An chinois, c'est la plus importante fête traditionnelle de la communauté chinoise à La Réunion. Il ne faut pas que vous le manquiez ! On le fête un peu partout sur l'île. La date change chaque année, mais il a toujours lieu en janvier ou février, parce qu'il marque le début de la Fête du printemps. Il faut voir la danse du dragon une fois dans sa vie ! 🙂

Ah bon ?!   +

La population de La Réunion est métissée et cosmopolite : les Créoles (nés sur l'île), les Malbars (Indiens tamouls), les Zarabes (Indiens musulmans), les Français de la métropole (appelés les Zoreils), les Africains (appelés les Cafres), les Chinois…

Lire, comprendre et réagir

3. Lisez le post de Karien. Quels sont ses projets ? Que veut-elle savoir ? *aller à la Réunion et découvrir les traditions locales*

4. Lisez les réponses. À sa place, quand iriez-vous à La Réunion ? Pourquoi ? *Nido*

5. Pour ne pas commettre d'erreur, que doit faire ou ne pas faire Karien ? *pas aller aux lieux sacrés*

6. À partir des commentaires, que déduisez-vous de la population réunionnaise ? Lisez l'encadré *Ah bon ?!* pour vérifier votre réponse. SL6 *divers*

Travailler la langue

7. Repérez les phrases dans lesquelles les internautes donnent des conseils et des recommandations à Karien. Quelle sont les structures utilisées ?

8. Soulignez les verbes qui suivent *il faut que* et *il ne faut pas que*. Ils sont conjugués au subjonctif. Observez les terminaisons et complétez le tableau.

LE SUBJONCTIF PRÉSENT

On utilise le subjonctif présent après **il faut que** pour exprimer le conseil ou l'obligation.
On l'utilise après **il ne faut pas que** pour exprimer le conseil ou l'interdiction.

Il faut que Il ne faut pas que	je prenn **e** tu prenn **es** il/elle/on prenn **e** nous pren**ions** vous pren**iez** ils/elles prenn**ent**

Pour former le subjonctif, on utilise la base de la 3ᵉ personne du pluriel du présent + les terminaisons **-e** (je), **-es** (tu), **-e** (il/elle/on), **-ent** (ils/elles).
ils **prenn**ent —> que je **prenn**e

La 1ʳᵉ et la 2ᵉ personne du pluriel sont identiques à l'imparfait.
nous **prenions** —> que nous **prenions**
vous **preniez** —> que vous **preniez**

→ CAHIER D'EXERCICES P.13

9. Observez ces deux verbes irréguliers au subjonctif. De quels verbes s'agit-il ? Complétez le tableau.

être	*avoir*
que je **sois**	que j'**aie**
que tu **sois**	que tu **aies**
qu'il/elle/on **soit**	qu'il/elle/on **ait**
que nous **soyons**	que nous **ayons**
que vous **soyez**	que vous **ayez**
qu'ils/elles **soient**	qu'ils/elles **aient**

❗ Quelques verbes sont irréguliers au subjonctif. Consultez les tableaux de conjugaison pages 165 à 173.

→ CAHIER D'EXERCICES P.13

Produire et interagir

10. Imaginez que le forum parle des fêtes traditionnelles de votre pays. À votre tour, postez une recommandation. ?

11. Imaginez qu'un/e camarade vient de s'installer dans votre pays. Faites-lui des recommandations pour ne pas commettre d'erreur dans les situations suivantes.

- un repas d'affaires ?
- la rencontre d'un voisin *attendre pas*
- les transports publics *pas rouler*
- une fête d'anniversaire *un cadeau*
- un dîner entre amis *emmener une chose !*

• *Qu'est-ce qu'il faut que je fasse si j'ai un repas d'affaires ici ?*
◦ *En Norvège, il ne faut pas que tu arrives en retard... ni en avance !*

12. Racontez une expérience où vous (ou un proche) avez fait une erreur parce que vous ne connaissiez pas bien la culture. *ma'am*

• *Chez un ami japonais, j'ai fait la bise à toute sa famille. Ses parents étaient gênés car* ce n'est pas dans leur culture.

13. À deux, rédigez un dépliant pour conseiller les touristes dans votre pays. Que faut-il...

- qu'ils voient ? *Un stat Washington, Israël*
- qu'ils fassent s'ils voyagent seuls/en couple/en famille ?
- qu'ils sachent pour se déplacer en voiture sans problème ? *conduire à droit*
- qu'ils goûtent ?
- etc.

Regarder, comprendre et réagir

14. À votre avis, qu'est-ce qu'un code social ? Échangez en classe. SE

15. Regardez cet épisode de la série *Like-moi!* Quel code social ne veut pas respecter Hugo ? Pourquoi? *les photos des bébés*

16. Est-ce que ce code social existe dans votre pays ? *ah oui*

17. Existe-t-il des codes sociaux que vous avez du mal à respecter ? *ma'am*

• *Moi, quand je déjeune avec des collaborateurs, j'ai du mal avec les discussions sur les banalités, comme la météo.* *les coudes sur la table* *bête*

18. Quels codes sociaux faut-il absolument respecter dans votre pays ou dans votre culture? *pourboire*

UNITÉ 2

Avant de lire

1. Dans votre pays, quels plats sont synonymes de fête ?

2. Observez la photo. À votre avis, qu'est-ce que le gavage ? Pourquoi l'utilise-t-on ? SL1

www.la-gazette.defi.fr

LA REVUE

ACTU POLÉMIQUE   DÉCEMBRE 2018

Quand la tradition fait débat

Le foie gras, c'est la star des fêtes de fin d'année en France, premier pays producteur, consommateur et exportateur du monde. Cette spécialité du Sud-Ouest fait partie du patrimoine culturel et gastronomique français, et son mode de production par gavage est protégé par la législation française. C'est précisément cette méthode que les associations protectrices des animaux critiquent. Pour elles, le gavage ne respecte pas le bien-être animal.

Ce sont les Égyptiens qui ont inventé le gavage il y a plus de 4500 ans. Ils ont observé que les oies se nourrissaient plus que d'habitude avant de migrer, et ils ont imité ce processus naturel pour les élever.

Aujourd'hui, pour gaver les animaux, quelques producteurs utilisent une méthode traditionnelle, qu'ils considèrent comme moins agressive. Mais ils ne représentent que 5 % de la production nationale. Le reste de la production est industriel et à très grande échelle ; et ce sont surtout ces élevages industriels que les associations de défense des animaux montrent dans leurs campagnes.

Selon un sondage, 79 % des Français consomment du foie gras à la période des fêtes, mais 57 % seraient favorables à l'interdiction du gavage. Cette différence entre consommation et convictions témoigne de l'attachement des Français à leurs traditions. Alors, le foie gras, tradition ou cruauté ?

Donnez votre avis 36 commentaires

Corinne dit
Quelle joie de lire cet article ! Je suis ravie de la distinction que vous faites entre les petits producteurs et les industriels. Les associations de défense des animaux mettent tous les éleveurs dans le même panier, alors que les agriculteurs élèvent leurs oies avec amour.

Flora dit
Ça m'énerve de lire des stupidités comme ça. NON, le gavage n'est pas un geste d'amour ! Ça me rend furieuse de voir ce manque de sensibilité.

Nina dit
Arrêtez de vouloir nous culpabiliser ! Ça me saoule ! Le foie gras est le symbole des fêtes et je suis contente d'en manger une fois par an. Je n'ai pas mauvaise conscience !

Paolo dit
Torturer des animaux pour produire du gras qui n'est pas bon pour la santé, ça me rend triste… Moi, je n'en mange pas, mais je n'imagine pas les Français renoncer à cette spécialité.

DOSSIER 1 | CONSTRUIRE ET CRÉER

Lire, comprendre et réagir

3. Lisez l'article. Quelle place occupe le foie gras dans la culture française ? Pourquoi fait-il débat ?

4. Quelle est la contradiction relevée dans l'article ?
traditionel vs. industriel ?

5. Est-ce que vous agissez parfois à l'inverse de vos convictions ? Échangez en classe.
Oui

6. Lisez les commentaires. Avec lequel êtes-vous d'accord ?

7. Connaissez-vous d'autres produits ou traditions qui font débat ? Échangez en classe.

Regarder, comprendre et réagir

8. Regardez ce reportage sur une nouvelle façon de produire du foie gras. Prenez des notes, puis partagez-les avec un/e camarade.

9. Regardez de nouveau le reportage pour compléter vos notes. Résumez-le en quelques phrases.

10. Êtes-vous prêt/e à payer plus cher un produit pour garantir le bien-être animal et de bonnes conditions de travail ?

Travailler la langue

11. Relevez dans les commentaires les mots ou expressions pour exprimer des sentiments. Puis, complétez l'encadré.

> **EXPRIMER DES SENTIMENTS ET DES ÉMOTIONS**
>
> • Quel / quelle + nom + !
> Ex.: *quelle joie...*
>
> • Être + adjectif + de + nom ou verbe à l'infinitif
> Ex.: *Je suis ravie de la distinction...*
>
> • Ça me / te / le / la / nous / vous / les rend + adjectif
> Ex.: *Ça me rend furieuse !*
>
> • Ça me / te / le / la / nous / vous / les + verbe
> Ex.: *Ça me saoule.*

→ CAHIER D'EXERCICES **P.13**

Travailler la langue

12. Connaissez-vous d'autres expressions pour exprimer des sentiments ?

13. Observez cet extrait et sa reformulation. Quelle information met-on en évidence ? Comment ?

> C'est <u>cette méthode</u> que les associations protectrices des animaux critiquent. —> Les associations protectrices des animaux critiquent cette méthode.

14. Trouvez des phrases similaires dans l'article, puis complétez le tableau.

> **LA MISE EN RELIEF AVEC *C'EST / CE SONT* (1)**
>
> En général, quand on veut mettre une information en évidence, on utilise :
> • C'EST / CE SONT + NOM + QUI / QUE + PHRASE
> Ex.: *Ce sont les Égyptiens*
> Ex.: *ce sont ... les élevages ... que*

→ CAHIER D'EXERCICES **P.13**

Produire et interagir

15. Échangez avec un/e camarade sur quelque chose qui vous...

- rend heureux / tristes / furieux / nostalgiques tous les deux.
- saoule / inquiète tous les deux.

• *Moi, ça me rend heureux de rencontrer des amis par hasard.*

16. À deux, inventez une tradition absurde ou cruelle. Présentez-la à la classe. Vos camarades expriment leur sentiment.

17. Corrigez ces affirmations en utilisant la mise en relief.

- Le saumon est la star des fêtes de fin d'année en France.
- Les Argentins ont inventé le gavage.
- Les associations critiquent les petits éleveurs.
- Les Français mangent du foie gras surtout en été.
- Corinne et Nina sont contre le gavage.

DÉFI #01
PRÉSENTER UNE TRADITION DE SON PAYS ET DONNER DES CONSEILS AUX VISITEURS

Vous allez présenter une tradition qui vous touche et donner des conseils aux visiteurs.

▶ Choisissez une tradition de votre pays ou de votre région, qui vous touche ou qui provoque une émotion forte.

▶ Rédigez une brève description de cette tradition : où ? quoi ? quand ?
— *C'est à Lahore, au Pakistan, qu'on célèbre surtout la fête du Basant. Elle a lieu au printemps...*

▶ Illustrez votre description avec des photos ou des dessins et décrivez vos sentiments.
— *Voir tous ces cerfs-volants dans le ciel me rend heureuse. Je redeviens enfant.*

▶ Rédigez des recommandations pour les visiteurs qui souhaiteraient voir cette tradition.
— *Il faut que vous fassiez attention au fil des cerfs-volants pour ne pas vous blesser.*

▶ Affichez votre présentation au tableau, et lisez celles des autres. Y a-t-il des traditions qui provoquent les mêmes sentiments ?

trente-cinq **35**

UNITÉ 2

QUATRE RAISONS DE LIRE DES CONTES À VOS ENFANTS

« Si vous voulez des enfants intelligents, lisez-leur des contes de fées », disait Albert Einstein. Les histoires du soir, vos enfants en rêvent et y repensent le lendemain, elles font partie de leur univers et construisent leur personnalité. Découverte du monde, morale, développement du langage et des émotions… Et quel plaisir de les entendre dire les yeux brillants : « Allez, raconte ! » À l'époque des tablettes et des jeux vidéo, découvrez pourquoi lire des contes à vos enfants est bien pour eux.
Alors, quelle histoire allez-vous leur lire ce soir ?

1 Les contes favorisent la réussite scolaire

Selon une étude, les enfants à qui on raconte une histoire tous les soirs obtiennent de meilleurs résultats scolaires. Les histoires développent leur vocabulaire et stimulent leur créativité et leur imagination. De plus, les contes leur apprennent la structure d'une histoire (début, aventures, fin) et leur permettent de raconter des histoires de manière logique.

2 Ils leur apprennent à différencier le bien du mal

Les contes de fées enseignent aux enfants à faire la différence entre le bien et le mal. Ils les aident également à comprendre les conséquences de leurs décisions : faire les bons choix peut les aider à sortir d'une situation compliquée.

3 Ils les aident à mieux comprendre leurs émotions

Dans les contes, les enfants découvrent les difficultés que les héros rencontrent et ils peuvent s'identifier à eux. Ils se rendent compte que ces héros ressentent les mêmes sentiments qu'eux : la joie, la colère, la jalousie, la peur… Ainsi, les enfants prennent conscience que leurs émotions sont naturelles.

DOSSIER 2 | DÉCOUVRIR

Avant de lire

1. Observez les illustrations. Quel est le sujet de l'article selon vous? **SL1**

2. Quand vous étiez enfant, est-ce qu'on vous lisait des contes? Lesquels? Qui? Quand?

Lire, comprendre et réagir

3. Lisez le titre de l'article. Faites des hypothèses sur les raisons de lire des contes aux enfants. **SL2**

4. Lisez l'introduction de l'article et les quatre sous-titres. Associez chaque sous-titre aux mots en étiquettes. **SL7**

   la découverte du monde

   le développement des émotions

   le développement du langage   la morale

5. Lisez l'article. Les raisons exposées correspondent-elles à vos hypothèses de l'activité 3?

6. Pensez-vous qu'il existe des raisons pour ne pas lire de contes aux enfants? Lesquelles? Échangez en classe.

7. Comment s'appellent dans votre langue les personnages représentés sur cette page? Cherchez leur nom en français.

   • *La jeune fille avec la pomme s'appelle Bayad el talj en arabe. En français, elle s'appelle Blanche-Neige.*

8. Quel est votre personnage de conte préféré? Pourquoi?

   • *J'adore la sorcière dans Blanche-Neige. Elle fait peur avec ses pouvoirs magiques. Elle perd à la fin, c'est rassurant.*

9. Lisez l'encadré *Ah bon?!* Existe-il des auteurs associés à l'univers des contes dans votre pays?

Écouter, comprendre et réagir

10. Écoutez Aline, Armand et Eulalie qui racontent un souvenir sur les contes. Complétez le tableau. **SE** (7)

	Aline	Armand	Eulalie
qui contait ou lisait?			
quand?			
quel(s) conte(s)?		✗	
quelle réaction?			

Mon panier de lexique

Quels verbes du document servent à parler de l'apprentissage? Écrivez-les.

....
....

4
Ils les font voyager

Les contes d'autres pays sensibilisent les enfants aux différences culturelles : ils découvrent d'autres traditions que celles de leur famille. Des études montrent que cela est bénéfique pour la vie en société et la tolérance.

Ah bon?!

Charles Perrault, écrivain français du XVIIe siècle, a collecté et adapté de nombreux contes qui, avant, se transmettaient oralement : *Cendrillon, Le Petit Chaperon rouge, La Belle au bois dormant*, etc.

trente-sept **37**

Amna et sa marâtre

Cric, crac, faites silence, faites silence, mon histoire commence.
Il était une fois une très jolie enfant qui s'appelait Amna. Après la mort de sa mère, son père s'est remarié avec une belle femme qui, en réalité, était une sorcière. Mais ça, il ne le savait pas encore.
Un jour, la belle-mère a demandé au soleil :
– Ô Soleil, toi qui gouvernes, dis-moi qui est la plus belle au monde ?
– Tu es belle et je suis beau, mais la plus belle dort.
Pendant ce temps-là, Amna était en train de dormir dans sa chambre.
Le lendemain, la belle-mère a interrogé à nouveau le soleil.
– Ô Soleil, toi qui gouvernes, dis-moi qui est la plus belle au monde ?
– Tu es belle et je suis beau, mais la plus belle est à la fontaine.
Pendant ce temps-là, Amna prenait de l'eau à la fontaine.
Le surlendemain, même question.
– Ô Soleil, toi qui gouvernes, dis-moi qui est la plus belle au monde ?
– Tu es belle et je suis beau, mais Amna est la plus belle.
Soudain, la marâtre est entrée dans une colère noire. Elle était jalouse de la beauté d'Amna.
À ce moment-là, son mari est rentré.
– Que se passe-t-il, ma douce ?
– Ta fille est impossible. C'est elle ou moi ! Si elle ne part pas, je retourne chez mes parents !
Le père a essayé de la faire changer d'avis, mais c'était impossible. La semaine suivante, le père a amené sa fille en haut d'une montagne où il l'a abandonnée.
Amna avait peur. Elle est descendue dans la vallée. Par chance, elle a trouvé le palais merveilleux où vivaient sept frères djinns[1]. Elle y est entrée, ils n'étaient pas là. Elle a fait le ménage et a préparé le repas. Après ces travaux, elle a pris des habits d'homme dans une chambre et elle s'est changée avant de retourner dans la montagne.

Lorsque les sept frères sont revenus, ils étaient très étonnés :
– Qui est venu pendant notre absence ?
Ils ont cherché, mais ils n'ont trouvé personne.
– Demain l'un d'entre nous restera à la maison pour découvrir qui vient s'occuper du palais.
Le lendemain, l'aîné des sept frères est resté au palais. Amna est revenue et elle est passée devant lui, mais il a cru que c'était l'un de ses frères et il s'est endormi. Le soir, les six autres frères sont rentrés.
– Alors, as-tu découvert qui venait s'occuper du palais ?
– Non.
Le jour d'après, le deuxième frère n'a rien vu non plus.
Et ainsi de suite jusqu'au cadet.
– Pourquoi rentres-tu déjà mon frère ?
– Je ne suis pas ton frère, je suis Amna. Mon père m'a abandonnée et j'habite dans la montagne.
– Alors, reste avec nous et sois notre sœur. Tu t'occuperas de la maison et nous te protégerons.

À suivre…

---

1. **un djinn** : dans les croyances arabes, c'est un génie qui est généralement l'ennemi des humains.

DOSSIER 2 | CONSTRUIRE ET (INTER)AGIR

Lire, comprendre et réagir

1. Lisez le conte. À quelle histoire vous fait-il penser ? **SL6**

2. Qu'est-ce qu'une marâtre ? Quel est l'autre mot dans le texte pour la désigner ?

3. Complétez le tableau avec les éléments du conte.

	version Disney	Amna et sa marâtre
élément magique	le miroir	
lieu d'abandon	la forêt	
ceux qui aident	les 7 nains	

4. Quelle est l'origine de cette version, selon vous ? **SL8**

5. Dans votre culture, existe-t-il une version de ce conte ? Si oui, les objets et personnages sont-ils différents ?

6. Dans la version que vous connaissez, comment l'histoire continue-t-elle ? Échangez en classe.

Écouter comprendre et réagir

7. Écoutez la suite du conte. Quelles différences relevez-vous avec la version que vous connaissez ? Aidez-vous des illustrations pour répondre. **SE**

UN CERCUEIL
UNE DATTE
UN COFFRE EN OR
UN CHAMEAU

8. Y a-t-il quelque chose qui vous dérange dans ce conte ?

Travailler la langue

9. Retrouvez les 5 étapes suivantes dans la version complète d'*Amna et sa marâtre* page 175-176.
   1. Situation initiale : présentation du héros et des lieux.
   2. Problème : élément qui perturbe la situation initiale.
   3. Épreuves : ce que le héros fait pour régler le problème.
   4. Résultat : ennemis punis et héros victorieux.
   5. Situation finale : fin de l'histoire.

10. Repérez dans la version complète les expressions pour introduire les étapes suivantes. Puis, complétez le tableau.

	les expressions employées
situation initiale	Il y a bien longtemps
problème	Tout à coup,
situation finale	Enfin, depuis ce jour

11. Comment le conte débute-t-il et se termine-t-il ? À votre avis, à quoi servent ces formulettes ? Lesquelles utilise-t-on dans votre langue ?

Travailler la langue

12. Soulignez dans le début du conte tous les mots et expressions pour situer dans le temps. Puis, complétez le tableau.

LES INDICATEURS TEMPORELS

Les indicateurs temporels permettent de situer un fait dans le temps. Certains changent suivant le point de repère du locuteur.

Le point de repère est maintenant	Le point de repère est dans le passé ou le futur
la semaine dernière	la semaine d'avant
avant-hier	l'avant-veille / deux jours avant
hier	la veille / le jour d'avant
aujourd'hui	ce jour-là
demain	_____ / le jour suivant / _____
après-demain	deux jours après / _____ / deux jours plus tard
la semaine prochaine	la semaine _____
pendant ce temps	_____
cette semaine	cette semaine-là

Un jour, *soudain*, *après*, *lorsque* et *ensuite* ne changent pas.

→ CAHIER D'EXERCICES P.13

Produire et interagir

13. Écrivez les dates de la semaine dernière dans l'agenda ci-dessous et complétez-le avec vos activités. Dites à un/e camarade tout ce que vous avez fait en utilisant le mercredi comme point de repère.

Mon Planning de la Semaine
LUNDI | MARDI | MERCREDI | JEUDI | VENDREDI | SAMEDI | DIMANCHE

• *Mercredi dernier, j'ai vu mon amie Vicky. Le jour d'avant, j'ai déjeuné chez ma grand-mère.*

14. À deux, choisissez un conte, puis mimez une scène. Vos camarades disent ce qu'il se passe et de quel conte il s'agit.

15. Choisissez un conte que vous aimez bien. En petits groupes, racontez-le en respectant les cinq étapes du conte.

16. À deux, écrivez une version moderne de Blanche-Neige. Lisez-la devant la classe. Laquelle est la plus originale ? la plus drôle ? la plus bizarre ?

trente-neuf **39**

UNITÉ 2

Avant de lire

1. Dans votre culture, comment connaît-on l'histoire de sa famille et de son pays?

2. Selon vous, est-ce que raconter des histoires peut être un métier? Échangez en classe.

AFRIQUE — **CULTURE**

LES GRIOTS, DES BIBLIOTHÈQUES VIVANTES

Les griots occupent une place importante dans de nombreux pays de l'Afrique de l'Ouest. Musiciens, historiens, médiateurs, ils sont les gardiens de l'histoire de leur société et de la littérature orale de leur peuple.

> « Fade est le riz sans sauce, plat le récit sans mensonge, ennuyeux le monde sans griot. »
> Proverbe peul

La caste des griots existe depuis le XIIIe siècle : à l'origine cinq familles la composaient. C'est pour cela qu'on ne devient pas griot, on naît griot. En effet, la transmission se fait de génération en génération.

Pendant les veillées, les griots jouent d'un instrument (de la kora, du balafon, du ngoni...), ils s'en servent surtout pour accompagner leur récit.

Le griot est un historien, car il transmet l'histoire non écrite de son peuple. Mais, il est aussi généalogiste : il se lie à une famille noble et apprend son histoire. Ainsi, cette famille compte sur lui pour mémoriser son histoire et la transmettre. Pour les cérémonies familiales (naissance, baptême, mariage...), la famille fait appel à lui. Lors d'un enterrement d'un des membres de la famille, il parle de lui et de ses ancêtres de manière élogieuse.

Les griots jouent également le rôle de médiateur. On les contacte notamment pour régler les conflits familiaux ou entre voisins. Ils doivent donc avoir un comportement exemplaire, car ils servent de guide moral à la communauté. Les gens se confient à eux, leur racontent leurs problèmes et attendent d'eux de sages conseils.

Les jours de fête, le griot s'installe sur la place publique pour conter, c'est un véritable spectacle. Tout le monde peut y assister et les habitants lui donnent ce qu'ils veulent, mais c'est surtout grâce aux dons généreux des familles nobles qu'il vit.

Ah bon?!

Il existe aussi des femmes griottes, mais leur rôle est différent. On les sollicite pour chanter aux côtés des hommes qui content. Les plus célèbres font des carrières de chanteuses comme Amy Koita, Kandia Kouyaté et Babani Koné.

DOSSIER 2 | CONSTRUIRE ET CRÉER

Lire, comprendre et réagir

3. Lisez l'article. Pourquoi les griots sont-ils des bibliothèques vivantes?

4. Quels rôles le griot joue-t-il dans la société?

5. Dans votre pays, qui remplit ces différents rôles?

6. Qu'est-ce qui vous étonne dans ce métier?

7. Selon vous, quelles qualités doit avoir un griot?
   - *Il faut qu'il soit à l'écoute.*

Écouter, comprendre et réagir

8. Écoutez l'entretien avec la conteuse Christine Andrien, puis répondez aux questions. SE
   1. Quelles sont ses différentes activités?
   2. Pourquoi dit-elle que les contes sont importants?
   3. Selon elle, quel est le rôle d'un conteur?
   4. Qu'est-ce qu'elle aime dans son métier?

Travailler la langue

9. À deux, reformulez les phrases suivantes comme dans l'exemple, à l'aide de l'article. Puis, indiquez si le pronom est complément d'objet direct ou indirect.
   - Cinq familles **la** composaient. → *Cinq familles composaient la caste. La : pronom COD*
   - La famille compte sur le griot pour **la** transmettre.
   - On **les** contacte.
   - Les gens **leur** racontent leurs problèmes.
   - Les habitants **lui** donnent ce qu'ils veulent.

10. Repérez les deux phrases avec les pronoms *en* et *y*. Ils remplacent...
    - ☑ des choses, des lieux, des concepts
    - ☑ des personnes

Travailler la langue

11. Soulignez dans l'article les pronoms toniques (*moi, toi, lui, elle, nous, vous, eux, elles*) précédés d'un verbe et d'une préposition. Puis, complétez le tableau.

LES PRONOMS TONIQUES

On utilise les pronoms toniques **moi, toi, lui, elle, nous, vous, eux, elles** après les verbes suivis d'une préposition (**de, pour, sans, par, en, dans, sur, avec**, etc.).
Ex.: *La famille compte sur lui*. (compter **sur** qqn)
Ex.: ....
Ex.: ....

⚠ Avec les verbes suivis de la préposition **à** qui expriment une idée d'interaction (**dire** qqch **à** qqn, **expliquer** qqch **à** qqn), on utilise les pronoms COI (**me, te, lui, nous, vous, leur**).
Ex.: *Les gens leur racontent leurs problèmes.*
Ex.: *Les habitants lui donnent ce qu'ils veulent.*
Avec d'autres verbes suivis de la préposition **à** (**penser à, s'intéresser à**), on utilise les pronoms toniques.
Ex.: *Les gens se confient à eux*
Ex.: ....

→ CAHIER D'EXERCICES P.13

Produire et interagir

12. Choisissez un métier, puis écrivez sur une feuille tout ce qu'on fait avec les professionnels de ce métier. Mélangez les feuilles, tirez-en une au hasard, puis lisez-la devant la classe et devinez de quel métier il s'agit.

   > *On l'appelle quand on a des problèmes, on lui demande des conseils juridiques, on compte sur lui pour...*

13. À deux, échangez sur votre relation avec votre meilleur/e ami/e. Utilisez les verbes en étiquettes.

   | compter sur | faire appel à | parler de |
   | se confier à | raconter | attendre de | ... |

   - *Je fais appel à lui quand je déménage.*

DÉFI #01
IMAGINER LA VIE ACTUELLE D'UN PERSONNAGE DE CONTE

Vous allez imaginer et rédiger la vie actuelle d'un personnage de conte, après la fin connue de son histoire.

▶ En petits groupes, choisissez un personnage de conte. Décrivez ce qu'il fait généralement.
   - *La fée : elle aide les héroïnes, elle les protège, elle leur offre de jolis vêtements. Quand l'héroïne pense à elle, elle apparaît...*

▶ Imaginez ce qu'il a fait depuis la fin du conte : son rôle est-il le même? Quel métier fait-il? Etc. Rédigez un texte au passé et illustrez-le.
   - *Avec la sortie de l'application Tinder en 2012, sa vie a changé. Depuis cette année-là, les jeunes filles n'ont plus besoin d'elle pour trouver un prince. Heureusement, un jour...*

▶ Mettez vos histoires en commun pour faire un recueil. Choisissez un titre pour l'ouvrage.

▶ Lisez toutes les histoires. Quelle est la plus drôle, originale, triste, surprenante...?

UNITÉ 2 | S'APPROPRIER LES MOTS

Les mots assortis

1. Complétez les séries avec les verbes de l'unité.

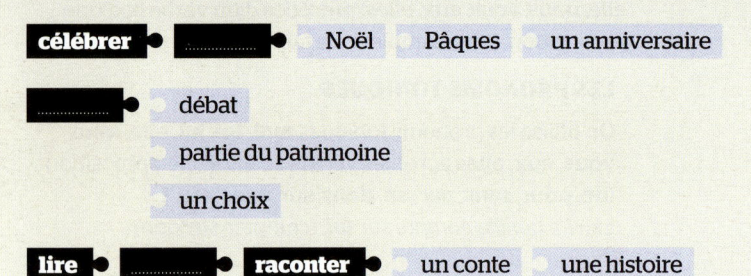

célébrer • .... • Noël • Pâques • un anniversaire

.... • débat
• partie du patrimoine
• un choix

lire • .... • **raconter** • un conte • une histoire

La grammaire des mots

2. Complétez le tableau avec les mots de la même famille.

le verbe	l'activité	la personne
produire	la production	Producteur/trice
consommer	la consommation	Consommateur/trice
élever	l'élevage	un éleveur

Mes mots

3. Selon vous, à quoi servent les contes ? Répondez librement ou aidez-vous du document des pages 36-37.

Les contes aident à...
- découvrir ....
- favoriser ....
- développer ....
- stimuler ....
- apprendre ....
- enseigner ....
- mieux comprendre ....

4. Pensez à une fête que vous aimez, décrivez-la avec les mots en étiquettes.

s'agir de | se célébrer | avoir lieu | commencer | se terminer par | ...

5. Dites une tradition...
- que vous aimez : Noël
- que vous aimeriez transmettre à vos enfants : une bonne chose à diner
- que vous respectez pour faire plaisir à votre famille : rien ?
- qui vous rend furieux(euse) : appele une mavie pas le prom de son mari
- que vous ne comprenez pas : ....

6. Complétez la carte mentale des contes de fées. Vous pouvez ajouter des branches si nécessaire.

LES LIEUX — LES CONTES — LES PERSONNAGES — LES ÉLÉMENTS MAGIQUES

Langues vivantes

03

DOSSIER 01
Les mots venus d'ailleurs

CULTURE(S) ET SOCIÉTÉ(S)
- Le fleuve du français
- L'étude des langues de l'Antiquité (le latin et le grec ancien)
- Le congrès mondial d'espéranto au Québec

GRAMMAIRE
- les pronoms relatifs composés (*lequel, duquel, auquel...*)
- les verbes d'opinion avec l'indicatif et le subjonctif (1)

COMMUNICATION
- parler des origines et de l'influence d'une langue
- exprimer son intérêt
- exprimer son opinion, son accord et son désaccord

LEXIQUE
- les langues et les mots d'origines étrangères
- les passions et les intérêts
- l'utilité et l'utilisation d'une langue

DÉFI #01
ORGANISER UN DÉBAT SUR UNE QUESTION LINGUISTIQUE

DOSSIER 02
Langues multiples et langue unique

CULTURE(S) ET SOCIÉTÉ(S)
- Les langues régionales françaises
- Les langues autochtones du Québec
- Si on parlait tous la même langue ?

GRAMMAIRE
- les indéfinis (*certain(e)s, plusieurs, quelques*)
- l'hypothèse imaginaire avec *si* + imparfait et conditionnel

COMMUNICATION
- parler de sa relation aux langues et de leur apprentissage
- caractériser une langue
- faire des hypothèses imaginaires

LEXIQUE
- les caractéristiques et la richesse des langues
- le langage et la communication

DÉFI #02
FAIRE UNE INFOGRAPHIE SUR LES LANGUES DE LA CLASSE

DÉFI #03 NUMÉRIQUE
espacevirtuel.emdl.fr

UNITÉ 3

LE FLEUVE DU FRANÇAIS

Le français a donné beaucoup de mots à de nombreuses langues, mais il en a aussi beaucoup reçu au cours de son histoire. Embarquez pour un voyage sur le fleuve du français ! Un voyage durant lequel vous verrez l'évolution et la construction de cette langue de plus de 150 000 mots.

3
Au début du Moyen Âge, le latin populaire continue à évoluer, et de nouveaux mots du latin classique et du grec apparaissent.

IIIe

galet   blé

Xe

sapin   renard

chouette   polychrome   multicolore

framboise   poison   potion

1
À partir du IIIe siècle, deux langues cohabitent : le latin, langue de l'Empire romain, et le gaulois, langue d'origine celtique.

2
Les invasions des peuples du Nord apportent au français des mots pour parler de la nature.

5
Au Moyen Âge, les Arabes sont de grands scientifiques, ils donnent au français de nombreux mots.

XVIe

sérénade   zéro   algèbre

banquet   chiffre

solfège   pantalon   maïs

coupole   cédille   cacahuète   tomate

moustique   chocolat

6
À la Renaissance, au XVIe siècle, l'Italie influence toute l'Europe. Elle apporte des mots dans les domaines de l'art, de la table et de la mode.

XVIIe

7
L'espagnol donne au français de nombreux mots venus d'Espagne et d'Amérique latine, notamment pour nommer les produits du Nouveau Monde.

panda

banane

bonsaï

play-back

9
Avec la mondialisation, des mots de langues très lointaines (Inde, Japon…) enrichissent le français.

shampooing   footing   stress

XXe

sprint   selfie

star

10
Dès le XIXe siècle, l'anglais donne au français de nombreux mots, d'abord dans les domaines du spectacle et du sport, puis dans ceux du travail et des technologies.

44 quarante-quatre

DOSSIER 1 | DÉCOUVRIR

Avant de lire

1. À votre avis, d'où vient la langue française ? Et votre langue ? Connaissez-vous ses origines ? **SL2**
2. Observez l'infographie. Qu'est-ce qu'elle montre ? Que représente ce fleuve, selon vous ? Échangez en classe. **SL1**

Lire, comprendre et réagir

3. Lisez les mots dans l'eau du fleuve. Les connaissez-vous ? Échangez en classe, puis cherchez le sens de ceux que vous ne connaissez pas. **SL5**

   • *Je connais « robot » et « panda », c'est pareil dans ma langue.*

4. Lisez le document, puis complétez le tableau de l'évolution du lexique français.

date ou époque	pays ou langue d'origine	domaines	exemples de mots

5. Est-ce que votre langue a des mots et des expressions venus d'ailleurs ? En a-t-elle donné à d'autre langues ? Échangez en classe.

   • *Le turc a donné des mots à beaucoup de langues. Je crois que « kiosque » vient de « köşke ».*

6. Y a-t-il des mots français dans votre langue ?
7. Lisez l'encadré *Ah bon ?!* Existe-t-il une institution comme l'Académie française dans votre pays ?

Écouter, comprendre et réagir

8. Écoutez ce reportage de France Inter, une radio publique française. De quoi s'agit-il ? Qui intervient ? **SE**
9. D'où vient le mot « hippopotame » ?
10. Combien utilise-t-on de mots en français ?
11. Qu'est-ce que le linguiste dit sur l'espéranto ?

Mon panier de lexique

Quels mots du document voulez-vous retenir ? Écrivez-les.

XIIᵉ

escargot
cigale
quiche
brioche
choucroute

4 À partir du XIIᵉ siècle, avec le développement des échanges commerciaux entre les régions, le français se diffuse et s'enrichit de mots des langues régionales.

XVIIIᵉ

sauna
slalom
robot
paprika

8 Le développement des moyens de communication facilite l'introduction de mots de plusieurs langues d'Europe : finnois, hongrois, tchèque, norvégien…

Ah bon ?!

L'Académie française, institution créée en 1634, fixe l'usage de la langue. Pour cela, elle élabore un dictionnaire. Elle décide quels mots peuvent entrer dans le dictionnaire, et par conséquent devenir des mots français.

Librement adapté d'Henriette Walter
L'intégration des mots venus d'ailleurs
Alsic, Vol. 8, n° 1, 2005

UNITÉ 3

Avant de lire

1. Dans votre pays, est-ce qu'on étudie des langues mortes à l'école ? Lesquelles ? Pensez-vous que ce soit utile ?

AVE STUDENTES !

En 4e dans notre collège, en plus des deux langues vivantes obligatoires, vous avez la possibilité de choisir une option facultative.
Avez-vous pensé aux langues de l'Antiquité ?
On les appelle « langues mortes », mais le latin et le grec sont présents dans nos vies de tous les jours.

Vous cherchez une langue...
- qui permet de faire moins de fautes d'orthographe
- sans laquelle 80 % du vocabulaire français n'existerait pas
- qui aide à deviner le sens de certains mots
- grâce à laquelle on peut apprendre plus facilement l'espagnol ou l'italien
- qui a donné des expressions avec lesquelles on écrit des textes juridiques ou scientifiques

Vous vous intéressez à un empire...
- auquel l'Europe a appartenu pendant plusieurs siècles
- au sujet duquel on a fait de nombreux films, séries et jeux vidéo

Alors, étudiez le latin !

- Vous vous intéressez à la mythologie ?
- Vous vous passionnez pour l'Histoire et les histoires ?
- La philosophie et la politique vous intéressent ?
- Vous êtes un passionné d'archéologie ?
- Vous avez envie d'apprendre un nouvel alphabet ?
- L'origine des mots vous passionne ?
- Vous êtes passionné par les Jeux olympiques ?

Étudiez le grec ancien !

Les profs de langues de l'Antiquité du collège Marguerite-Yourcenar

Ah bon ?!

Depuis 2018, tous les élèves du secondaire de la fédération Wallonie-Bruxelles font du latin deux heures par semaine. Pour la ministre de l'Enseignement, « la grammaire latine apporte énormément à l'apprentissage de la langue française ».

DOSSIER 1 | CONSTRUIRE ET (INTER)AGIR

Lire, comprendre et réagir

2. Lisez le titre du tract. Le comprenez-vous ? Échangez en classe. `SL1`

3. Lisez le tract. À qui s'adresse-t-il ? Quel est son objectif ?

4. À votre avis, pourquoi les professeurs ont-ils décidé de faire ce tract ? Échangez en classe.

5. Quels sont les arguments les plus efficaces ? Pourquoi ? Échangez à deux.

6. Quels arguments pourriez-vous opposer à ce tract ?

Travailler la langue

7. Repérez les phrases avec une préposition suivie de *lequel, laquelle, lesquels* ou *lesquelles*. Reformulez ces phrases sans utiliser ces mots.

    Vous cherchez une langue **sans laquelle** 80 % du vocabulaire français n'existerait pas. —> *Vous cherchez une langue. Sans cette langue, 80 % du vocabulaire français n'existerait pas.*

8. Complétez le tableau à l'aide du document.

    ### LES PRONOMS RELATIFS COMPOSÉS

    En général, on utilise les pronoms relatifs composées **lequel** / .... / **lesquels** / .... avec une préposition.
    Ex. : *Vous cherchez une langue **sans laquelle** 80 % du vocabulaire français n'existerait pas.*
    Ex. : ....

    ❗ Avec les prépositions **à** et **de**, on utilise :
    ...., à laquelle, auxquels, auxquelles,
    ...., de laquelle, desquels, desquelles
    Ex. : ....
    Ex. : ....

    ➔ CAHIER D'EXERCICES P. 21

9. Relevez toutes les façons d'exprimer son intérêt dans le dernier paragraphe du tract, puis complétez l'encadré.

    ### EXPRIMER SON INTÉRÊT

    - S'intéresser à quelque chose
    - ....
    - ....
    - ....
    - ....
    - ....

    ➔ CAHIER D'EXERCICES P. 21

Écouter, comprendre et réagir

10. Écoutez le dialogue entre Marc et Samia, puis complétez le tableau pour reconstituer leur expérience. `SE`
    🎧 11

	Marc	Samia
opinion sur le prof		*nul*
type d'activités en classe		
opinion sur les activités	*chouette*	
utilité de l'apprentissage		*une catastrophe*

11. « À part Astérix, je n'y connais rien en histoire antique. » Reformulez cette phrase que dit Samia avec vos mots.

Produire et interagir

12. Écrivez sur une feuille des phrases pour présenter votre profil de passionné/e. Puis, mélangez les feuilles et redistribuez-les. Posez des questions à vos camarades pour retrouver qui a écrit quoi.

    • *Tu te passionnes pour les bonsaïs ?*
    ○ *Non, c'est pas moi, je déteste le jardinage !*

13. En petits groupes, posez des questions à vos camarades avec la structure donnée en utilisant les thèmes proposés et les prépositions en étiquettes.

    Qui connaît + nom + préposition + pronom relatif ?

    | une langue | un sport |
    | un objet | une matière scolaire |
    | une application | la cuisine |
    | un pays | |

    avec | pour | dans | à | de
    pendant | contre | sur

    • *Qui connaît une langue dans laquelle il n'y a pas de masculin et de féminin ?*

14. Rédigez un texte qui présente des arguments pour apprendre une langue de votre choix.

    Vous voulez étudier une langue avec laquelle vous pouvez chanter de l'opéra ? Vous êtes passionné par la mode ? Étudiez l'italien !

UNITÉ 3

Avant de lire

1. Qu'est-ce que l'espéranto ? Connaissez-vous des mots ou des expressions ? `SL2`

2. Observez le logo qui illustre l'article. Le comprenez-vous ? `SL1`

---

www.lejournal.defi.qc

Le Journal

International Politique Culture Sport Opinion Plus

LE CONGRÈS MONDIAL D'ESPÉRANTO AU QUÉBEC EN 2020

En 2020, Montréal accueillera le congrès mondial d'espéranto. Avec sa communauté espérantophone très active et sa situation linguistique particulière, la ville est l'endroit idéal pour accueillir le plus grand rassemblement d'espérantophones au monde.
Le congrès, qui change de pays chaque année, propose aux participants des conférences, des visites de la ville et d'autres activités culturelles. Cet événement donne une grande visibilité à l'espéranto, c'est donc un moment important pour les locuteurs d'Amérique du Nord, en effet le dernier congrès dans cette zone du monde a eu lieu à Washington en 1910.

105-a UNIVERSALA KONGRESO de ESPERANTO — MONTREALO 2020

F.L. Veuthey / Association mondiale d'espéranto (UEA)

VOS RÉACTIONS
36 commentaires

Justin
L'espéranto ? Quelle drôle d'idée ! Je ne trouve pas que ce soit très important. C'est une perte de temps, purement et simplement. Il y a des langues plus utiles à étudier ! Dépenser de l'argent pour organiser ça ? N'importe quoi !

Patsy
Vous vous trompez, Justin. Des études ont montré que l'espéranto facilite l'apprentissage d'autres langues étrangères, surtout pour ceux qui ne parlent pas une langue maternelle indo-européenne. D'après moi, l'espéranto peut être un plus. Je ne crois pas que le congrès soit une perte de temps.

Luce
Justin, je suis de ton avis ! Moi aussi, je trouve que l'espéranto ne sert à rien. Et puis au Québec, je crois que les langues autochtones sont plus importantes à apprendre !

Jeanne
Je ne pense pas que l'espéranto soit très utile. C'est une langue sans âme, et puis personne ne vit en espéranto. Je suis tout à fait contre l'organisation de ce congrès.

Natasha
Je ne suis pas d'accord. Personnellement, je suis pour l'espéranto, parce que c'est une langue qui n'appartient à personne. Je pense que c'est un bon moyen de communication égalitaire qui lutte contre la supériorité linguistique de certaines langues comme l'anglais.

Ajoutez votre commentaire.

Ah bon ?!

L'espéranto est une langue inventée par le Polonais Louis Lazare Zamenhof en 1887. Son objectif était de créer une langue facile à apprendre, neutre et adaptée à la communication internationale. Le vocabulaire vient de plusieurs langues européennes et la grammaire n'a pas d'exceptions. Aujourd'hui, l'espéranto, c'est environ 6 millions de locuteurs dans plus de 100 pays.

Lire, comprendre et réagir

3. Lisez l'encadré *Ah bon ?!* Y a-t-il des informations qui vous surprennent? *100 pays*

4. Lisez l'article. Avez-vous envie d'aller au congrès mondial d'espéranto? Pourquoi? *oui, sera intéressant*

5. Lisez les commentaires des internautes. Avec qui êtes-vous d'accord? Pourquoi? *Patsy et Nat mais un peu les autres aussi*

Travailler la langue

6. Repérez dans les commentaires les verbes d'opinion suivis de *que*. Puis, entourez les verbes placés après *que*. Que remarquez-vous?

7. Complétez le tableau à l'aide des commentaires.

EXPRIMER UNE OPINION (1)

À la forme affirmative, on utilise les verbes d'opinion **trouver**, *montrer*, *croire* + **que** + phrase à l'indicatif.
Ex. : ....
Ex. : ....
Ex. : ....

À la forme négative, on utilise les verbes d'opinion + **que** + phrase au subjonctif.
Ex. : ....
Ex. : ....
Ex. : ....

→ CAHIER D'EXERCICES P.21

8. Relevez dans les commentaires tous les mots et expressions pour exprimer une opinion, un accord ou un désaccord. Comment se traduisent-ils dans votre langue?

Écouter, comprendre et réagir

9. Écoutez cette conversation entre Hawa et Baptiste, puis cochez les éléments discutés par les deux amis. 🎧 12

- ☑ l'utilité de l'espéranto
- ☐ l'enrichissement intellectuel
- ☑ une langue artificielle
- ☑ le plaisir
- ☑ le nombre de locuteurs
- ☑ de nouvelles rencontres
- ☐ un patrimoine littéraire
- ☐ la domination de l'anglais
- ☑ la reconnaissance académique
- ☑ la facilitation d'autres apprentissages
- ☑ une passion personnelle

10. Réécoutez la conversation. Sur quel argument les deux amis sont-ils d'accord? *faire les choses pour se plaire*

Produire et interagir

11. Écrivez sur des Post-it des idées reçues sur des langues que vous connaissez. Collez les Post-it au tableau. Un/e camarade va lire une phrase et réagit.

   • « *Le portugais du Portugal est moins musical que le portugais du Brésil.* » *Je ne suis pas du tout d'accord !*

12. Rédigez un commentaire à l'article.

   — *Je crois que l'espéranto est une langue intéressante, mais...*

13. Trouvez un/e camarade qui n'est pas d'accord avec vous sur chacun de ces sujets et discutez-en.

   • Les correcteurs orthographiques empêchent les élèves d'apprendre à bien écrire.
   • Savoir nager ne sert à rien si on ne vit pas au bord de la mer.
   • Une personne sans permis de conduire ne peut pas trouver de travail.
   • Les femmes sont meilleures en langue que les hommes.

DÉFI #01
ORGANISER UN DÉBAT SUR UNE QUESTION LINGUISTIQUE

Vous allez organiser un débat sur une question linguistique en jouant un rôle.

▶ En petits groupes (maximum six personnes), choisissez un sujet : pour ou contre... deux langues vivantes étrangères obligatoires à partir de 6 ans? une langue morte obligatoire à partir de 12 ans? l'espéranto obligatoire à l'école? l'anglais comme langue internationale?

▶ Tirez au sort un des rôles suivants et gardez-le secret.

   le/la **modérée** : il/elle peut être pour ou contre et est assez influençable.
   le/la **précis/e** : il/elle aime les faits, les études statistiques et les chiffres.
   le/la **passionné/e** : il/elle met toute son énergie à défendre ses idées.
   le/la **farfelu/e** : il/elle apporte des idées originales qui peuvent sembler stupides.
   le/la **sceptique** : il/elle voit toujours les problèmes et les complications.
   le/la **bienveillant/e** : il/elle est optimiste et aide les autres à développer leurs idées.

▶ Préparez vos arguments en fonction de votre rôle et débattez en jouant ces rôles. À la fin du débat, retrouvez le profil de chaque membre du groupe.

▶ En petits groupes, à l'aide des arguments exprimés durant le débat, rédigez un tract pour ou contre le thème débattu.

▶ Présentez votre tract aux autres groupes.

UNITÉ 3

Les langues régionales dans l'Hexagone

Depuis 1992, la Constitution française dit que « la langue de la République est le français », mais depuis 2008, la Constitution dit aussi que les « langues régionales appartiennent au patrimoine de la France ». Il en existe environ 75, la grande majorité en outre-mer. La langue française est la langue unique d'enseignement dans les écoles depuis 1794, mais on sait que 20 % des Français parlaient uniquement leur langue régionale au milieu du XIXe siècle. Aujourd'hui, la plupart de ces langues disparaissent, et on ne les transmet plus de génération en génération (1 à 2 % pour le provençal par exemple), la majorité des locuteurs d'une langue régionale a plus de 60 ans. Certaines régions enseignent leur langue, mais à Aix-en-Provence, l'enseignement du provençal concerne seulement quelques centaines de personnes chaque année.
Face à la mondialisation, on remarque aujourd'hui un intérêt nouveau pour les langues régionales, vues comme des marqueurs d'identité. Si on enseignait les langues régionales à l'école, qu'est-ce que cela changerait ?

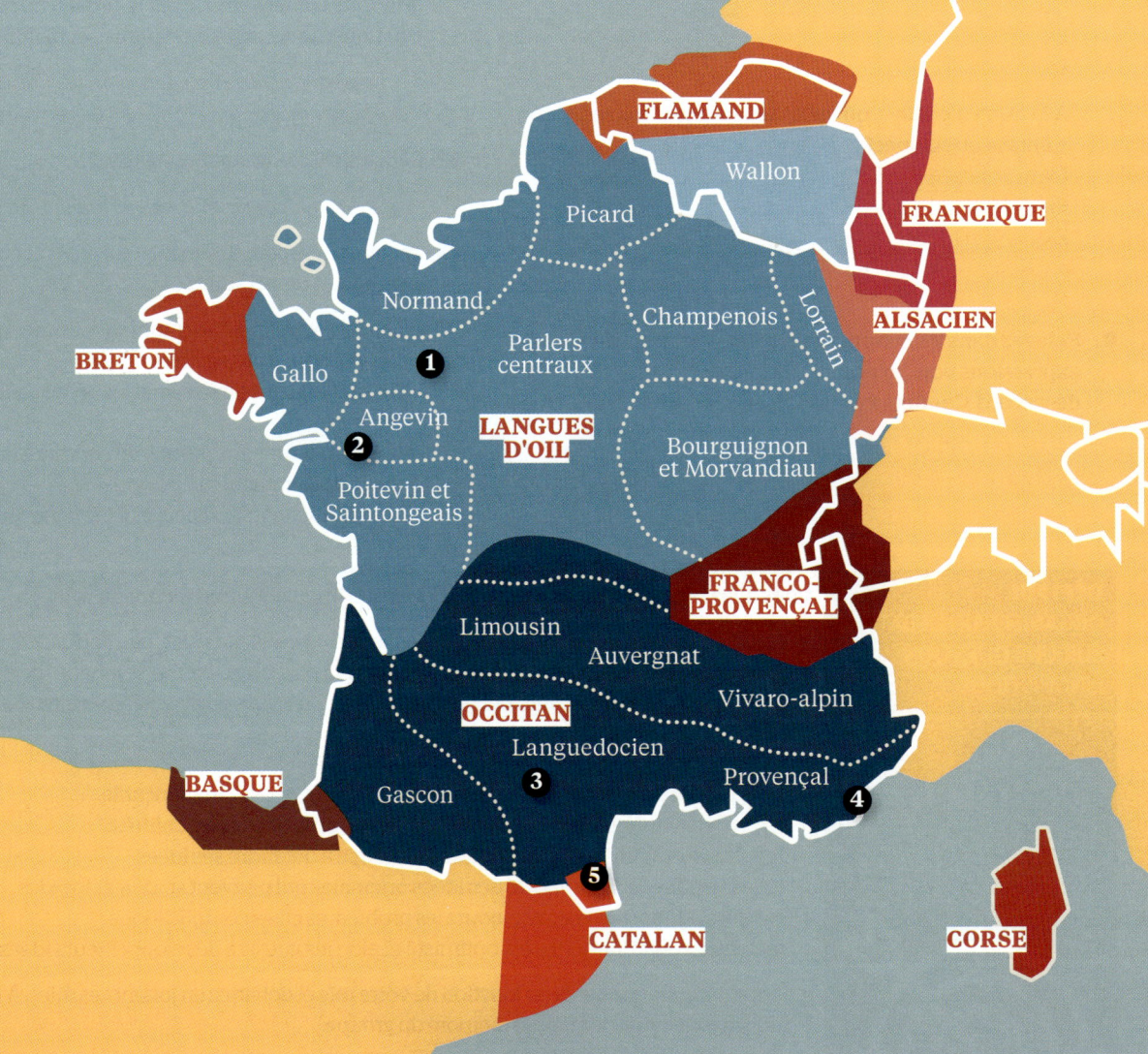

FLAMAND — Wallon — Picard — **FRANCIQUE** — Normand — Champenois — **ALSACIEN** — **BRETON** — Gallo — ❶ — Parlers centraux — Lorrain — Angevin — ❷ — **LANGUES D'OÏL** — Bourguignon et Morvandiau — Poitevin et Saintongeais — **FRANCO-PROVENÇAL** — Limousin — Auvergnat — Vivaro-alpin — **OCCITAN** — Languedocien — **BASQUE** — Gascon — ❸ — Provençal — ❹ — ❺ — **CATALAN** — **CORSE**

Ah bon ?!

La France a signé, mais n'a jamais mis en application, la **Charte européenne des langues régionales ou minoritaires**, qui prévoit la protection et la promotion des langues régionales et minoritaires historiques.

50 cinquante

DOSSIER 2 | DÉCOUVRIR

Nombre de locuteurs en milliers

ALSACIEN
650

OCCITAN
600

BRETON
200

CATALAN
110

FRANCO-PROVENÇAL
80

CORSE
70

BASQUE
50

FLAMAND
30

Avant de lire

1. À votre avis, combien de langues parle-t-on en France ? SL2

2. Connaissez-vous des langues régionales françaises ? SL2

   • *Je suis allé en vacances en Corse, j'ai vu un concert de chants polyphoniques, ils chantaient en corse.*

Lire, comprendre et réagir

3. Observez la carte. En petits groupes, échangez sur les informations qu'elle contient. Que remarquez-vous aux frontières françaises ?

4. Lisez l'encadré *Ah bon !?* À votre avis, pourquoi la France n'applique-t-elle pas la Charte européenne des langues régionales ?

5. Lisez le texte et complétez votre réponse de l'activité 4. Qu'apprenez-vous de plus sur les langues régionales françaises ? Échangez à deux. SL8

6. Observez l'encadré sur le nombre de locuteurs. Trouvez-vous qu'il y en a peu ou beaucoup ? Échangez en classe.

7. Existe-t-il des langues régionales dans votre pays ? Sont-elles enseignées à l'école ? En parlez-vous une ? Échangez en classe.

8. Pensez-vous que les langues régionales doivent être enseignées à l'école ? Sont-elles importantes ? Échangez en classe.

   • *Je ne crois pas que les langues régionales soient très importantes.*
   ○ *Je ne suis pas d'accord, moi je trouve que c'est une richesse.*

Écouter, comprendre et réagir

9. Écoutez le témoignage de deux auditeurs dans une émission de radio sur les langues régionales, et situez leur région sur la carte. 🎧 13

10. Réécoutez les témoignages et dites qui...
    • a un père qui connaît quelques expressions en langue régionale : ......
    • connaît le patrimoine littéraire de la langue de sa région : ......
    • a appris une langue régionale dans une école pour adultes : ......
    • pratique la langue occasionnellement avec d'autres passionnés : ......
    • comprend seulement quelques mots de la langue de sa région : ......

11. Rédigez un résumé du témoignage de chaque auditeur en quelques phrases.

Mon panier de lexique

Quels mots de ces pages voulez-vous retenir ? Écrivez-les.

❶ RENNES / ROAZHON
❷ NANTES / NAONED
❸ TOULOUSE / TOLOSA
❹ NICE / NISSA
❺ PERPIGNAN / PERPINYÀ

cinquante et un **51**

UNITÉ 3

Avant de lire

1. Observez la photo. À quoi vous fait-elle penser ? À votre avis, de quelle partie du monde francophone l'article va-t-il parler ?
   SL1

---

www.culturemag.defi.fr

VENDREDI 8 MARS 2019 — CULTURE — QUÉBEC

Voir le monde avec la langue

On dit que chaque langue transmet sa vision du monde. Dans certaines langues, par exemple, la couleur bleue n'existe pas ; dans d'autres, la neige a plusieurs noms. Au Québec, il existe onze nations autochtones qui ont leur propre langue, donc leur façon de voir et de penser le monde. Découvrez quelques richesses de ce patrimoine linguistique.

Dans la langue ATTIKAMEK, quand de nouveaux mots apparaissent dans la société, on consulte les anciens pour trouver un mot attikamek correspondant. Ce mot fait référence à l'apparence ou à l'utilité de la chose. C'est aussi une langue qui évoque des images. Par exemple, tous les noms des mois de l'année renvoient à ce qu'on y trouve : juin, le mois des fraises ; octobre, le mois de la truite.

En NASKAPI, certains mots sont impossibles à traduire, et un seul mot peut avoir plusieurs significations. Par exemple, on utilise le même mot pour dire « pensée », « cerveau » et « mémoire ». Par contre, il n'existe aucune expression pour dire « s'il vous plaît » ou « je m'excuse ». Peut-être qu'il n'était pas nécessaire d'être poli quand les Naskapis étaient nomades et vivaient toujours ensemble...

Il faut savoir que toutes les langues autochtones sont de tradition orale, il est donc difficile de les transcrire. Aujourd'hui, les Inuits utilisent l'alphabet syllabique ou l'alphabet latin pour écrire leur langue, l'INUKTITUT.

Enfin, il existe des variantes dans quelques langues autochtones. Ainsi, la langue CRIE est une série de dialectes qui ont une base et des formes communes, et la plupart des peuples cris se comprennent entre eux.

Malheureusement, tout ce patrimoine est menacé. Certains linguistes accusent les médias et affirment que les gens passent de plus en plus de temps sur les réseaux sociaux et devant la télévision, mais de moins en moins de temps à interagir avec d'autres personnes qui parlent leur langue. ¤

Le centre d'information pour les visiteurs à Iqaluit, capitale du territoire du Nunavut, au Canada (langue inuktitut)

Pour en savoir plus : *Les langues autochtones du Québec, un patrimoine en danger*, sous la direction de Lynn Drapeau, aux Presses de l'Université du Québec.

Ah bon ?!

Les autochtones du Québec sont les héritiers des premières populations de l'actuel Québec. L'office québécois de la langue française définit un autochtone comme une « personne vivant sur le territoire habité par ses ancêtres depuis un temps immémorial ». Aujourd'hui, les onze nations autochtones représentent environ 1 % de la population québécoise.

DOSSIER 2 | CONSTRUIRE ET (INTER)AGIR

Lire, comprendre et réagir

2. Lisez le premier paragraphe de l'article. Avez-vous d'autres exemples à ajouter à la deuxième phrase ?

3. Lisez l'article. À quels paragraphes donneriez-vous ces titres ? `SL7`
   - Nouveaux et anciens mots : ......
   - Deux façons d'écrire : ......
   - Impact des technologies : ......
   - Difficulté de traduction : ......
   - Racines communes : ......

4. Après la lecture de l'article, comment comprenez-vous le titre ? Reformulez-le avec vos propres mots.

5. Relisez le dernier paragraphe. Pensez-vous que les médias soient responsables de la disparition de certaines langues ?

6. Avez-vous déjà rencontré des mots français difficiles à traduire dans votre langue ? À votre avis, pourquoi ?

Travailler la langue

7. Complétez le tableau à l'aide de l'article.

   LES INDÉFINIS

   • **Chaque** + nom (toujours au singulier)
   Ex. :
   • **Tout, toute, tous, toutes** + nom
   Ex. : *tout* ce patrimoine, ... les noms, ... les langues
   • **Certain(e)s** + nom
   Ex. :
   • **D'autres** + nom
   Ex. :
   • **Quelques** + nom (= un petit nombre)
   Ex. :
   • **Plusieurs** (invariable !) + nom s'oppose à **un seul**
   Ex. :
   • **La plupart de(s)** + nom (= la plus grande partie)
   Ex. :
   • **Aucun/e** + nom (= quantité nulle)
   Ex. :
   ⚠ **Aucun/e** s'utilise toujours dans une phrase négative.
   → CAHIER D'EXERCICES P. 21

8. Relevez dans l'article tous les mots et expressions qui vous semblent intéressants pour parler des caractéristiques des langues.

9. Mettez en commun vos listes, puis créez un nuage de mots collectif au tableau.

Regarder, comprendre et réagir

10. Regardez cette vidéo sur les peuples autochtones du Canada. Combien y a-t-il de langues autochtones utilisées ? `SE`

11. À quoi correspond le chiffre 213 000 ?

12. Qu'avez-vous appris de plus sur la langue inuktitut ?

13. Dans la conclusion de la vidéo, qu'ont déclaré 14 000 autochtones, selon le présentateur ?

Produire et interagir

14. Pensez à une langue de votre choix, puis complétez la fiche d'identité en utilisant les mots suivants : *mots, sons, verbes, temps, règles, conjugaisons*, etc.

    - Quelques... *mots sont d'origine turque.*
    - La plupart...
    - Certains..., d'autres...
    - Plusieurs...
    - Toutes les...
    - Certaines...
    - Tous les...

15. Montrez votre fiche à un/e camarade. Il/Elle devine de quelle langue il s'agit.

16. Faites une enquête sur l'apprentissage du français dans la classe : quand ? où ? avec quel livre ? pourquoi ? etc. Notez les réponses au tableau. Puis, commentez les résultats à l'aide des indéfinis.

    • *La plupart des élèves ont commencé à étudier l'an dernier.*

17. Écrivez un texte sur une langue qui n'existe pas à l'aide des mots et expressions de l'activité 9.

    — *Dans la langue wanesgen, il n'y a aucun mot de plus de deux syllabes...*

UNITÉ 3

www.la-chouette-philo-blog-prof.fr

LA CHOUETTE
Mon blog de philosophie

ACCUEIL | ARCHIVE | CURIOSITÉS | À PROPOS DE MOI

Ma vie de prof de philo

POSTÉ LE 5 MAI 2019

Si toute l'humanité parlait une seule langue ?
C'est le dernier sujet de réflexion que j'ai proposé à mes élèves de terminale. Un sujet difficile, mais ils ont eu quelques bonnes idées. J'ai fait un montage des réponses les plus intéressantes, certaines idées sont amusantes, d'autres pertinentes. N'hésitez pas à poster vos commentaires, le débat est ouvert !

- Si on parlait tous la même langue, les traducteurs seraient au chômage.
- Si on avait tous une langue commune, on se comprendrait mieux, on se ferait moins la guerre.
- Si nous parlions tous une langue universelle, on penserait tous pareil.
- Si les gens partageaient une seule langue, ils pourraient voyager plus facilement.
- Si on avait tous la même langue, on perdrait moins de temps à apprendre des langues.
- Si on avait tous notre propre langue plus une autre langue universelle, on serait plus ouverts et plus intelligents.
- Si on parlait tous la même langue, on ne serait pas jaloux des polyglottes.
- Si tout le monde parlait la même langue, on aurait moins de vocabulaire, car dans certaines langues les choses ont plusieurs noms.
- Si nous parlions tous chinois (par exemple), comment appellerait-on les animaux qui n'existent pas en Chine ?

C'est stupide, hein ?

DOSSIER 2 | CONSTRUIRE ET CRÉER

Lire, comprendre et réagir

1. Lisez l'introduction du blog. Qui écrit ? Pour parler de quoi ? *prof de philo / une seule langue*

2. Lisez le blog. Quelles sont les réponses des élèves en faveur d'une langue universelle et celles contre ?

3. Quels arguments trouvez-vous pertinents et/ou amusants ? Échangez en petits groupes.

4. Croyez-vous qu'il soit intéressant d'étudier la philosophie au lycée ? *oui*

Travailler la langue

5. Observez les phrases des élèves. Leurs hypothèses sont...
   ☐ réelles
   ☑ imaginaires

6. Repérez et identifiez les temps des verbes utilisés après *si*, puis complétez le tableau.

   L'HYPOTHÈSE IMAGINAIRE

   Pour faire une hypothèse ou imaginer une situation, on utilise **si** + verbe à l' *imparfait* et verbe au *conditionnel*
   Ex. : ....
   Ex. : ....

   → CAHIER D'EXERCICES P. 21

7. Comment fait-on ce genre d'hypothèse dans votre langue ou dans les langues que vous connaissez ?

   • *En hongrois, on utilise deux fois le verbe au conditionnel : une fois après « si » et une autre fois après la virgule.*

   la même

Produire et interagir

8. Écrivez chacun le début d'une hypothèse sur une feuille, puis passez-la à un/e camarade qui la complète. Affichez toutes les feuilles au tableau et lisez-les. Choisissez votre préférée.

   > *Si les animaux domestiques parlaient notre langue,*
   > ils auraient peut-être des conversations très philosophiques.

9. En petits groupes, imaginez une chaîne de conséquences imaginaires.
   • *Si j'habitais en France, je mangerais du fromage tous les jours.*
   ○ *Si tu mangeais du fromage tous les jours, tu grossirais.*
   • *Si tu grossissais...*

10. Et vous, qu'est-ce que vous répondriez si vous étiez dans la classe du professeur de philosophie ?
    • *Si tout le monde parlait la même langue...*

11. À deux, faites un mini-débat de deux minutes sur les sujets suivants. Tirez à pile ou face un rôle (pile : pour ; face : contre) et préparez vos arguments.
    - une langue unique
    - la philosophie à l'école
    - la simplification de l'orthographe
    - etc.

DÉFI #02
FAIRE UNE INFOGRAPHIE SUR LES LANGUES DE LA CLASSE

Vous allez faire une infographie sur les langues de la classe.

▶ En petits groupes, posez-vous des questions à l'aide des étiquettes, vous pouvez ajouter des catégories. Notez toutes les réponses.

   [langue maternelle] [langues parlées] [contexte d'utilisation]
   [fréquence d'utilisation] [connaissance d'une langue rare]
   [langue préférée] [diplôme de langue] […]

▶ Imaginez que vous êtes un village de 100 personnes et calculez les pourcentages des réponses pour chaque question.

▶ Créez une infographie pour présenter vos données. Illustrez-la avec des images, des photos, des dessins, etc.

▶ Présentez votre infographie à la classe avec des pourcentages ou des indéfinis. Vos villages ont-ils des points communs ?
   • *Si notre groupe était un village de 100 personnes, 75 % des habitants parleraient italien.*

cinquante-cinq **55**

UNITÉ 3 | S'APPROPRIER LES MOTS

Les mots assortis

1. Complétez la série avec les adjectifs de l'unité utilisés pour parler d'une langue.

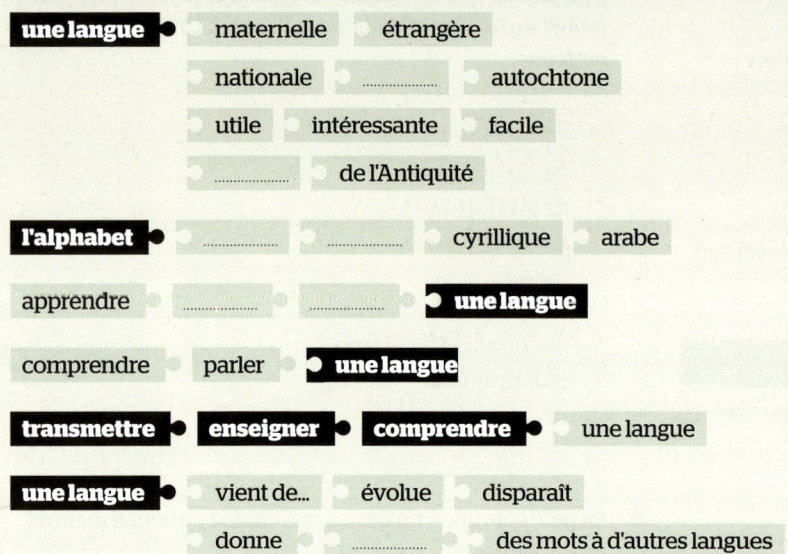

- **une langue** — maternelle — étrangère — nationale — .... — autochtone — utile — intéressante — facile — .... de l'Antiquité
- **l'alphabet** — .... — .... — cyrillique — arabe
- apprendre — .... — .... — **une langue**
- comprendre — parler — **une langue**
- **transmettre** — **enseigner** — **comprendre** — une langue
- **une langue** — vient de... — évolue — disparaît — donne — .... des mots à d'autres langues

La grammaire des mots

2. Complétez avec les prépositions adéquates : à, de, dans, pour.

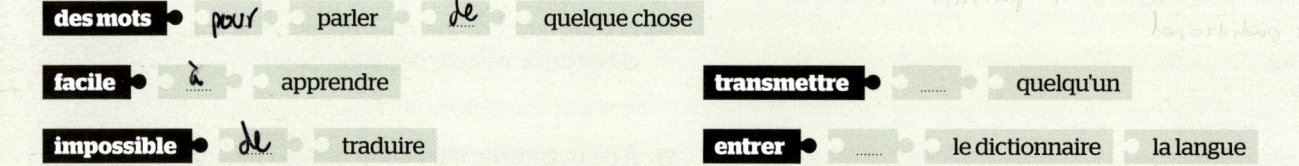

- **des mots** — pour — parler — de — quelque chose
- **facile** — à — apprendre
- **transmettre** — .... — quelqu'un
- **impossible** — de — traduire
- **entrer** — .... — le dictionnaire — .... — la langue

3. Trouvez dans l'unité les noms en -ion qui correspondent aux verbes comme dans les exemples.

- faciliter : *une facilitation*
- évoluer : *une évolution*
- opter : ....
- dominer : ....
- mondialiser : ....
- communiquer : ....
- organiser : ....

- signifier : ....
- protéger : ....
- promouvoir : ....
- construire : ....
- introduire : ....
- réfléchir : ....
- envahir : ....

4. Retrouvez dans l'unité les verbes qui correspondent à ces noms.

noms en **-sion** ou **-tion**	noms en **-ment**	autres
l'utilisation :	l'enrichissement : *enrichir*	la pratique : ....
l'évocation :	l'enseignement :	l'influence : ....
l'interaction :	le rassemblement :	l'accueil : ....
la transcription :	le développement :	l'apprentissage : ....
l'installation :		
la transmission :		
la diffusion :		

Mes mots

5. Dites une langue que vous...

- pratiquez occasionnellement : espagnol
- parlez couramment : l'anglais
- parlez uniquement dans un contexte donné : ....
- comprenez sans problème : anglais
- transmettez à d'autres personnes : ....
- utilisez seulement à l'écrit : musique

56 cinquante-six

Bêtes de scène

04

DOSSIER 01
Le spectacle vivant

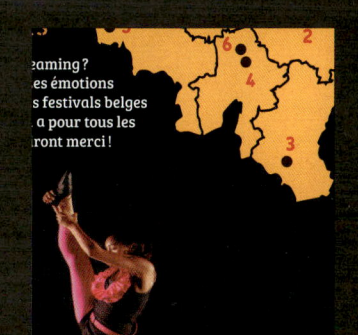

CULTURE(S) ET SOCIÉTÉ(S)
- Les festivals en Belgique
- Le cirque Phare au Cambodge
- L'opéra français

GRAMMAIRE
- le pronom *dont*
- le participe présent (1)

COMMUNICATION
- parler des arts de la scène
- caractériser des gens, des choses et des actions
- donner un avis sur un spectacle

LEXIQUE
- les arts de la scène
- les mots pour qualifier un spectacle
- les positions et les mouvements du corps

DÉFI #01
CRÉER LE PROGRAMME D'UN FESTIVAL DE SPECTACLES VIVANTS

DOSSIER 02
De la scène à l'écran

CULTURE(S) ET SOCIÉTÉ(S)
- Trois comédies françaises culte
- Le retour du théâtre de boulevard
- Un pensionnaire de la Comédie-Française

GRAMMAIRE
- exprimer la postériorité et l'antériorité (*après*, *avant de*)
- le plus-que-parfait
- exprimer la simultanéité

COMMUNICATION
- parler de cinéma et théâtre
- résumer l'intrigue d'une pièce ou d'un film
- parler d'événements successifs ou simultanés

LEXIQUE
- le cinéma, le théâtre, le succès, les prix
- les expressions avec *faire* et *prendre*
- la carrière artistique

DÉFI #02
FAIRE UNE EXPOSITION SUR LES FILMS CULTE DE LA CLASSE

DÉFI #03 NUMÉRIQUE
espacevirtuel.emdl.fr

UNITÉ 4

BELGIQUE
des spectacles pour tous les goûts

Fatigué de regarder des séries en streaming ? Vous appréciez le spectacle vivant ? Les émotions authentiques ? Voici un petit guide des festivals belges d'arts de la scène. En Wallonie, il y en a pour tous les goûts. Vos yeux et vos oreilles vous diront merci !

❶ BRUXELLES
La Monnaie est la salle d'opéra la plus réputée de Belgique. Elle programme des opéras, des ballets et des concerts de musique classique.
Le festival LEGS
Ce tout nouveau festival est consacré à la danse, avec des danseurs et des chorégraphes venus du monde entier.
Le festival Signal
L'art vivant est présent dans les rues de la ville avec des performances en plein air, des défilés et des rencontres.

❷ LIÈGE
Dans la région de Liège, les amateurs de musique ont le choix : rap et rock électro au festival Les Ardentes, jazz au festival international Mithra Jazz… Au théâtre Le Forum, vous pouvez voir les one-man-show des humoristes belges les plus connus.

❸ CHINY
Le Festival interculturel du conte invite conteurs et conteuses à se produire sur scène et à raconter leurs histoires dans les rues de la ville.

58 cinquante-huit

DOSSIER 1 | DÉCOUVRIR

❹ JAMBES

À deux pas de Namur, le public peut découvrir les chants, les danses et les traditions du monde entier avec le Festival mondial de folklore, le plus ancien festival de ce type en Wallonie. L'occasion de faire de belles rencontres interculturelles.

❺ TOURNAI

Le Centre de la marionnette accueille chaque année le Festival découvertes images et marionnettes pour faire découvrir les différents aspects de cet art : objets, ombres, fils, poupées... Des spectacles pour toute la famille qui mélangent parfois les disciplines : théâtre, cirque, vidéo...

❻ NAMUR

Le festival du cirque de Namur accueille les spectateurs, en plein air ou sous un grand chapiteau. Acrobates, jongleurs et clowns de tous les pays sont au rendez-vous. Vous en prendrez plein les yeux !

Avant de lire

1. Si on vous dit « spectacle vivant », à quoi pensez-vous ? Échangez en classe.

Lire, comprendre et réagir

2. Observez le document (carte et photos). Quelles informations donne-t-il ? Vérifiez vos hypothèses en lisant l'introduction. `SL1`

3. Lisez les encadrés. Si vous alliez en Belgique, à quel festival iriez-vous ? Pourquoi ? Échangez en classe.

• *Moi, j'irais au Festival de marionnettes. J'adorais ça quand j'étais petit.*

4. Relevez dans le document tous les mots en rapport avec les disciplines suivantes.

- La musique
- Le théâtre
- La danse
- Les marionnettes
- Le cirque

5. Relisez la dernière phrase de l'introduction. Comment la comprenez-vous ?

6. Dans votre pays, connaissez-vous des festivals d'arts de la scène ? Présentez-en un.

7. Quels sont vos goûts en matière de spectacles vivants ? Échangez en classe.

Regarder, comprendre et réagir

8. Faites des recherches sur la comédie musicale *Notre-Dame de Paris*, puis regardez la vidéo. Les spectateurs sont... `SE` 5

☐ déçus ☐ satisfaits ☐ enthousiastes

9. Visionnez à nouveau la vidéo. Puis, reconstituez les phrases dites dans le reportage.

Richard Charest ○ ○ est dynamique.
Daniel Lavoie ○ ○ sont épatants.
Notre-Dame de Paris ○ ○ est le coup de cœur du public.
La mise en scène ○ ○ est un enchaînement de succès.
Les danseurs et acrobates ○ ○ nous fait passer une très belle soirée.
L'œuvre ○ ○ campe le rôle du poète admirablement.

10. Repérez les adjectifs que les spectateurs utilisent pour qualifier le spectacle à la fin du reportage.

Mon panier de lexique

Quels mots du document voulez-vous retenir ? Écrivez-les.

cinquante-neuf **59**

UNITÉ 4

Avant de lire

1. En petits groupes, faites une liste d'artistes et de numéros de cirque, à l'aide d'un dictionnaire. **SL3**

   • *Acrobate, clown...*

2. Observez les onglets du blog de Maelys. Qu'apprenez-vous sur elle? **SL1**

MV Mes voyages

www.mesvoyages-blog-de-maelys.com

Qui suis-je ?   Mes pays préférés   Mes coups de cœur   Voyager avec des enfants   Albums photos

MES VOYAGES

par Maelys

LE CIRQUE PHARE
UN CIRQUE DONT ON SE SOUVIENT LONGTEMPS !

Les spectacles donnés sous le chapiteau de Siem Reap, au Cambodge, sont bien différents du cirque classique avec des animaux et des clowns. Ici, grâce à la danse, au mime, à la musique et aux acrobaties, des artistes talentueux racontent des histoires dont les thèmes vont de la guerre aux légendes locales, en passant par la société actuelle.

L'histoire de cette troupe commence en 1994 à Battambang quand neuf jeunes Cambodgiens, qui ont passé leur enfance dans un camp de réfugiés, créent un centre d'art-thérapie avec un professeur. Leur but ? Aider les enfants dont les familles ont vécu la guerre civile (de 1970 à 1991) à exprimer leurs souffrances. Au début, le centre ne proposait que des cours de dessin, mais il intègre rapidement d'autres disciplines artistiques, et une école de cirque ouvre en 1998. Pour la financer et pour permettre aux jeunes artistes de présenter leur art, le cirque s'installe à Siem Reap en 2013, où il devient une attraction incontournable.

Comme beaucoup de touristes, nous sommes allés les admirer et les applaudir. Sur scène, un orchestre de musique traditionnelle accompagne les numéros des acrobates enchaînant les sauts et volant au-dessus des jongleurs. C'est un spectacle extraordinaire de musique et d'effets spéciaux mélangeant les arts du cirque et les traditions artistiques khmères (costumes colorés et gestes élégants des mains). Ils n'ont pas les moyens du Cirque du Soleil, mais grâce à eux, mes enfants ont découvert que le cirque peut raconter de belles histoires.

Le cirque Phare, c'est une expérience à ne pas rater au Cambodge. En assistant à une représentation, vous passerez une soirée formidable et, en plus, vous aiderez de jeunes artistes à vivre une passion dont ils sont très fiers.

Ah bon ?!   +

Le Cirque du Soleil est la troupe de cirque contemporain la plus célèbre au monde. Il présente des spectacles sans animaux.

DOSSIER 1 | CONSTRUIRE ET (INTER)AGIR

Lire, comprendre et réagir

3. Lisez l'introduction du post. De quoi Maelys parle-t-elle ? Dans quel pays ?

4. Lisez le post, puis donnez un titre à chaque paragraphe.

5. Reformulez l'histoire du cirque avec les dates suivantes : 1991 – 1994 – 1998 – 2013.

6. Que peut-on voir pendant le spectacle, selon Maelys ?

7. Maelys nous conseille-t-elle le spectacle ? Pourquoi ?

8. Connaissez-vous d'autres initiatives artistiques réalisées par des personnes en difficulté ? Faites des recherches.

Travailler la langue

9. Repérez dans le post toutes les phrases avec le pronom *dont*. Reformulez ces phrases sans l'utiliser.

   Un cirque **dont** on se souvient longtemps → *On se souvient longtemps de ce cirque.*

   LE PRONOM *DONT*

   > **Dont** est un pronom relatif comme **qui** et **que**. Il reprend un mot précédé de la préposition .... (en général un nom ou un pronom), pour donner des informations complémentaires sur celui-ci.
   > **Dont** peut être :
   > • complément d'un verbe
   > Ex. : *Un cirque **dont** on se souvient longtemps.*
   > • complément d'un nom
   > Ex. : *Des histoires **dont** les thèmes vont de la guerre aux légendes locales.*
   > Ex. : ....
   > • complément d'un adjectif
   > Ex. : .... (ils sont très fiers *de* leur passion)

   → CAHIER D'EXERCICES P. 29

10. Lisez ces deux phrases et trouvez dans le blog les formulations équivalentes. Puis, complétez le tableau.

    – Un orchestre accompagne les numéros des acrobates **qui enchaînent** les sauts et **qui volent** au-dessus des jongleurs.

    – C'est un spectacle de musique **qui mélange** les arts du cirque et les traditions artistiques khmères.

    LE PARTICIPE PRÉSENT (1)

    > Le participe présent peut remplacer une proposition relative introduite par le pronom .... Il est invariable. Il se forme avec la base du verbe conjugué au présent de l'indicatif à la première personne du pluriel (**nous**) à laquelle on ajoute **–ant** : *Nous **rêv**ons* → *rêv**ant**.*
    > Ex. : ....
    > Ex. : ....
    > Ex. : ....

    → CAHIER D'EXERCICES P. 29

Travailler la langue

11. Relisez le post. Faites une carte mentale avec les mots et expressions pour parler de spectacle.

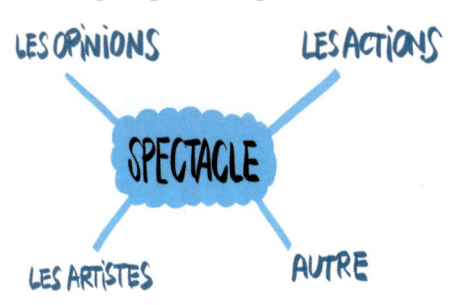

    LES OPINIONS — LES ACTIONS
    SPECTACLE
    LES ARTISTES — AUTRE

Écouter, comprendre et réagir

12. À deux, chercher sur Internet des images sur la Cinéscénie du Puy du Fou. Que voyez-vous ? À votre avis, qu'est-ce que c'est ? SL3

13. Écoutez la première partie du reportage (jusqu'à la musique). Qui sont les intervenants ? Où sont-ils ? À quel moment a lieu l'interview ? Qu'apprenez-vous de plus ? SE

14. Écoutez la deuxième partie du reportage. Où sont les intervenants et à quel moment a lieu l'interview ? Parmi les éléments que vous avez vus sur Internet, lesquels l'intervenante cite-t-elle ?

15. Avez-vous envie d'aller voir la Cinéscénie ? Pourquoi ? Échangez en petits groupes.

16. Auriez-vous envie de participer bénévolement à un spectacle comme la Cinéscénie ? Échangez en petits groupes.

Produire et interagir

17. Répondez à ce questionnaire en moins d'une minute, puis comparez vos réponses avec celles d'un/e camarade. Expliquez-les.

    - Un/e acteur(trice) dont vous êtes fan.
    - Une pièce de théâtre dont vous avez appris le texte.
    - Un/e artiste dont vous aimez le travail.
    - Un art de la scène dont vous ne savez rien.
    - Un/e chanteur(euse) dont vous avez beaucoup d'albums.
    - Une chose dont vous avez peur au cirque.
    - Une série dont on vous a parlé plusieurs fois.
    - Une mélodie dont vous vous souvenez.
    - Un/e artiste dont vous êtes secrètement amoureux(se).

18. Rédigez une petite annonce de casting d'artistes à l'aide de verbes au participe présent. Lisez votre annonce à la classe. Y a-t-il des candidats ?

    — *Pour notre spectacle musical, nous recherchons des personnes sachant danser, pouvant chanter, et dont la prononciation en anglais est bonne.*

19. Rédigez un commentaire sur un spectacle que vous avez aimé, en vous aidant de l'activité 11.

    — *Le spectacle « Titanium » de la compagnie Rojas y Rodriguez est un mélange de flamenco et de hip-hop. Les danseurs sont talentueux...*

soixante et un **61**

UNITÉ 4

Avant de lire

1. Que pensez-vous de l'opéra ? Échangez en classe.

www.passionlyrique.defi.fr

Passion Lyrique

4 productions contre les clichés sur l'opéra

Avouez-le, vous pensez que l'opéra ce n'est pas pour vous et que c'est trop cher. Vous vous trompez ! Le prix moyen d'une place est de 15 euros si vous montez au dernier étage. On y est souvent mal assis, et il faut parfois se pencher ou rester debout pour voir la scène, mais l'émotion est unique ! Autre option plus confortable : allongez-vous sur votre canapé et allumez votre écran. Pour bousculer vos idées reçues sur l'art lyrique, nous avons choisi des productions culte d'opéra français, car l'opéra ce n'est pas toujours en italien ou en allemand !

L'OPÉRA, C'EST PAS FUN ?
Orphée aux enfers, de Jacques Offenbach, 1858
Mise en scène : Laurent Pelly, 1997

Beaucoup de rires dans ce spectacle où les vivants descendent aux enfers. L'excellente soprano française Natalie Dessay chante divinement dans toutes les positions, couchée sur un canapé ou en gesticulant dans tous les sens. Moment culte : la chorégraphie du cancan final, quand la musique s'accélère pendant que les chanteurs lèvent les bras et tournent sur eux-mêmes.

L'OPÉRA, C'EST PAS DRÔLE ?
Platée, de Jean-Philippe Rameau, 1745
Mise en scène : Laurent Pelly, 2002

Platée, le personnage principal, est une grenouille. Ici, le ténor qui chante ce rôle saute, bouge, et se déplace à petits pas. Mise en scène extraordinaire, costumes et maquillages colorés, avec des mouvements de hip-hop dans les ballets de grenouilles. Il y a aussi des moments à mourir de rire, comme quand Jupiter descend sur scène dans un feu d'artifice pour séduire Platée, puis s'approche d'elle, mais celle-ci court se cacher.

L'OPÉRA, C'EST PAS MODERNE ?
Claude, de Thierry Escaich, 2013
Mise en scène : Olivier Py, 2013

Cet opéra, inspiré d'un texte de Victor Hugo, montre toute la violence de la prison. Les détenus se donnent des coups de pieds, des coups de poings, ils se battent... La mise en scène offre un beau moment de poésie quand une danseuse avance dans la foule, tombe trois fois et se relève enfin. Le baryton chantant le rôle principal est une bête de scène ! Son interprétation très puissante nous fait réfléchir à la peine de mort.

L'OPÉRA, C'EST PAS GLAMOUR ?
Carmen, de Georges Bizet, 1875
Mise en scène : Richard Eyre, 2010

Depuis qu'on les filme, les chanteurs lyriques font attention à leur jeu d'acteur et à leur physique, ils ne sont plus des silhouettes inexpressives au milieu de la scène. Dans cette production de *Carmen*, l'opéra le plus joué dans le monde, la mezzo soprano lettonne Elina Garanča chante, danse et utilise son corps pour interpréter une Carmen séductrice et sexy. Roberto Alagna, ténor français à la réputation internationale, interprète un formidable Don José.

N'oubliez pas que l'opéra, c'est du spectacle vivant ! Alors si ces productions vous donnent envie, allez à l'opéra !

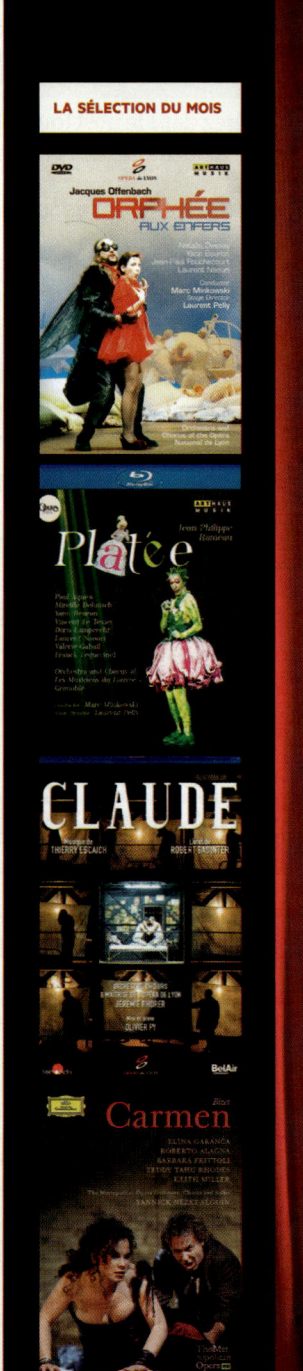

LA SÉLECTION DU MOIS

DOSSIER 1 | CONSTRUIRE ET CRÉER

Lire, comprendre et réagir

2. Lisez le titre de l'article et les questions des quatre paragraphes. À votre avis, de quoi parle chaque paragraphe ? SL7

3. Lisez l'article. Pourquoi les quatre productions présentées s'opposent aux idées reçues sur l'opéra ?

4. Observez les affiches. Selon vous, est-ce que les photos choisies illustrent bien les textes ?

5. Quel opéra avez-vous envie de voir ? Pourquoi ?

Travailler la langue

6. Retrouvez dans l'article les mots pour décrire les positions, et les verbes pour décrire les mouvements.

DEBOUT

S'APPROCHER

→ CAHIER D'EXERCICES P. 29

Travailler la langue

7. À deux, dessinez les autres verbes de mouvement du texte.

Regarder, comprendre et réagir

8. Regardez cet extrait de l'opéra *Les Contes d'Hoffmann* de Jacques Offenbach. Qu'est-ce qui est surprenant dans la mise en scène ? Échangez en classe. SE

9. Regardez une nouvelle fois la vidéo. Notez tous les mouvements de la chanteuse. Comparez votre liste avec celle d'un/e camarade.

Produire et interagir

10. À deux, choisissez une musique que vous aimez, puis inventez une chorégraphie. Écrivez tous les mouvements et donnez-lui un titre. Puis, indiquez les mouvements à vos camarades qui les miment.

    — *Le café du matin (musique : Daft Punk, « Instant Crush »). S'asseoir sur une chaise, se lever lentement, tourner autour de la chaise, s'approcher de la table, se pencher sur sa tasse de café, relever la tête, répéter ce geste plusieurs fois...*

11. En petits groupes, faites deviner des animaux à vos camarades en décrivant leurs mouvements.

    • *C'est un animal qui saute et qui peut donner des coups de poing.*

12. À deux, jouez aux marionnettes. Choisissez un personnage de la liste pour votre camarade et dictez-lui ses mouvements. Puis, inversez les rôles.

    | Pinocchio | Gollum | Wonder Woman |
    | Billy Elliot | Po de *Kung Fu Panda* | ... |

    • *Gollum ! Debout ! Tourne sur toi-même ! Lève une jambe ! Donne un coup de poing et saute !*

→ CAHIER D'EXERCICES P. 29

**DÉFI #01
CRÉER LE PROGRAMME D'UN FESTIVAL**

Vous allez composer la programmation de votre festival idéal de spectacles vivants.

▶ Choisissez un spectacle que vous avez aimé et dont vous voulez parler.

▶ Rédigez une présentation du spectacle et de la compagnie. Faites des recherches si nécessaire. Décrivez ce qu'on voit sur scène et donnez votre avis sur le spectacle.

▶ Illustrez votre présentation avec une photo.

▶ Affichez tous les textes et lisez-les. Regroupez-les par disciplines, puis créez le programme de votre festival. Choisissez des lieux de votre ville qui pourraient accueillir ces spectacles.

UNITÉ 4

DE LA SCÈNE À L'ÉCRAN,
TROIS COMÉDIES CULTE DU CINÉMA FRANÇAIS

Ces trois films ont attiré des milliers de spectateurs et sont devenus culte. Autre point commun, avant d'être des films, ces comédies étaient des pièces de théâtre. Eh oui, en France, le théâtre inspire le cinéma! Et la relation entre les deux arts ne s'arrête pas là, en effet les acteurs de cinéma sont nombreux à monter sur scène, tandis que de plus en plus de comédiens de théâtre font une belle carrière au cinéma.

LE PÈRE NOËL EST UNE ORDURE

CRÉATION DE LA PIÈCE : 1979, par la troupe du théâtre du Splendid

SORTIE DU FILM : 1982, réalisé par Jean-Marie Poiré

L'HISTOIRE : Dans une association de solidarité pour les personnes seules, de nombreux appels étranges et des personnages bizarres perturbent la soirée de Noël des bénévoles et provoquent une série de catastrophes…

POURQUOI C'EST CULTE ? Chaque année à Noël, le film est rediffusé à la télévision française et attire des millions de téléspectateurs. Tout le monde connaît les dialogues drôles et méchants. L'humour n'a pas vieilli, et beaucoup de phrases sont entrées dans le quotidien des Français.

RÉCOMPENSES : Pas de prix, mais un succès public incomparable. Les comédiens de la troupe du Splendid sont tous devenus des stars du cinéma français. Certains ont écrit et réalisé leurs propres films qui ont eu beaucoup de succès. Le film a reçu une nomination au Festival international du film culte en 2016.

LE DÎNER DE CONS

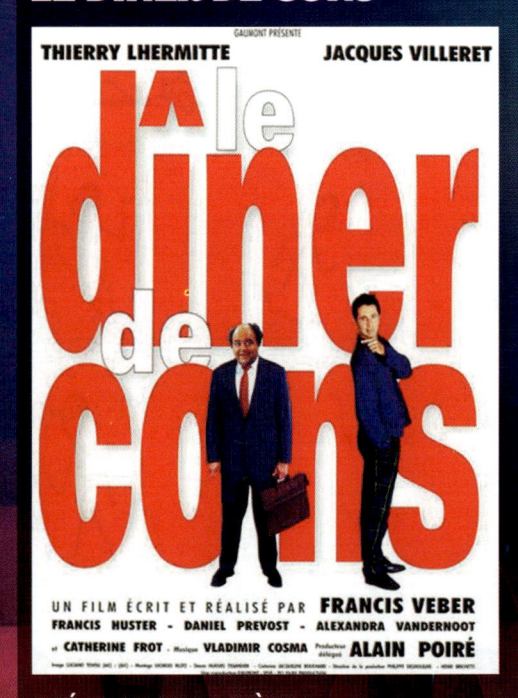

CRÉATION DE LA PIÈCE : 1993, par Francis Veber

SORTIE DU FILM : 1998, réalisé par Francis Veber

L'HISTOIRE : Pierre, célèbre éditeur parisien, organise tous les mercredis un « dîner de cons » : chaque invité vient avec un idiot pour se moquer de lui discrètement. Avec François Pignon, le con du soir, les choses vont se compliquer…

POURQUOI C'EST CULTE ? Dans ce film, tendre et cruel à la fois, le public découvre que le véritable con n'est pas celui qu'on croit… Jacques Villeret y joue magnifiquement le rôle de François Pignon après l'avoir interprété plus de six cents fois sur scène. Aujourd'hui encore, de nombreuses troupes de théâtre amateur jouent la pièce partout en France.

RÉCOMPENSES : 3 césars (meilleur scénario, meilleur acteur et meilleur acteur dans un second rôle).

Ah bon ?!

Les **césars** sont l'équivalent des oscars, mais pour le cinéma français. C'est le sculpteur français César qui a créé le trophée en 1975. Les **molières** récompensent les professionnels du théâtre. Et chez vous, ça existe aussi ?

LE PRÉNOM

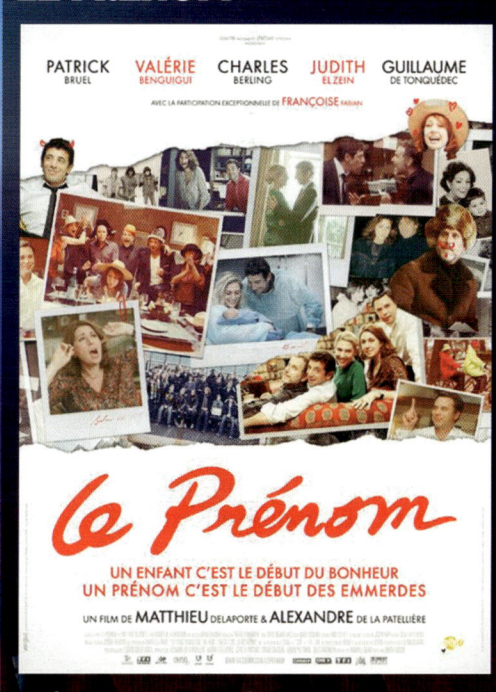

CRÉATION DE LA PIÈCE : 2010, par Alexandre de La Patellière et Matthieu Delaporte

SORTIE DU FILM : 2012, réalisé par Alexandre de La Patellière et Matthieu Delaporte

L'HISTOIRE : Vincent va bientôt être père, il est invité à dîner chez sa sœur et son beau-frère. En attendant l'arrivée de sa femme, on lui pose joyeusement des questions sur son futur enfant. Mais quand on demande à Vincent s'ils ont choisi un prénom, sa réponse crée le chaos dans la famille...

POURQUOI C'EST CULTE ? Le film a battu des records d'entrées, il est plein de scènes dont on ne se lasse pas, et de répliques qu'on connaît par cœur. Le film, dont le sujet est universel, a bien marché à l'étranger. En 2015, le remake italien a eu un énorme succès public et critique. La presse italienne l'a qualifié de «vaudeville sociologico».

RÉCOMPENSES : 6 nominations aux molières. 2 césars (meilleurs actrice et acteur dans un second rôle).

Avant de lire

1. Observez les trois affiches de films. Les titres vous évoquent-ils quelque chose ? Est-ce qu'ils ont été traduits dans votre langue ?

- *Je crois que « Le Dîner de cons » se dit « La cena dei cretini » en italien. Ça me dit quelque chose.*

Lire, comprendre et réagir

2. Lisez l'introduction, puis expliquez le titre avec vos propres mots. `SL8`

3. Lisez les résumés des films. Lequel avez-vous envie de voir ? Pourquoi ?

4. Trouvez dans les textes les mots correspondant aux définitions suivantes.

- un groupe de comédiens : ....
- un/e artiste non professionnel/le : ....
- un moment d'un film : ....
- une phrase dans un dialogue : ....
- une nouvelle version d'une œuvre : ....

5. À votre avis, à quels films ces critiques de spectateurs font-elles référence ?

- « Je ne comprends vraiment pas pourquoi ce film est culte. On s'ennuie beaucoup, et c'est méchant de se moquer d'une personne qui est un peu naïve. »
- « Les blagues sont lourdes, et l'humour assez "pipi-caca". Les acteurs jouent comme des enfants. Difficile de croire que c'est ce film qui les a rendus célèbres. »
- « Quel navet ! J'ai détesté. Un film bavard et intellectuel pour les Parisiens bourgeois. L'idée est sympa, mais on devine trop vite ce que les membres de la famille vont dire. »

6. Dans votre pays, les pièces de théâtre à succès deviennent-elles des films ? Et vice-versa ?

7. Qu'est-ce qui vous influence pour aller voir un film ? Les acteurs ? Les critiques ? Les récompenses... ?

Moi, c'est le bouche-à-oreille.

Écouter, comprendre et réagir

8. Écoutez ce micro-trottoir. De quelle œuvre les personnes interrogées parlent-elles ? Préfèrent-elles la pièce ou le film ? `SE`

- Personne 1 : ....
- Personne 2 : ....
- Personne 3 : ....

Mon panier de lexique

Quels mots du document voulez-vous retenir ? Écrivez-les.

soixante-cinq **65**

UNITÉ 4

Avant de lire

1. Est-ce que vous aimez rire quand vous allez voir un spectacle ? Quel genre de spectacle vous fait rire ?

SORTIR

Le retour du théâtre de boulevard

Nous vivons une époque qui a besoin de divertissement et de légèreté. En effet, depuis dix ans, les pièces de Pierre Barillet et Jean-Pierre Grédy, duo emblématique du théâtre de boulevard des années 1960-1970, reviennent à la mode au cinéma et sur scène. Peut-être parce que leurs pièces respectent les règles du vaudeville en sortant du schéma « le mari, la femme, l'amant/la maîtresse » et en proposant de beaux rôles aux actrices. En voici deux exemples.

En 2017, après une tournée dans toute la France, Michel Fau a repris à Paris *Fleur de cactus*, la comédie légère qu'il avait jouée à Paris en 2015-2016 et pour laquelle Catherine Frot avait gagné le molière de la meilleure actrice. La comédienne y était excellente dans un rôle qu'elle a qualifié de « féministe ».
En 2010, on avait déjà apprécié l'originalité des pièces du duo Barillet-Grédy dans le film *Potiche* réalisé par François Ozon, une adaptation de la pièce datant de 1980. Ozon y retrouvait Catherine Deneuve après avoir filmé l'actrice pour la première fois en 2001 dans *8 femmes*.

Ah bon ?!

Le vaudeville, ou théâtre de boulevard, est une comédie légère dont l'intrigue repose sur des malentendus. On y trouve un scénario rythmé, des personnages qui parlent ou agissent avant de réfléchir et qui mentent. **Georges Feydeau** est l'auteur de vaudeville français le plus joué et le plus connu.

FLEUR DE CACTUS

L'intrigue repose sur des petits mensonges qui deviennent de plus en plus gros. Tout commence quand Julien Desforges, dentiste réputé, annonce à Antonia qu'il veut l'épouser. Mais auparavant, il lui avait affirmé qu'il était marié et qu'il avait trois enfants. Pour résoudre le problème, Julien fait croire à Antonia qu'il va divorcer, mais la jeune femme insiste pour connaître Mme Desforges. La situation est compliquée pour Julien, et la seule personne qui peut l'aider est son assistante, mademoiselle Vigneau, avec laquelle il a des rapports strictement professionnels. Celle-ci, célibataire et secrètement amoureuse de lui, fera semblant d'être Mme Desforges et révélera beaucoup de surprises...

POTICHE

En 1977, dans une petite ville française, Suzanne est l'épouse soumise de Robert Pujol, un riche industriel. Il dirige son usine de parapluies avec autorité, et il est aussi très antipathique à la maison où il prend sa femme Suzanne pour une idiote. Mais, après une grève des employés de l'usine et l'hospitalisation de son mari, Suzanne prend sa place à la direction de l'entreprise. Elle se révèle, à la surprise générale, une femme de tête et d'action. Cependant, quand Robert sort de l'hôpital et découvre ce qu'il se passe, tout se complique...

« Le théâtre de boulevard est le reflet de notre société avec le choix d'en faire rire plutôt que pleurer. »
Pierre Barillet (1923-2019)

DOSSIER 2 | CONSTRUIRE ET (INTER)AGIR

Lire, comprendre et réagir

2. Lisez l'encadré *Ah bon ?!* Ce type de pièces existe-t-il dans votre pays ? Est-ce que ça vous fait rire ? `SL8`

3. Lisez les résumés de *Fleur de cactus* et *Potiche*. Quels points communs voyez-vous entre mademoiselle Vigneau et Suzanne ?

4. Observez les photos. Est-ce qu'elles correspondent à l'image que vous vous faites des personnages ? Échangez en classe.

5. Lisez l'article en entier. Quel sous-titre pourriez-vous ajouter à son titre ? Justifiez votre proposition avec le texte.

6. Avez-vous envie de voir un de ces vaudevilles ? Pourquoi ?

Travailler la langue

7. Repérez les deux phrases avec le mot « après » dans le premier paragraphe. Que remarquez-vous ? Complétez le tableau.

EXPRIMER LA POSTÉRIORITÉ ET L'ANTÉRIORITÉ

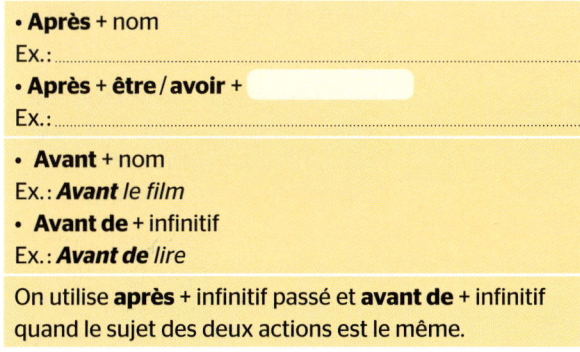

- **Après** + nom
Ex. : ....
- **Après** + **être** / **avoir** + ...
Ex. : ....

- **Avant** + nom
Ex. : *Avant le film*
- **Avant de** + infinitif
Ex. : *Avant de lire*

On utilise **après** + infinitif passé et **avant de** + infinitif quand le sujet des deux actions est le même.

→ CAHIER D'EXERCICES **P.29**

8. Observez la phrase suivante. Y a-t-il un nouveau temps verbal ? À quoi sert-il ? Complétez le tableau.

En 2017, Michel Fau **a repris** *Fleur de cactus*, la comédie qu'il **avait jouée** à Paris en 2015-2016.

LE PLUS-QUE-PARFAIT

Le plus-que-parfait s'utilise pour exprimer qu'une action est .... à une autre action passée.
Il est composé de l'auxiliaire **avoir** ou **être** conjugué à .... + le participe passé.
Ex. : ....
Ex. : ....

→ CAHIER D'EXERCICES **P.29**

Travailler la langue

9. Comment traduit-on les expressions suivantes dans votre langue ?

LES EXPRESSIONS AVEC *FAIRE* ET *PRENDRE*

- Prendre quelqu'un pour un idiot

....

- Prendre la place de quelqu'un

....

- Faire croire quelque chose à quelqu'un

....

- Faire semblant de faire quelque chose

....

→ CAHIER D'EXERCICES **P.29**

Regarder, comprendre et réagir

10. Regardez l'interview de Catherine Frot. L'actrice est invitée, car elle joue *Fleur de cactus* à Paris… `SE`
  - ☐ après avoir fait une tournée en France.
  - ☐ avant de faire une tournée en France.

11. Que dit-elle sur la tournée, son personnage et la pièce ?

Produire et interagir

12. À deux, imaginez et racontez à un/e ami/e tout ce qui s'est passé hier, chez vous, pendant que vous étiez au théâtre. Continuez la phrase et utilisez les mots en étiquettes.

`enfants` `chien` `voisin` `pompiers` `cuisine`

- *Quand je suis revenu du théâtre…*

13. En petits groupes, rédigez le résumé d'une pièce de boulevard imaginaire dans laquelle il y a les éléments suivants. Votre résumé doit commencer par « Tout commence » et finir par « … » ou « ? ».

- une psychanalyste réputée
- son mari chômeur
- son beau secrétaire
- un jumeau ou une jumelle
- un petit mensonge
- un gros malentendu

14. Lisez votre résumé à la classe, puis ensemble votez pour la pièce que vous voudriez mettre en scène.

15. Interrogez un/e camarade sur sa formation et ses expériences professionnelles. Notez les dates importantes. Puis, rédigez sa mini-biographie en utilisant « avant de » et « après ».

— *Après avoir étudié l'économie, Alexandros s'est intéressé à la musique. En 2010, il a pris des cours de chant. Il a travaillé comme serveur avant de trouver un travail dans une banque. En 2017, il s'est marié…*

UNITÉ 4

Avant de lire

1. Lisez-vous les interviews des acteurs ou des réalisateurs que vous aimez ? Pourquoi ? Échangez en classe.

Interview

Laurent Lafitte va vite et s'amuse

En six mois à peine, l'acteur de 44 ans est déjà passé devant la caméra de grands réalisateurs. En même temps, il continue d'honorer son emploi du temps à la Comédie-Française.

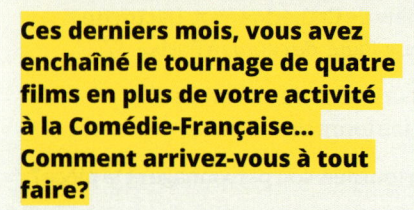

Ces derniers mois, vous avez enchaîné le tournage de quatre films en plus de votre activité à la Comédie-Française… Comment arrivez-vous à tout faire ?

Parfois, je me retrouve dans des situations étranges. Cet hiver, par exemple, je devais jouer dans le film *Paul Sanchez est revenu !*, qui se faisait en région Provence-Alpes-Côte d'Azur, tout en assurant, le soir, les représentations de *La Règle du jeu* au Français. Alors, après le théâtre, je prenais place à bord d'un minibus qui m'attendait et je faisais la route, allongé, pour être prêt à tourner à Draguignan au petit matin. Heureusement, je jouais un personnage en burn-out…

À l'affiche, il y a le film *Au revoir là-haut*. Aviez-vous lu le roman de Pierre Lemaitre avant d'accepter la proposition d'Albert Dupontel ?

Oui. Pourtant, habituellement, je ne lis pas les livres qui donnent lieu à une adaptation dans laquelle je dois jouer : ainsi, je privilégie la vision du réalisateur. Mais oui, j'avais lu *Au revoir là-haut*…

Qu'apporte l'univers d'Albert Dupontel à cette adaptation ?

Le génie d'Albert Dupontel consiste à donner une vision à la fois personnelle et politique de l'histoire. Et c'est précisément ce qu'il fallait faire.

À partir de quel âge le cinéma vous a-t-il fait rêver ?

Jeune ! À 12 ans, j'ai falsifié ma première carte d'identité pour voir les films interdits aux moins de 13 ans. Ensuite, dès l'âge de 15 ans, ma passion s'est intensifiée, je m'intéressais à tous les styles, tous les genres, tous les acteurs.

Votre envie de jouer naît avec le cinéma, et non avec le théâtre…

Oui, j'ai découvert le théâtre plus tard. J'étais un adolescent facilement ennuyé, et j'avais l'impression, naïvement, que les acteurs de cinéma pouvaient vivre les histoires avec leur personnage. Je regardais Harrison Ford dans les *Indiana Jones*, avec une immense admiration, et je me disais, tout en sachant qu'il s'agissait d'un film, qu'il devait vivre ses aventures à côté de son personnage, aux premières loges.

Qu'avez-vous appris au Conservatoire (de théâtre) ?

Difficile à dire, je m'y suis un peu ennuyé. Je voulais jouer, jouer et jouer.

Et c'est la raison pour laquelle vous avez composé votre one-man-show, *Laurent Lafitte, comme son nom l'indique*…

Oui, ce n'est pas forcément très glorieux, mais j'ai aussi monté ce projet pour des raisons stratégiques. J'éprouvais une réelle frustration artistique. C'est la raison pour laquelle j'ai voulu avoir la scène à moi tout seul, pendant une heure trente.

Et ça a marché…

Heureusement, ça a marché. Rapidement, Guillaume Canet m'a proposé le rôle d'Antoine dans *Les Petits Mouchoirs*, sans me faire passer d'essais ! Et puis, ma carrière a pris de la vitesse, je suis entré à la Comédie-Française, le Graal pour un comédien. […]

Source : extraits de l'article par Thierry Chèze / lexpress.fr / 25.10.2017

Ah bon ?!

La Comédie-Française est une prestigieuse institution culturelle fondée en 1680 à Paris. La Comédie-Française est le seul théâtre public français composé d'une troupe permanente de comédiens, que l'on appelle les « pensionnaires de la Comédie-Française ». Elle a un répertoire immense.

DOSSIER 2 | CONSTRUIRE ET CRÉER

Lire, comprendre et réagir

2. Lisez l'introduction de l'interview. Qu'est-ce qui fait la particularité de l'acteur Laurent Lafitte ?

3. Lisez l'entretien. À quelle occasion l'acteur est-il interviewé ?

4. Quels sont les sentiments évoqués par l'acteur quand il parle de sa jeunesse et de ses débuts ?

5. Pourquoi a-t-il fait un one-man-show ? Aimez-vous ce genre de spectacle ?

6. Lisez l'encadré *Ah bon?!* Puis, expliquez avec vos mots l'expression de la dernière phrase de l'interview : « le Graal pour un comédien ». SL6

Travailler la langue

7. Soulignez le vocabulaire du cinéma (en rouge) et du théâtre (en bleu).

8. Qu'exprime « tout en assurant » dans la phrase suivante ? Cochez, puis complétez le tableau.

   Cet hiver, je devais jouer dans un film **tout en assurant** les représentations de *La Règle du jeu*.

   ☐ l'antériorité   ☐ la simultanéité   ☐ la postérité

   EXPRIMER LA SIMULTANÉITÉ

   - **Tout** + gérondif
   Ex. : ....

   On utilise **tout** + gérondif quand le sujet des deux actions est le même, et pour souligner une opposition entre les deux actions.

   - **À la fois,**
   Ex. : ....

   ❗ Quand il y a deux sujets différents qui font deux actions simultanées, on utilise **pendant que**.
   Ex : ***Pendant que*** *les acteurs répètent, le metteur en scène parle avec les techniciens.*

   → CAHIER D'EXERCICES P. 29

Écouter, comprendre et réagir

9. Écoutez cette émission de radio. Identifiez le thème et les personnes qui interviennent. Sur quoi ces personnes sont-elles toutes d'accord ?

10. Écoutez une seconde fois. Qu'apprenez-vous sur le Printemps des comédiens et le Festival d'Avignon ? Prenez des notes, puis comparez-les avec celles d'un/e camarade.

11. Que disent les trois invités et la présentatrice sur la Comédie-Française ?

Produire et interagir

12. À deux, associez deux actions impossibles à combiner.

    • *Il est impossible de marcher tout en buvant un café.*

13. Êtes-vous capable de faire simultanément deux actions, en principe, peu compatibles ? Échangez en petits groupes.

    • *Moi, je peux faire plusieurs choses à la fois : je me douche tout en me rasant.*

14. Expliquez avec vos mots...
    - la natation synchronisée
    - un homme orchestre
    - un/e employé/e multitâche

15. Racontez un moment de votre vie où vous faisiez plusieurs choses en même temps.

    • *Quand j'étais jeune, je travaillais le soir au McDo tout en étudiant l'après-midi.*

DÉFI #02
FAIRE UNE EXPOSITION SUR LES FILMS CULTE DE LA CLASSE

Vous allez faire une exposition pour présenter les films culte de la classe.

▶ En petits groupes, choisissez un film culte.

▶ Cherchez l'affiche du film (celle de votre pays et celle de France, si le film est sorti en France), puis cherchez son titre en français, s'il existe.

▶ Rédigez le résumé de l'histoire et expliquez pourquoi ce film est culte.

▶ Créez une pancarte pour le présenter.

▶ Montez votre exposition, puis visitez-la. Y a-t-il des films que vous souhaitez voir ?

soixante-neuf **69**

UNITÉ 4 | S'APPROPRIER LES MOTS

La grammaire des mots

1. Associez les verbes aux compléments et dites à quelle profession cela correspond.

écrire ○——	○ un rôle :
chanter ○	●→ un scénario : *un scénariste*
interpréter / jouer ○	○ un film :
gagner ○	○ une pièce :
mettre en scène ○	○ un prix d'interprétation :
réaliser ○	○ un air :

Mes mots

2. Parlez d'un film ou d'une pièce de théâtre que vous aimez en utilisant les mots en étiquettes.

| le personnage principal | le(s) personnage(s) secondaire(s) | les dialogues | une scène (d'action, d'amour, etc.) |

| la mise en scène | le jeu d'acteur / l'interprétation | les costumes | les effets spéciaux |

3. Complétez la carte mentale avec les mots de l'unité. Vous pouvez ajouter des branches si nécessaire.

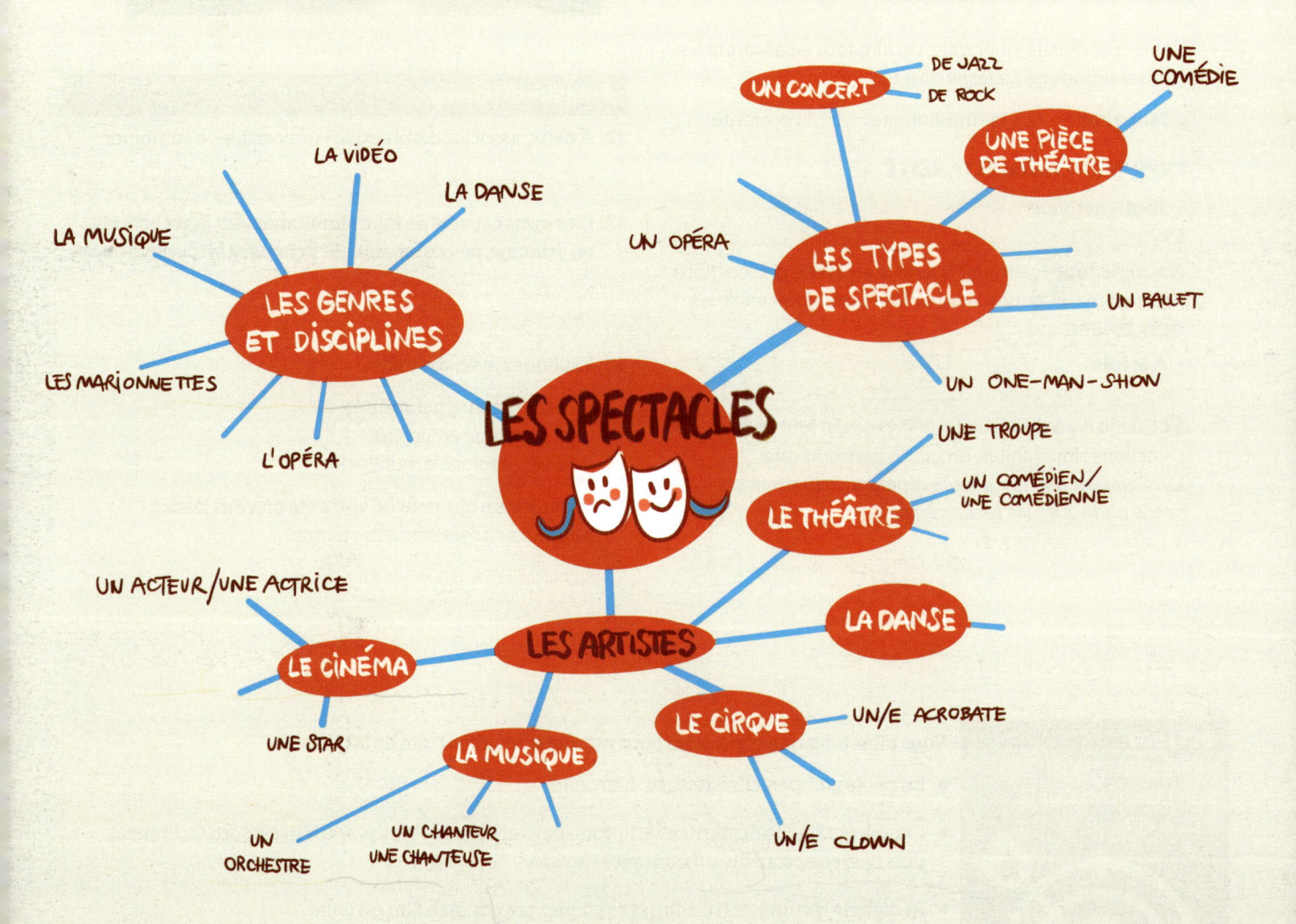

LES SPECTACLES

- **LES GENRES ET DISCIPLINES** : LA VIDÉO, LA DANSE, LA MUSIQUE, LES MARIONNETTES, L'OPÉRA
- **LES TYPES DE SPECTACLE** : UN CONCERT (DE JAZZ, DE ROCK), UNE PIÈCE DE THÉÂTRE (UNE COMÉDIE), UN OPÉRA, UN BALLET, UN ONE-MAN-SHOW
- **LES ARTISTES** :
  - **LE THÉÂTRE** : UNE TROUPE, UN COMÉDIEN / UNE COMÉDIENNE
  - **LA DANSE**
  - **LE CIRQUE** : UN/E ACROBATE, UN/E CLOWN
  - **LA MUSIQUE** : UN ORCHESTRE, UN CHANTEUR / UNE CHANTEUSE
  - **LE CINÉMA** : UN ACTEUR / UNE ACTRICE, UNE STAR

Le monde 2.0

05

DOSSIER 01
L'indispensable 2.0

CULTURE(S) ET SOCIÉTÉ(S)
- La folie des applis
- L'illectronisme
- Le selfie, narcissisme ou forme d'expression sociale ?

GRAMMAIRE
- exprimer la concession
- les pronoms indéfinis

COMMUNICATION
- décrire une application et son fonctionnement
- parler de l'inégalité face au numérique
- nuancer des propos
- analyser la mode des selfies

LEXIQUE
- les applications
- Internet et la Toile
- les démarches sur Internet
- les selfies

DÉFI #01
PRÉSENTER UNE APPLICATION FARFELUE

DOSSIER 02
Vivre connectés

CULTURE(S) ET SOCIÉTÉ(S)
- Tous connectés
- Les profs youtubeurs en France
- Le hashtivisme au Maroc

GRAMMAIRE
- exprimer le but
- les structures pour exprimer une opinion (2)
- le subjonctif passé

COMMUNICATION
- parler des usages d'Internet
- parler de l'apprentissage sur YouTube
- exprimer l'étonnement
- parler d'engagement 2.0

LEXIQUE
- Internet
- exprimer la surprise
- l'engagement citoyen pour défendre une cause

DÉFI #02
CRÉER UN POST POUR DÉFENDRE UNE CAUSE

DÉFI #03 NUMÉRIQUE
espacevirtuel.emdl.fr

UNITÉ 5

LA FOLIE DES APPLIS

Facebook, YouTube, Google Maps… Nous avons tous ces applications sur nos smartphones. Ce sont d'ailleurs les plus téléchargées dans le monde. En plus de ces incontournables, de nouvelles applis, souvent amusantes et parfois utiles, débarquent tous les jours sur le marché français. État des lieux.

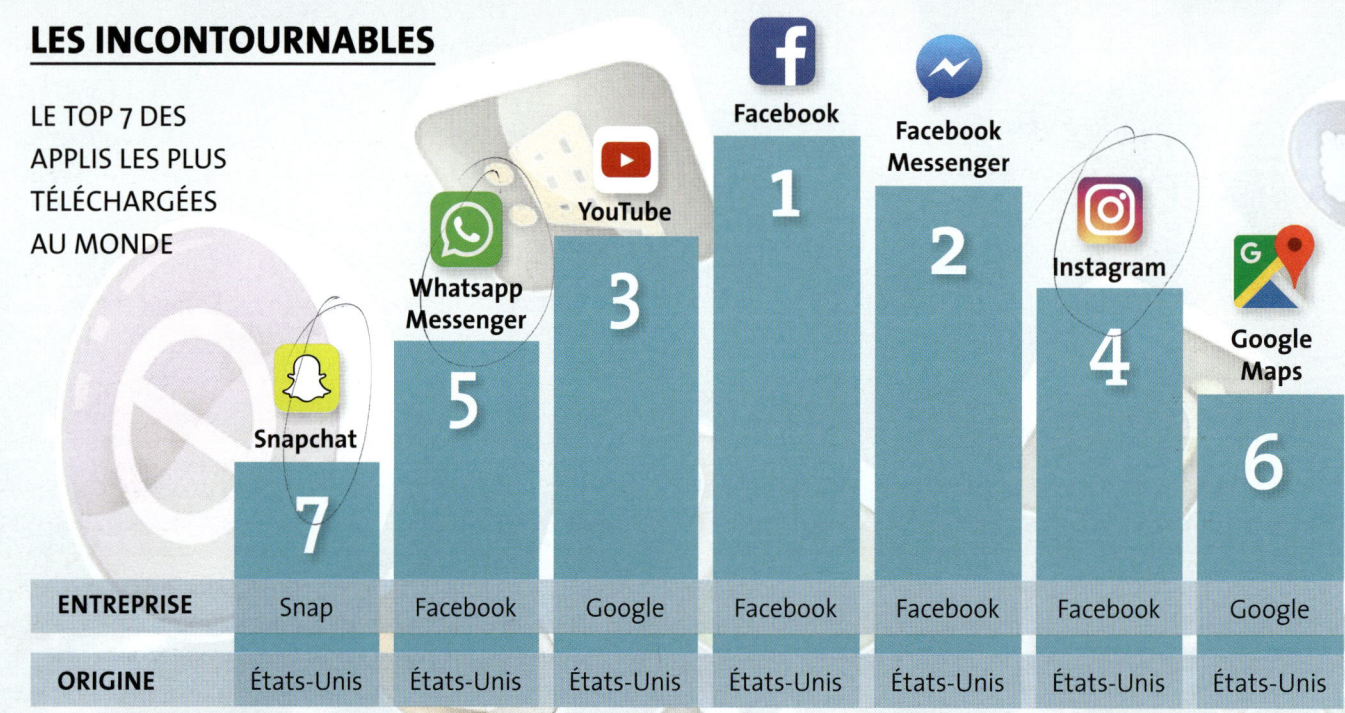

LES INCONTOURNABLES

LE TOP 7 DES APPLIS LES PLUS TÉLÉCHARGÉES AU MONDE

	Snapchat	Whatsapp Messenger	YouTube	Facebook	Facebook Messenger	Instagram	Google Maps
Rang	7	5	3	1	2	4	6
ENTREPRISE	Snap	Facebook	Google	Facebook	Facebook	Facebook	Google
ORIGINE	États-Unis	États-Unis	États-Unis	États-Unis	États-Unis	États-Unis	États-Unis

LES APPLIS DU MOMENT

Stranger
Vous souhaitez élargir votre cercle d'amis ? Téléchargez cette appli pour vidéotchatter avec des inconnus du monde entier. Vous ferez des rencontres surprenantes !

RockMyRun
Besoin de motivation pour aller courir ? La playlist choisie par les DJ de RockMyRun vous boostera !

Money Manager
Personne ne veut être dans le rouge en fin de mois. Avec Money Manager, chacun gère facilement et à sa manière son budget.

Fake Call
Même si vous adorez votre famille, les repas dominicaux sont parfois ennuyeux… Grâce à Fake Call, vous recevrez un faux appel qui vous donnera une excuse pour vous échapper.

Once
Vous ne croyez plus au grand amour ? Pourtant il existe ! Trouvez l'âme sœur grâce à Once !

Open Food Facts
Pour bien choisir vos produits alimentaires, scannez les codes-barres avec Open Food Facts avant de les acheter.

soixante-douze

DOSSIER 1 | DÉCOUVRIR

Avant de lire

1. Combien d'applications avez-vous sur votre smartphone ? Pour quoi faire ?

2. Observez les logos des applis du moment sans lire les textes. D'après vous, à quoi peuvent-elles servir ? Échangez en classe. SL1

Lire, comprendre et réagir

3. Observez le classement des applications incontournables. Que remarquez-vous ? Lesquelles utilisez-vous ? Échangez en classe.

4. Lisez les présentations des applications du moment. Laquelle vous semble la plus utile ? La plus inutile ? La plus amusante ?

5. Choisissez une application que vous utilisez souvent et que vous aimez bien, puis écrivez une mini-présentation d'une phrase maximum.

   - *WhatsApp, une application dont vous avez besoin si vous ne voulez pas de grosses factures de téléphone !*

6. Quelle est la dernière application que vous avez téléchargée ? Pour quoi faire ? Échangez en classe.

Regarder, comprendre et réagir

7. Regardez cette vidéo sur l'application TikTok, très populaire chez les adolescents. Puis, répondez aux questions. SE

   1. Qu'apprenez-vous sur cette application ?
   2. Que disent les adolescentes ?
   3. Pourquoi a-t-elle beaucoup de succès dans le monde entier ?

8. Revisionnez la fin de la vidéo. Que dit le psychologue ?

9. Que pensez-vous de cette application ? Échangez en classe.

Mon panier de lexique

Quels mots de ces pages voulez-vous retenir ? Écrivez-les.

....
....

soixante-treize **73**

UNITÉ 5

Avant de lire

1. Quelles démarches administratives ou de la vie quotidienne faites-vous sur Internet?
2. Connaissez-vous des personnes qui ne savent pas utiliser un ordinateur ou Internet? Les aidez-vous?

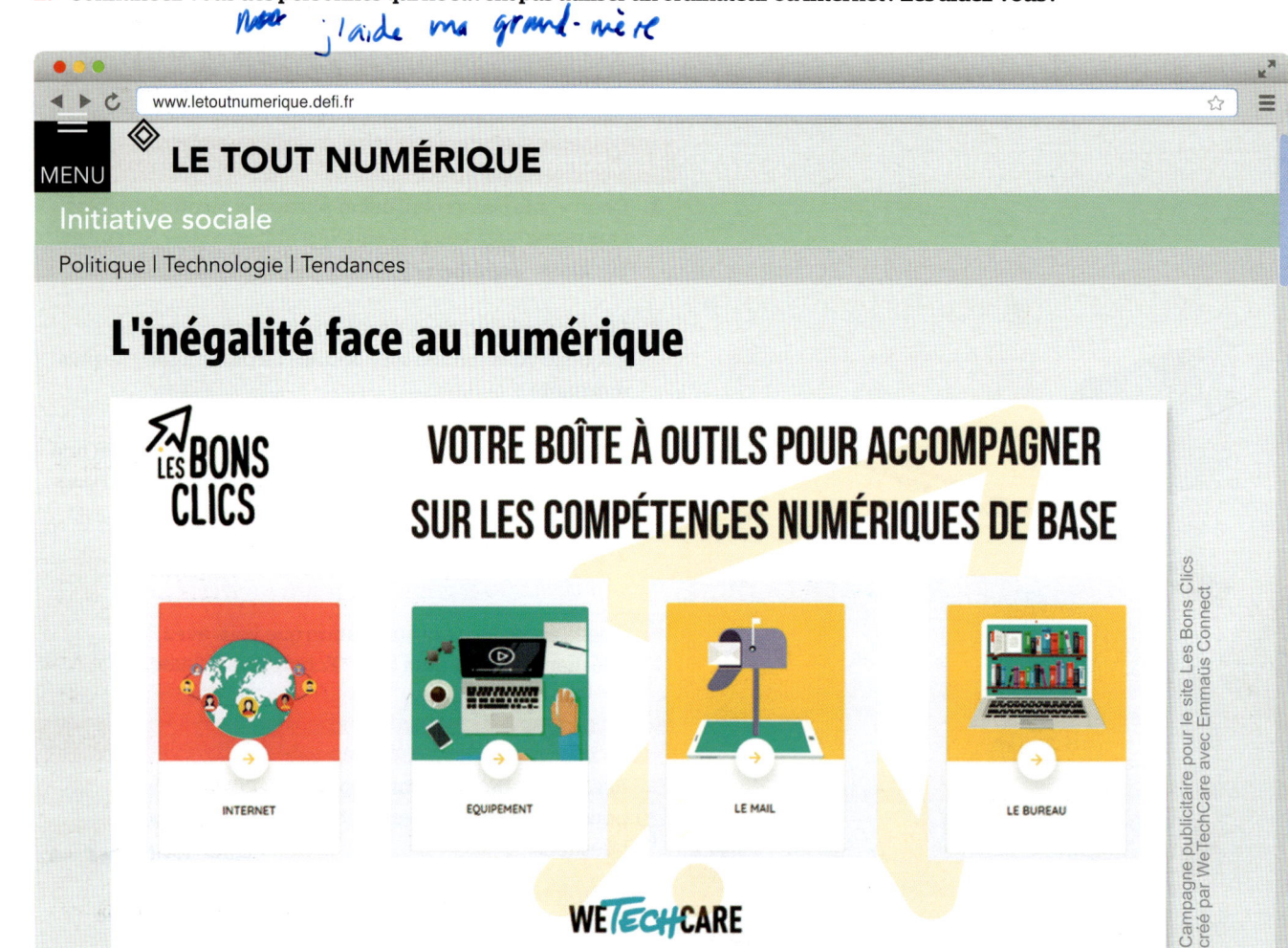

---

www.letoutnumerique.defi.fr

LE TOUT NUMÉRIQUE

Initiative sociale

Politique | Technologie | Tendances

L'inégalité face au numérique

LES BONS CLICS
VOTRE BOÎTE À OUTILS POUR ACCOMPAGNER SUR LES COMPÉTENCES NUMÉRIQUES DE BASE

INTERNET | ÉQUIPEMENT | LE MAIL | LE BUREAU

WETECHCARE

Campagne publicitaire pour le site Les Bons Clics créé par WeTechCare avec Emmaüs Connect

Même si les Français sont hyper connectés, un certain nombre d'entre eux souffrent d'illectronisme, c'est-à-dire, d'incapacité à se débrouiller sur le Web. Selon une étude du Conseil supérieur de l'audiovisuel (CSA) réalisée en 2018, 23 % des Français ne sont pas à l'aise avec le numérique et déclarent ne jamais naviguer sur la Toile ou bien difficilement. Ce taux s'élève à 58 % pour les personnes âgées de 70 ans et plus.

Utiliser Internet, pas si simple

Réaliser des démarches administratives sans se déplacer, communiquer avec ses proches malgré la distance, faire ses achats, prendre un rendez-vous... Bien qu'Internet rende le quotidien de beaucoup de Français plus facile, il exclut aussi les plus fragiles, ceux qui ne sont pas autonomes en ligne. En effet, beaucoup d'entreprises et d'institutions (banque, santé, scolarité, logement, énergie...) incitent les usagers à utiliser leurs services en ligne. Pourtant, ce n'est pas toujours évident de se repérer, de savoir où cliquer ou de trouver les infos qu'on cherche.

Les Bons Clics

WeTechCare, une association à but non lucratif, a créé le site Les Bons Clics. Le but? Former les personnes qui souffrent d'illectronisme. Sur cette plateforme, on trouve des ressources pédagogiques pour apprendre les bases du numérique, des astuces et des guides pour les démarches en ligne, tout pour surfer sur le Net facilement. Dans notre monde ultra-connecté où l'accès à Internet semble évident et facile, la solidarité numérique reste quand même une nécessité pour de nombreuses personnes, ne les oublions pas!

> **Ah bon?!**
>
> Le terme **illectronisme** vient de l'association de deux mots: «illétrisme» (non-maîtrise de la lecture et de l'écriture malgré la scolarisation) et «électronique».

74 soixante-quatorze

DOSSIER 1 | CONSTRUIRE ET (INTER)AGIR

Lire, comprendre et réagir

3. Lisez l'encadré *Ah bon ?!* Existe-t-il un mot équivalent dans votre langue ? Si non, inventez-en un. `SL8`
   illectronism

4. Lisez l'article. Y a-t-il des informations qui vous surprennent ? Échangez en classe.
   23%

5. Résumez l'article en quelques phrases. Comment expliquez-vous le nom du site Les Bons Clics ?
   savoir où cliquer ?

6. Que pensez-vous de cette initiative ? En existe-t-il une similaire dans votre pays ? *aucune idée*

Travailler la langue

7. Relevez les mots et expressions pour parler d'Internet dans l'article.

8. Observez la phrase suivante. Puis, complétez sa reformulation.

   – **Même si** les Français sont hyper connectés, un certain nombre d'entre eux souffrent d'illectronisme. —> Les Français sont hyper connectés, *même si* un certain nombre d'entre eux souffrent d'illectronisme.

9. Complétez le tableau à l'aide de l'article.

   EXPRIMER LA CONCESSION

La concession permet d'exprimer une contradiction entre deux faits qui semblent opposés. Pour exprimer la concession, on utilise :
• **Même si** + phrase à l'_____   Ex. : _____
• **Malgré** + *un nom*   Ex. : _____
• **Bien que** + phrase au _____   Ex. : _____
• **Pourtant**, **cependant** et **néanmoins** sont des mots de liaison, ils se trouvent généralement en début de phrase.   Ex. : _____
• **Quand même** s'emploie généralement après un verbe.   Ex. : *La solidarité numérique reste **quand même** une nécessité.*

   → CAHIER D'EXERCICES P. 37

Regarder, comprendre et réagir

10. Regardez le début du reportage sur l'illectronisme. Quelle est la « bête noire » de Marie-Josette ? Comment se sent-elle ? `SE`
    paniquer — les mots de passe obligatoires — elle est perdue

11. Regardez le reportage en entier. Quelles informations supplémentaires apprenez-vous sur l'inégalité face au numérique ? Relevez-les, puis complétez vos réponses en petits groupes.
    100% services en ligne '22 — trouver un travail — 13 millions ont des difficultés

12. Revisionnez la fin du reportage. Que disent les deux apprenants et la responsable d'Emmaüs Connect ?
    cours gratuits

Produire et interagir

13. Faites votre portrait numérique en notant vos points forts et vos points faibles. Puis, échangez en petits groupes. Est-ce que quelqu'un peut vous aider à vous améliorer ?

Mes points forts	Mes points faibles
savoir chercher des infos mots de passes créatives	trouver les bons mots-clés les souvenir

14. À deux, lisez les affirmations suivantes. Puis, nuancez-les en vous aidant du tableau de l'activité 9.

    - Aujourd'hui, on achète tout en ligne.
    - On ne peut plus se passer d'Internet au quotidien.
    - Payer un abonnement Internet, ça coûte cher.
    - L'anglais, c'est la langue la plus utile au monde.
    - Les applis de traduction instantanée, c'est vraiment génial.
    - Beaucoup de rencontres amoureuses commencent sur Internet.
    - Les contes sont pour les enfants.
    - Le livre numérique, c'est super pratique.

    • *Même si on achète beaucoup en ligne, on peut encore aller dans les magasins.*

15. Écrivez un petit mot à une personne que vous aimez bien malgré ses défauts.

    — *Tu es têtu, mais je t'aime quand même !*

    Malgré tu est trop occupé, je t'aime !

soixante-quinze **75**

UNITÉ 5

Avant de lire

1. À quelle occasion faites-vous des selfies ? Pensez-vous être accro ? Échangez en classe.

SOCIÉTÉ

Le selfie, narcissisme 2.0 ou forme d'expression sociale ?

Égocentrisme pour les uns, forme d'expression sociale pour les autres... Personne ne peut échapper au selfie, cet autoportrait numérique.

▸ Le mot « selfie » entre dans le dictionnaire en 2016 : « autoportrait photographique, généralement réalisé avec un téléphone intelligent et destiné à être publié sur les réseaux sociaux ». Tout le monde s'y est mis, peu importe l'âge, le pays ou le statut social. Même les personnalités politiques ont toutes publié au moins une autophoto ou un égoportrait (comme disent les Québécois).

▸ En octobre 2018, c'est le Premier ministre arménien qui a fait le buzz avec ses selfies durant le sommet de la Francophonie. En posant avec de nombreux politiciens francophones, Nikol Pachinian a déclenché une vague de sympathie sur les réseaux sociaux et a fait parler de l'Arménie, un pays auquel les médias européens s'intéressent, en général, assez peu.

▸ Le selfie est tout un art, rien n'est laissé au hasard. Seul ou à plusieurs, devant un monument ou un paysage, il faut trouver un angle, une position valorisante, la bonne pose, une jolie lumière et ajouter des filtres. Rien de nouveau, les selfies ne sont pas nés avec les smartphones, mais avec l'art de l'autoportrait !

▸ Avec un selfie, chacun renvoie l'image qu'il souhaite montrer de lui. Ce qu'on veut, c'est attirer l'attention et avoir le plus de likes possible de nos amis ou followers. Si personne n'aime la photo, c'est une grande déception, car ce que nous recherchons finalement, c'est exister auprès des autres, le nombre de likes nous rassurent et nous donnent le sentiment d'être reconnus, d'avoir notre place.

▸ Mais faire des selfies ne se résume pas à un simple geste narcissique. C'est aussi une forme d'expression sociale pour dire à nos amis qu'on pense à eux, une sorte de clin d'œil. Et puis, le selfie est parfois collectif : on le prend avec nos proches dans des mises en scène souvent drôles et créatives. C'est en fait un nouveau langage, plus direct, plus intuitif que le texte, qui reflète nos émotions du moment. Pas de problème puisque nous contrôlons notre image !

Le selfie est tout un art, rien n'est laissé au hasard !

▸ Qu'on soit pour ou contre, la mode du selfie ne risque pas de s'essouffler, car elle se réinvente chaque jour. Aujourd'hui, le selfie fait des petits et se décline à volonté : vous pouvez maintenant prendre des *bookshelfie* ou *helfie*, envoyer des vidéos selfies, ou encore vous faire suivre en vacances par un *dronie*. Mais attention à ne pas attraper la « selfite » ! Cette nouvelle maladie imaginaire qui contaminerait les accros aux selfies.

76 soixante-seize

P 178

DOSSIER 1 | CONSTRUIRE ET CRÉER

Lire, comprendre et réagir

2. Lisez l'article. Pourquoi « personne ne peut échapper au selfie » ?

3. Soulignez dans chaque paragraphe les mots qui présentent l'information principale. Puis, en petits groupes, comparez vos réponses. SL7

4. Selon l'article, est-ce que le selfie est un geste spontané?
   oui ?

5. Selon l'article, quels sont les aspects positifs du selfie? Voyez-vous des aspects négatifs?
   art, autoportrait

6. À votre avis, que sont les *bookselfies, helfies* et *dronies* ?
   ?

7. Que répondez-vous à la question du titre?
   narcissime ?

Travailler la langue

8. Cherchez les deux équivalents français du mot « selfie » dans le texte. *l'autoportrait*

9. Complétez le tableau à l'aide de l'article.

LES PRONOMS INDÉFINIS

Les pronoms indéfinis permettent de :
- désigner une quantité nulle : **aucun, aucune,**
  rien : pour des choses ou des idées,
  personne : pour les personnes. On les emploie toujours dans des phrases négatives.
- désigner une chose qu'on ne peut pas identifier : **quelque chose**
- désigner une personne qu'on ne peut pas identifier : *quelqu'un*
- désigner un groupe de personnes ou de choses : **les uns, les** ___, ___, **quelques-uns, quelques-unes, d'autres, certains, certaines**
- désigner la totalité d'un groupe : **tout le monde, tous,** ___, ___, **chacune**

⚠ **Tout le monde, personne, plusieurs, rien** sont invariables.

→ CAHIER D'EXERCICES P. 37

10. Est-ce qu'il y a des mots équivalents dans votre langue? Comment s'utilisent-ils?

Écouter, comprendre et réagir

11. Écoutez la chronique de Daniel Lemay sur les selfies et l'art. Notez les dates sur une ligne de temps et reconstituez l'histoire du selfie. SE
    1869 1914 2000 2002

12. Réécoutez la deuxième partie de la chronique. Pourquoi, d'après le chroniqueur, le selfie peut-il être considéré comme une œuvre d'art? *l'autoportrait*
    lumière, l'angle

13. Êtes-vous d'accord avec le chroniqueur?
    oui

14. Visiteriez-vous le Musée du selfie? Pourquoi?
    non ... plus intéressants

Produire et interagir

15. Pensez aux selfies que vous faites, puis complétez la fiche.

   Portrait de mes selfies
   - Quelques-uns... *sont artistiques.*
   - Aucun... *sont bons*
   - Certains..., d'autres... *sont flou, clares*
   - Plusieurs...
   - Certaines...
   - Tous... *sont gênants*

16. En petits groupes, faites une enquête sur l'usage des réseaux sociaux et des selfies dans la classe. Puis, présentez les résultats à la classe à l'aide du tableau de l'activité 9.

17. En petits groupes, pensez à...
    - une appli que personne n'a.
    - une appli que certains utilisent tous les jours.
    - une appli que toute le monde utilise.
    - quelque chose que tout le monde adore.
    - quelqu'un que tout le monde adore.

18. En petits groupes, réalisez un selfie. L'un donne des indications, les autres s'organisent et prennent la pose.
    • *Certains lèvent la jambe, quelques-uns...*

DÉFI #01
PRÉSENTER UNE APPLICATION FARFELUE

Vous allez présenter une application farfelue et la défendre devant la classe.

▶ En petits groupes, faites des recherches sur les applications les plus farfelues qui existent. Choisissez-en une.

▶ Rédigez une présentation de cette application en utilisant les mots en étiquettes. À quoi sert-elle ? Pourquoi est-elle originale ? Comment fonctionne-t-elle ? Trouvez un slogan.

| tout le monde | tous | personne | chacun/e | ... |

— *Personne ne sait choisir les pastèques. Pas de souci ! Téléchargez notre application Melon Meter.*

▶ Présentez l'application à la classe. Vos camarades échangent sur ses aspects positifs et négatifs.
   • *Même si votre appli est marrante, elle est trop chère.*

▶ Quelle appli est la plus amusante, la plus utile, la plus originale?

soixante-dix-sept **77**

UNITÉ 5

Internet et Nous
par Madame Geek

C'est incroyable ce qu'on peut faire en une minute !

Nous sommes hyper connectés, il suffit de voir ce qu'il se passe sur Internet pendant 60 secondes. Regardez, c'est complètement fou qu'on ait envoyé 187 millions d'e-mails en une minute !

Le monde entier publie des posts, tague ses amis, se géolocalise, n'en finit pas de liker des photos, de partager, commenter et twitter.

Un doute, et nous cherchons les réponses sur Google. Une pause, si nous en profitions pour commander en ligne ? Sur Amazon, ça ne prend que quelques secondes. En fait, nous passons notre temps, libre ou occupé, à surfer sur Internet. Tout en écrivant cet article, je consulte mon Facebook, comme 973 000 autres personnes au même moment, afin de suivre le fil d'actualité. C'est un réflexe, mon smartphone est toujours à côté de moi.

Et vous, qu'avez-vous fait pendant cette minute ? 😊

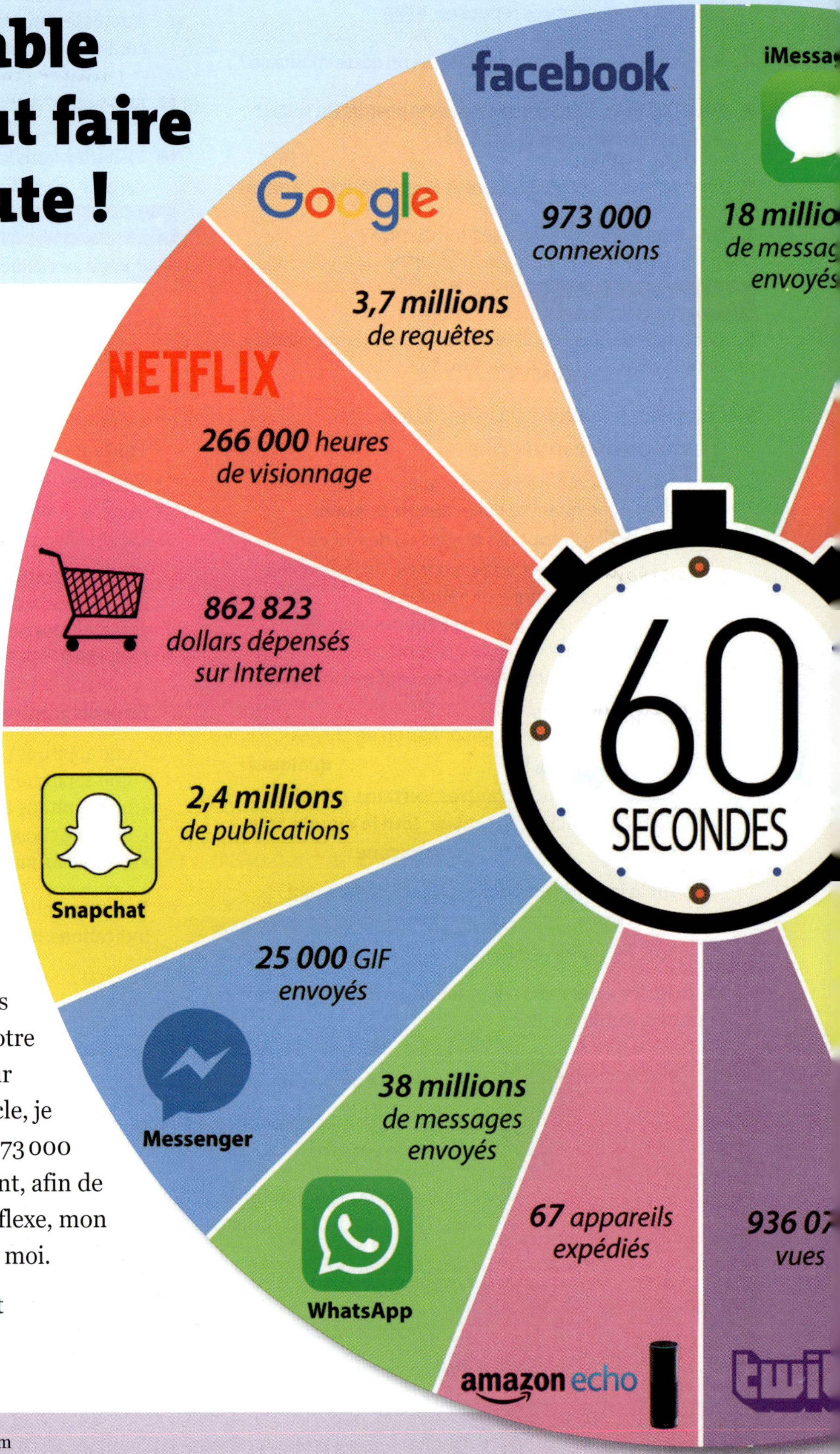

Source : https://www.courrierinternational.com
Publié le 08/06/2018

facebook 973 000 connexions
iMessage 18 millions de messages envoyés
Google 3,7 millions de requêtes
NETFLIX 266 000 heures de visionnage
862 823 dollars dépensés sur Internet
Snapchat 2,4 millions de publications
25 000 GIF envoyés
Messenger 38 millions de messages envoyés
WhatsApp 67 appareils expédiés
amazon echo 936 07... vues
twitch

60 SECONDES

Tout ce qui se passe sur Internet dans le monde en 60 secondes.

DOSSIER 2 | DÉCOUVRIR

Avant de lire

1. Observez l'avatar de la journaliste. À votre avis, de quoi parle son article ? `SL1`

Lire, comprendre et réagir

2. Observez l'infographie et décrivez-la. De quoi parle-t-elle ?

3. Lisez l'article. Vous reconnaissez-vous dans l'article de Madame Geek ? Échangez avec un/e camarade sur votre usage d'Internet.
   - *Je ne me reconnais pas, je ne tague jamais mes amis et je n'ai pas de compte Twitter.*

4. Lisez l'encadré *Ah bon ?!* Est-ce que certaines informations vous surprennent ? Faites des recherches sur les usages d'Internet dans votre pays. `SL8`

5. En petits groupes, racontez votre journée numérique du petit déjeuner au coucher.
   - *Quand je me réveille, je regarde mes messages sur WhatsApp...*

Écouter, comprendre et réagir

6. À votre avis, qu'est-ce qu'un micro-trottoir ? `SE`

7. Écoutez le micro-trottoir. À quel témoignage correspond chaque profil ?
   - Un ado accro à Internet → témoignage n° : ......
   - Un responsable d'une boutique → témoignage n° : ......
   - Une retraitée connectée → témoignage n° : ......
   - Une étudiante bibliophile → témoignage n° : ......

8. Réécoutez le micro-trottoir. Que font les personnes interrogées sur Internet ?
   1. ......
   2. ......
   3. ......
   4. ......

Mon panier de lexique

Quels mots pour parler d'Internet voulez-vous retenir ? Écrivez-les.

Ah bon ?!

Les Français sont 58 millions à utiliser Internet en 2018 (sur 67 millions d'habitants). En moyenne, ils passent 4 h 48 par jour sur leur ordinateur et 1 h 22 sur leur smartphone. Ils utilisent Internet essentiellement pour faire des achats, des démarches administratives, écouter de la musique et lire la presse.

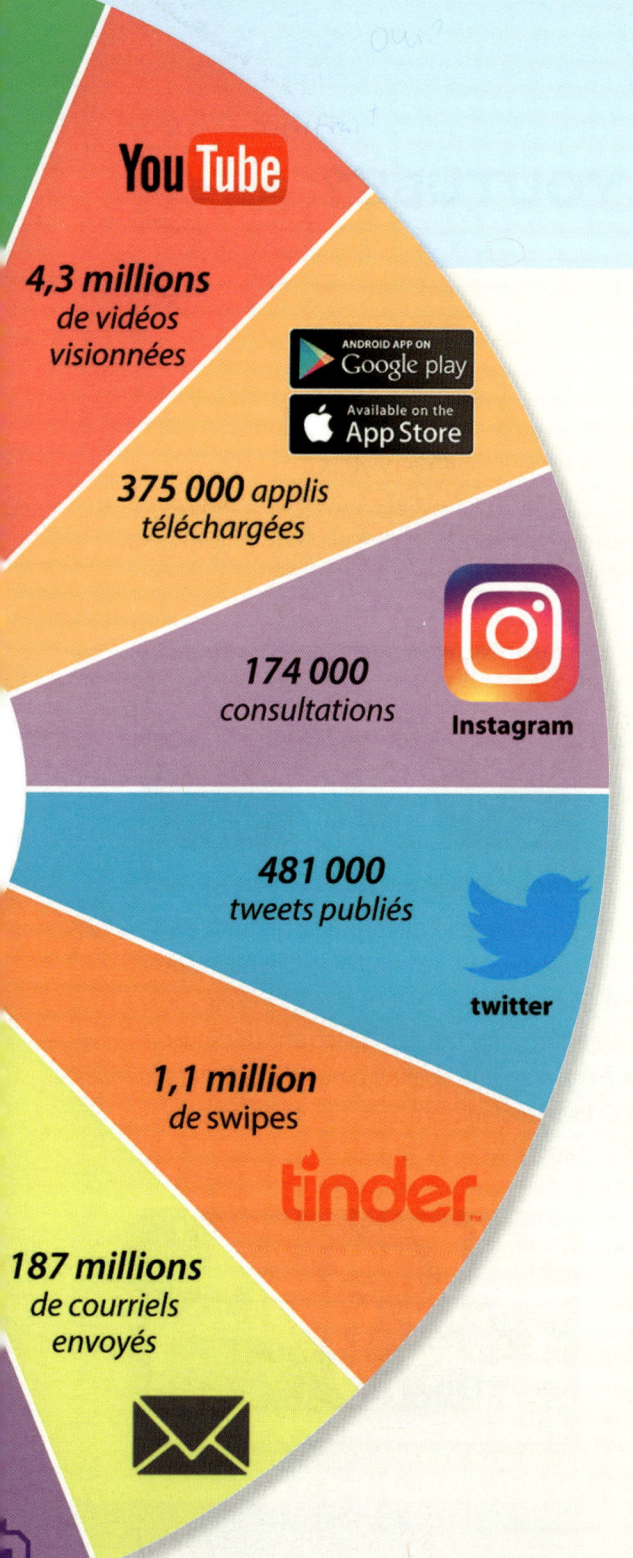

YouTube — 4,3 millions de vidéos visionnées

375 000 applis téléchargées

Instagram — 174 000 consultations

twitter — 481 000 tweets publiés

tinder — 1,1 million de swipes

187 millions de courriels envoyés

Infographie : @LoriLewis @OfficiallyChadd

UNITÉ 5

Avant de lire

1. Quel type de vidéo regardez-vous sur Internet ?

www.lactunumérique.defi.fr

L'actu numérique

S'abonner   Accès

SOCIÉTÉ

TENDANCE

APPRENDRE GRÂCE À YOUTUBE ? C'EST POSSIBLE !

On a rencontré trois youtubeurs qui dynamisent la manière d'enseigner et deux lycéens.

On trouve de tout sur la plateforme en ligne, le meilleur comme le pire. En plus des vidéos d'humour et des tutos pour monter un meuble, il y a aussi des vidéos scientifiques, celles de ces youtubeurs savants qui partagent leurs connaissances en histoire, en sciences, en littérature et même en philo ! Leurs vidéos, de quelques minutes à une demi-heure, cartonnent, ce sont les profs qu'on rêve d'avoir ! D'ailleurs, beaucoup d'enseignants admettent que parfois les méthodes classiques ne suffisent plus. Et si on formait les enseignants afin qu'ils puissent utiliser ces vidéos en cours ? Il faudra peut-être y penser, car si avant les élèves avaient l'habitude d'aller chercher des réponses dans les livres, aujourd'hui, leur réflexe, c'est d'aller sur YouTube.

▶ Selon Bruce Benamran, le plus populaire des youtubeurs scientifiques français, pour que les gens apprennent, il faut les amuser. Il suffit donc d'être un peu créatif et d'avoir de l'humour. « *Tout peut être compris* », nous explique-t-il. Sa chaîne **E-penser**, créée en août 2013, a plus d'un million d'abonnés.

E-penser

▶ Manon Bril, youtubeuse toulousaine et docteure en histoire, parle de mythes et de personnages légendaires sur sa chaîne **C'est une autre histoire**. « *C'est de l'histoire. Mais en drôle. C'est de l'histoire drôle.* » Elle ne souhaite pas remplacer les profs, elle fait ces vidéos afin de piquer la curiosité des internautes. Et ça marche ! « *C'est incroyable, grâce à ses vidéos je me passionne pour la mythologie grecque, alors que je trouvais ça ennuyeux en classe !* », nous confie Kevin, 17 ans.

C'est une autre histoire.

▶ Mickaël Launay, lui, sur sa chaîne **Micmaths**, poste des vidéos pour que les mathématiques ne soient plus le cauchemar des élèves. Il veut changer l'image des maths, cette matière souvent détestée. Jésabel, 16 ans, nous raconte : « *Moi, j'ai toujours été super nulle en maths, et là, je n'en reviens pas, je comprends tout, même les trucs difficiles comme les théorèmes, c'est fou !* »

Micmaths

Ah bon ?!

De nombreux lycéens français préparent le bac en regardant des vidéos sur YouTube. En 2018, cela représente plus de 82 millions de vues, une augmentation de 75 % par rapport à 2017. L'histoire, la géographie et la philosophie sont les sujets les plus consultés.

DOSSIER 2 | CONSTRUIRE ET (INTER)AGIR

Lire, comprendre et réagir

2. Lisez le titre. À votre avis, comment peut-on apprendre sur YouTube ? Échangez en classe. SL1

3. Lisez le texte. Quels sont les objectifs des youtubeurs savants ?

4. Selon vous, pourquoi ces vidéos ont-elles du succès ?

5. L'article parle des aspects positifs de l'apprentissage sur YouTube. D'après vous, quels peuvent être les aspects négatifs ?

6. Est-ce que vous regardez des vidéos en ligne pour apprendre ? Si oui, pour apprendre quoi ?

Travailler la langue

7. Observez les phrases ci-dessous, elles expriment un but. Quelle différence voyez-vous ? Complétez le tableau.

    – De jeunes profs créent leur chaîne **pour** transmettre leur savoir.
    – Selon Bruce Benamran, **pour que** les gens apprennent, il faut les amuser.

    EXPRIMER LE BUT

    Il y a plusieurs façons d'exprimer le but.
    • **pour / afin de** + verbe à l'_____
    Ex. : _____
    Ex. : _____
    • **pour que** / _____ + phrase au _____
    Ex. : _____
    Ex. : _____
    On utilise le subjonctif quand les sujets des deux verbes sont différents.

    → CAHIER D'EXERCICES P.37

8. Relevez les expressions qu'utilisent les internautes pour montrer leur surprise ou leur étonnement.

    EXPRIMER LA SURPRISE
    • _____
    • _____
    • _____
    • C'est surprenant ! C'est étonnant !
    • **Ça m'étonne / me surprend que** + phrase au subjonctif
    • **Je suis surpris/e que** + phrase au subjonctif

    À l'oral, on utilise :
    • Waouh !
    • Sérieux ?
    • C'est pas vrai ?!
    • Ah bon ?!

    → CAHIER D'EXERCICES P.37

9. Comment se traduisent ces expressions dans votre langue ?

Produire et interagir

10. En petits groupes, préparez des questions qui commencent par « pourquoi » sur les thèmes en étiquettes. Vos camarades font des réponses farfelues en utilisant une expression de but.

    l'histoire   la géographie   la littérature
    les sciences   ...

    • *Pourquoi les Égyptiens ont construit des pyramides ?*
    ○ *Pour que nous fassions des selfies devant !*

11. À votre avis, quels sont les objectifs des actions suivantes ? Échangez en petits groupes.

    • Des parents offrent un smartphone à leur enfant.
    • Un directeur interdit le téléphone portable dans son collège.
    • En France, la loi interdit de télécharger gratuitement de la musique.
    • Les adolescents utilisent l'appli TikTok.
    • Beaucoup de familles créent des groupes de discussion sur WhatsApp.
    • De plus en plus d'entrepreneurs créent un compte Twitter.

12. Imaginez que vos camarades sont des youtubeurs savants. En petits groupes, dites ce qu'ils enseignent, les autres membres du groupe réagissent.

    • *Tu sais que Susan enseigne les maths avec des jeux pour enfants sur YouTube ?*
    ○ *Non ? Sérieux ?!*

13. Sur une feuille, écrivez une phrase sur quelque chose qui vous étonne dans les habitudes numériques de votre famille.

    — *Ma grand-mère a 86 ans, ça m'étonne qu'elle sache envoyer des sms.*

14. Affichez vos feuilles au tableau et lisez-les. Choisissez l'information qui vous surprend le plus, et réagissez.

Regarder, comprendre et réagir

15. Regardez cette vidéo. De quoi parle-t-elle ? Échangez en classe. ▶10

16. Que font les booktubeurs ?

17. À quoi correspondent les chiffres suivants dans le reportage ?

    10 millions ○   ○ nombre de vues nécessaire pour gagner 1 euro
    1000 ○   ○ nombre d'abonnés nécessaire pour avoir un sponsor
    100 000 ○   ○ nombre d'abonnés à la chaîne de Cyprien

18. Comment comprenez-vous l'expression « ça peut rapporter gros » ?

quatre-vingt-un **81**

UNITÉ 5

Avant de lire

1. Utilisez-vous Twitter ? Pourquoi ?
2. Observez l'illustration. Selon vous, qu'est-ce que le « hashtivisme » ? Faites des recherches si nécessaire. **SL2**

SOCIÉTÉ

LE HASHTAG ET L'ENGAGEMENT CITOYEN AU MAROC

Un hashtag, des vidéos collectives, des likes, des photos de profil pour dénoncer un problème de société ou pour défendre une cause, c'est ce qu'on appelle le hashtivisme, et c'est la nouvelle manière 2.0 d'agir au Maroc. En effet, avec le développement du réseau Internet, les citoyens et citoyennes marocains utilisent la Toile pour organiser la contestation et développer la solidarité. Et ça marche ! En 2018, trois grands mouvements sociaux sont nés au Maroc grâce au hashtag.

Ça a commencé en avril 2018 avec le hashtag #Nousboycottons qui a mobilisé des milliers de Marocains. Ces derniers ont exprimé leur colère contre l'augmentation du prix des produits de la vie quotidienne via les réseaux sociaux. Le hashtag a été un vrai succès et le gouvernement a promis des mesures afin de surveiller les prix du marché.

Mohammed Casa
@mohammed_casa — Suivre
C'est scandaleux que l'eau et le lait soient si chers ! Tout le monde en a besoin ! #Nousboycottons
14:20 - 19 avr. 2018   ♥ 300

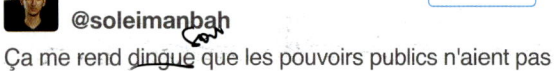

Soleiman Bah
@soleimanbah — Suivre
Ça me rend dingue que les pouvoirs publics n'aient pas réagi avant ! Agissons ! #Nousboycottons
18:50 - 24 mai 2018   ♥ 125

Ça a continué ensuite, en octobre 2018, avec le hashtag #ONCF_baraka. Suite à un accident de train qui a ému le Maroc entier, des voyageurs présents au moment de l'accident ont tout de suite lancé un appel à l'aide aux victimes sur Facebook et Twitter. Résultat : un énorme élan de solidarité a parcouru le pays !

Chaabane Anfa
@chaabane — Suivre
Je trouve ça choquant que l'ONCF n'entretienne pas les trains au Maroc. #ONCF_baraka
15:10 - 12 oct. 2018   ♥ 260

ZeiFes
@zeifes — Suivre
C'est super que les gens se soient mobilisés et aient donné leur sang pour soigner les blessés ! #ONCF_baraka
12:20 - 15 nov. 2018   ♥ 26

Le dernier en date : #ila_dsser_seffri. Un collectif de défense contre les violences à l'égard des femmes a organisé, en novembre 2018, de nombreuses manifestations dans les grandes villes marocaines. Des sifflets ont été distribués à toutes les femmes. Mot d'ordre : si un homme te manque de respect dans un espace public, siffle !

Zina Libre
@zinalibre — Suivre
Ça me rend fière que les femmes marocaines prennent des initiatives pour défendre leurs droits. #ila_dsser_seffri
14:20 - 22 déc. 2018   ♥ 150

Leila Shijar
@leila-shijar — Suivre
C'est vraiment important que les Marocaines soient descendues dans la rue pour se faire entendre ! Continuons à agir ensemble ! #ila_dsser_seffri
15:40 - 28 déc. 2018   ♥ 420

Ces mouvements nés de hashtags montrent l'envie de changement de la société marocaine et font prendre conscience des problèmes sociaux du pays à une majorité de citoyens. Les politiciens devront désormais être attentifs à ce qu'il se passe sur les réseaux sociaux et dans la rue…

Ah bon ?!

En France, tous les deux mois, une commission se réunit pour traduire les mots du Net. Officiellement depuis 2013, on ne dit plus un « hashtag » mais un « mot-dièse ». L'office québécois de la langue française recommande l'usage du terme « mot-clic ».

DOSSIER 2 | CONSTRUIRE ET CRÉER

Lire, comprendre et réagir

3. Lisez l'introduction et vérifiez vos hypothèses de l'activité 2.

4. Lisez le texte. Expliquez avec vos propres mots l'objectif des trois actions lancées sur Twitter.

5. Quel mouvement vous semble le plus important ? Pourquoi ? *femmes*

6. Connaissez-vous d'autres mouvements similaires ? Lesquels ? *#metoo*

7. Êtes-vous un hashtiviste ? Échangez en petits groupes. *non, pas de twitter*

8. Selon vous, une action lancée sur les réseaux sociaux est-elle efficace et suffisante ? Échangez en classe. *oui / pas*

Travailler la langue

9. Observez les tweets. Quelles structures permettent d'exprimer une opinion ? Complétez le tableau.

EXPRIMER UNE OPINION (2)

- c'est
- je trouve ça   + *adj.*   que + phrase au *sub.*
- Ça me rend

L'expression **ça me rend...** exprime une opinion et un sentiment.

→ CAHIER D'EXERCICES P. 37

10. Quelle différence remarquez-vous dans les verbes au subjonctif des tweets ? Comment l'expliquez-vous ?

LE SUBJONCTIF PASSÉ

Le subjonctif passé est un temps composé. Il se forme avec les auxiliaires *avoir* ou *être* conjugués au *présent* et le participe passé du verbe.
Ex. :
Ex. :
On l'utilise avec les mêmes structures que celles du subjonctif présent, mais pour parler d'une action passée.

→ CAHIER D'EXERCICES P. 37

11. Quels mots et expressions dans l'article permettent de parler de l'engagement citoyen ? Relevez-les. Puis, comparez votre liste avec celle d'un/e camarade.

Produire et interagir

12. À deux, lisez ces tweets et réagissez à l'aide des émotions en étiquettes. Puis, inventez un hashtag pour chaque phrase.

| la surprise | la peur | le tristesse | la joie | la colère |

Yolandi Ludi @yolandiludi
En octobre 2018, le prix de l'essence a augmenté en France. #............

Nick Manson @nicolas_manson
Michelle Obama a fait un karaoké dans un taxi pour une émission de télé. #............ *joie*

Luc Auzat @luc-auzat63
Justin Trudeau a participé à la Gay Pride. #............

Audrey Moulin @audreylena
Les youtubeurs français se sont engagés pour le climat en postant une vidéo. #............

13. Quelle est la dernière information que vous avez entendue et qui vous a surpris/e ?

• *Je trouve étonnant qu'on ait trouvé de l'eau sur Mars.*

14. Rédigez un tweet sur chaque hashtag de l'article.

Regarder, comprendre et réagir

15. Regardez ce reportage réalisé à Marseille. Quel est l'objectif du hashtag #BalanceTonTaudis ? *contre de logement écolo qui salubre*

16. Relevez le plus d'informations possible au sujet de ce mouvement. Puis, complétez vos informations avec un/e camarade. *40000 risque pour securité / santé*

17. Comment comprenez-vous les mots « balancer » et « taudis » ? *get rid of / slums*

18. Réagissez au reportage. Le hashtivisme vous semble-t-il le moyen le plus adapté dans cette situation ? *pourquoi pas*

DÉFI #02
CRÉER UN POST POUR DÉFENDRE UNE CAUSE

Vous aller créer un post pour défendre une cause importante.

▸ À deux, choisissez une cause que vous souhaitez défendre.

▸ Dans votre post, dénoncez la situation actuelle, et expliquez pourquoi vous défendez cette cause.

▸ Créez un hashtag.

▸ Présentez votre post à la classe. Y a-t-il des préoccupations communes ? Quelles causes vous semblent importantes à défendre ?

Mon post
#MonVeloOui!

Non à la voiture en ville, oui aux pistes cyclables !

On défend cette cause pour qu'il y ait plus d'espaces cyclables et afin de circuler plus librement à vélo.

C'est un scandale qu'en 2018 notre maire n'ait toujours pas prévu de pistes cyclables, et qu'il n'ait pas pris conscience de l'urgence climatique !

25 sept. 2019   25

UNITÉ 5 | S'APPROPRIER LES MOTS

Les mots assortis

1. Complétez les séries avec les mots de l'unité.

télécharger • un film • un jeu • .... • ....

regarder • une vidéo • .... • ....

.... • des achats • des démarches administratives • des recherches

.... • un rendez-vous en ligne

tchatter • **communiquer** • .... quelqu'un

Mes mots

2. Quelles autres expressions pouvez-vous utiliser pour parler de votre vie 2.0 ?

- Se connecter à Internet
- Consulter sa boîte mail
- Créer un avatar
- Regarder son fil d'actualité

- ....
- ....
- ....
- ....

3. Retrouvez les verbes qu'on utilise pour parler de ce qu'on fait sur Internet à l'aide de leur définition ou synonyme.

- Naviguer sur Internet : .... sur Internet
- Avoir des conversations en ligne : ....
- Avoir des conversations en vidéo sur Internet : ....
- Publier : ....
- Aimer : ....
- Mettre une étiquette : ....
- Situer où on se trouve : ....
- Dire son opinion : ....
- Être inscrit/e sur un site ou une chaîne YouTube : être ....
- Mettre une appli, un document d'Internet sur son ordinateur ou son smartphone : ....

4. Associez les expressions avec leur reformulation. Comment se traduisent ces expressions dans votre langue ?

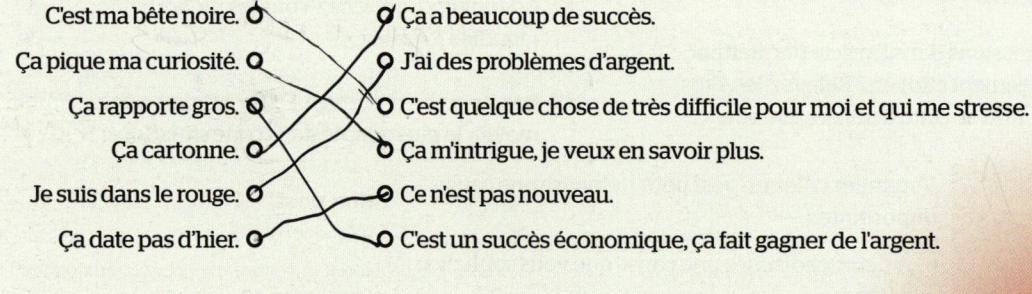

C'est ma bête noire. ○   ○ Ça a beaucoup de succès.
Ça pique ma curiosité. ○   ○ J'ai des problèmes d'argent.
Ça rapporte gros. ○   ○ C'est quelque chose de très difficile pour moi et qui me stresse.
Ça cartonne. ○   ○ Ça m'intrigue, je veux en savoir plus.
Je suis dans le rouge. ○   ○ Ce n'est pas nouveau.
Ça date pas d'hier. ○   ○ C'est un succès économique, ça fait gagner de l'argent.

84 quatre-vingt-quatre

À consommer avec modération 06

DOSSIER 01
La jungle de l'information

Une information fiable

CULTURE(S) ET SOCIÉTÉ(S)
- Les Français et les médias
- L'éducation aux médias à l'école en France
- L'infobésité

GRAMMAIRE
- la forme passive
- exprimer la certitude et le doute

COMMUNICATION
- parler de sa relation aux médias et à l'information
- échanger sur la vérification de l'information

LEXIQUE
- les médias et l'actualité
- les expressions pour introduire une information
- la surconsommation médiatique

DÉFI #01
RÉDIGER UN FAIT DIVERS

DOSSIER 02
La publicité

CULTURE(S) ET SOCIÉTÉ(S)
- Le sexisme dans la pub
- L'influence de la publicité sur la santé des enfants
- La pollution publicitaire

GRAMMAIRE
- les verbes introducteurs
- le discours rapporté au passé

COMMUNICATION
- parler de l'influence de la publicité
- échanger sur la pub
- débattre de santé publique
- rapporter les propos de quelqu'un

LEXIQUE
- la publicité
- les connecteurs logiques pour structurer un texte écrit et un exposé

DÉFI #02
FAIRE UN EXPOSÉ

DÉFI #03 NUMÉRIQUE
espacevirtuel.emdl.fr

UNITÉ 6

Le baromètre 2018 de la confiance des Français dans les médias

Depuis 1987, cette enquête annuelle est réalisée par la société d'études marketing et d'opinion Kantar Public, pour le quotidien *La Croix*. Elle évalue les moyens d'information des Français, la crédibilité qu'ils accordent aux médias et le traitement médiatique des événements de l'année précédente. Ce 31e baromètre s'inscrit dans une période où les *fake news* (« infox » en français) sont régulièrement dénoncées et où les Français doutent de plus en plus de la fiabilité de l'information. Qu'en est-il réellement ? Où en est la relation des Français avec les médias en 2018 ?

L'intérêt pour l'information

Est-ce que vous suivez les nouvelles données par les moyens d'information (presse, radio, télévision, internet) avec un intérêt

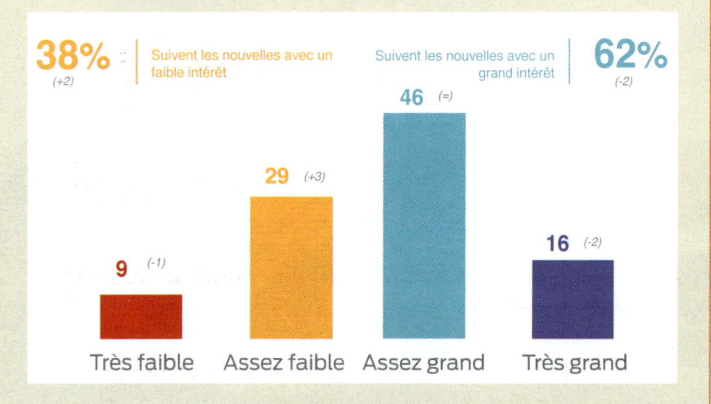

- 38% (+2) Suivent les nouvelles avec un faible intérêt
- 62% (-2) Suivent les nouvelles avec un grand intérêt

Très faible	Assez faible	Assez grand	Très grand
9 (-1)	29 (+3)	46 (=)	16 (-2)

Une information fiable

Qu'attendez-vous des médias en priorité ?

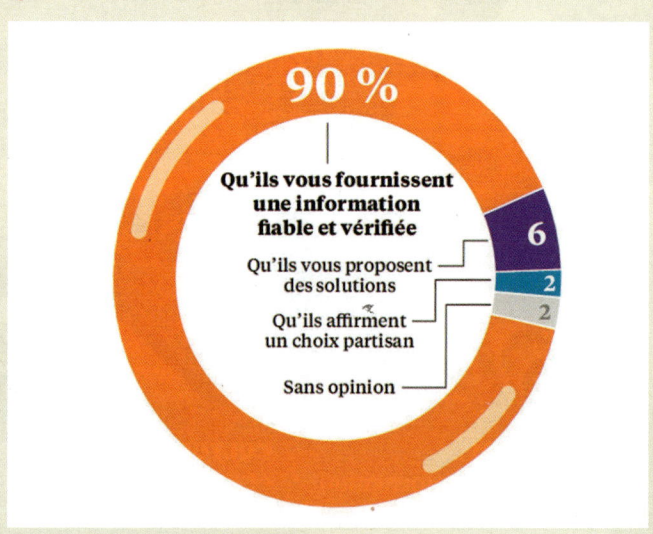

- 90 % Qu'ils vous fournissent une information fiable et vérifiée
- 6 Qu'ils vous proposent des solutions
- 2 Qu'ils affirment un choix partisan
- 2 Sans opinion

Le choix des médias pour s'informer

En général, par quel moyen êtes-vous d'abord informé de l'actualité nationale ou internationale ?

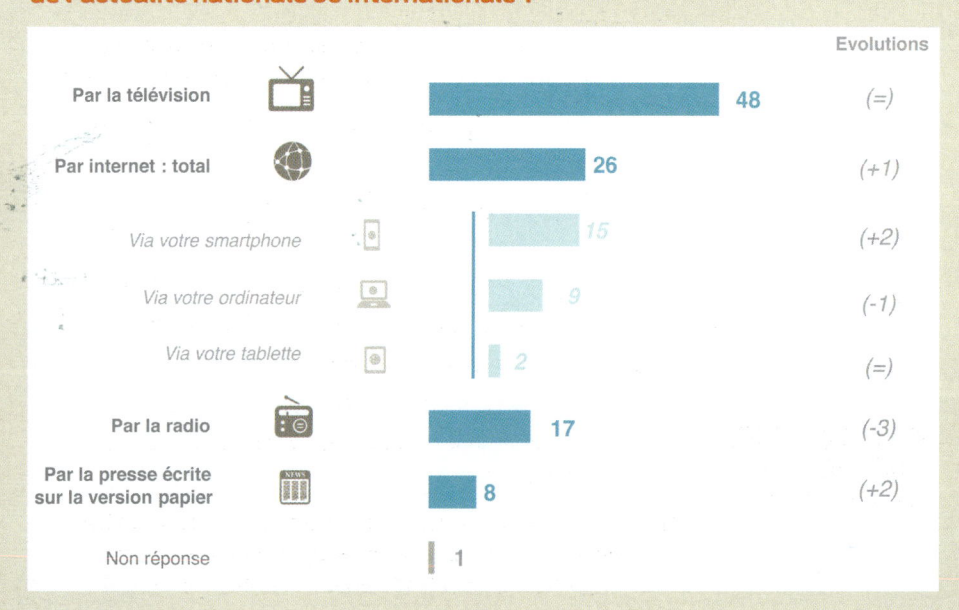

Evolutions

Par la télévision	48	(=)
Par internet : total	26	(+1)
Via votre smartphone	15	(+2)
Via votre ordinateur	9	(-1)
Via votre tablette	2	(=)
Par la radio	17	(-3)
Par la presse écrite sur la version papier	8	(+2)
Non réponse	1	

Ah bon ?!

Le classement mondial de la liberté de la presse est publié chaque année par **Reporters sans frontières** (RSF). Il classe les États selon le degré de liberté d'expression des journalistes. En 2018, la Suisse est 5e, le Canada 18e, la France 33e et le Burkina Faso 41e, sur un ensemble de 180 pays.

Source des infographies : Kantar Public et Kantar Media pour *La Croix*, janvier 2018.

DOSSIER 1 | DÉCOUVRIR

L'indépendance des journalistes

Croyez-vous que les journalistes sont indépendants, c'est-à-dire qu'ils résistent...

... aux pressions des partis politiques et du pouvoir
- 24 %
- 8
- 68 %

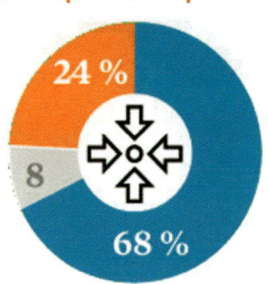

... aux pressions de l'argent
- 24 %
- 14
- 62 %

- Oui, ils sont indépendants
- Non, ils ne sont pas indépendants
- Pas de réponse

Le rôle de l'Éducation nationale

Est-ce le rôle de l'Éducation nationale d'organiser un enseignement à l'information et aux médias pour tous les élèves ?

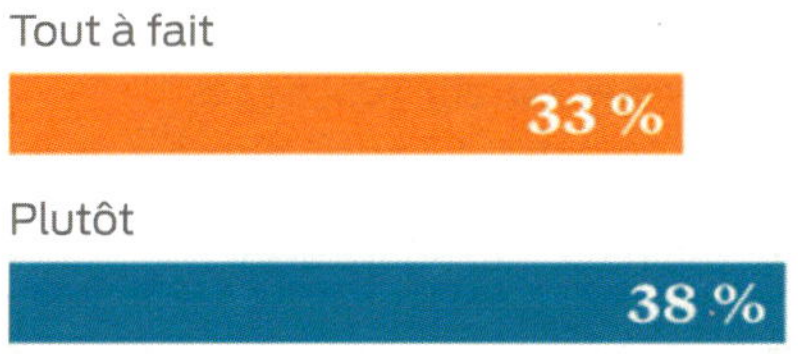

- Tout à fait : 33 %
- Plutôt : 38 %

Est-il important d'apprendre aux élèves à rechercher sur Internet des informations vérifiées et à repérer les fausses informations ?

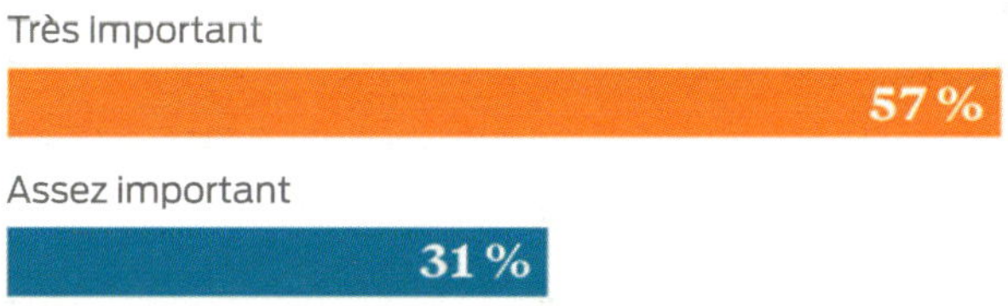

- Très Important : 57 %
- Assez important : 31 %

Mon panier de lexique

Quels mots liés à l'information voulez-vous retenir ? Écrivez-les.

Avant de lire

1. Est-ce que vous vous intéressez à l'actualité ? Comment vous informez-vous ? Échangez en petits groupes. **SL2**

   un peu, AP news

2. Quelles rubriques lisez-vous dans le journal ? Dans quel ordre ?
   - ☑ l'actualité nationale
   - ☑ l'actualité internationale
   - ☑ l'économie
   - ☑ l'environnement
   - ☑ les sciences
   - ☐ la culture
   - ☐ le sport
   - ☑ les faits divers
   - ☐ la météo
   - ☐ autres

3. Observez les infographies sur les Français et les médias, sans lire le texte. Puis, faites le profil du « Français type ». **SL8**
   - *Le Français type s'informe en regardant la télé...*

Lire, comprendre et réagir

4. Lisez les infographies. Quels points communs ou différences avez-vous avec les Français ? Échangez à deux.
   - *Contrairement aux Français, je ne m'informe pas en regardant le JT à la télé, j'écoute la radio.*

5. À deux, listez les mots des infographies liés aux médias qui pourraient figurer dans le texte d'introduction. **SL6**

6. Lisez le texte d'introduction. Entourez les mots-clés, puis comparez-les avec les vôtres. Échangez en classe.

7. Lisez l'encadré *Ah bon ?!* Y a-t-il des informations qui vous surprennent ?

8. Selon vous, quelle est la position de votre pays dans le classement de RSF ? Échangez en classe, puis vérifiez ensuite sur le site de RSF.

Écouter, comprendre et réagir

9. Écoutez cet extrait de l'émission *Hashtag* sur France Culture. Quelles informations complémentaires entendez-vous sur les Français et les médias ? Échangez en classe. **SE**
   10 million/mois Le Monde Snapchat

10. Réécoutez le témoignages d'Ulysse. Entourez les médias qu'il consulte. Puis, reliez chacun d'eux à l'usage qu'il en fait.

    Le Monde 4   L'ÉQUIPE   LE FIGARO
    Libération 5   twitter 3   RADIO 1

    1. Il l'écoute le matin dans les transports en commun : *radio*
    2. Il fait défiler les notifications de ces deux applications : 1
    3. Il lit surtout les titres des articles : ___
    4. Pour lire ces articles, il faut se concentrer : ___
    5. Ces articles sont plus légers, plus faciles. Il les lit en diagonale : ___

11. Quelles stations de radio écoutez-vous ? Quelles chaînes regardez-vous ? Quels quotidiens, hebdomadaires ou mensuels lisez-vous ? Échangez en petits groupes.

    le Chanson Française — musique
    AP, NYT

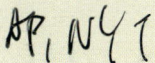

quatre-vingt-sept **87**

UNITÉ 6

Avant de lire

1. Croyez-vous les informations qui circulent sur les réseaux sociaux ?

2. Quand vous avez un doute sur une information diffusée sur Internet, la vérifiez-vous ? Comment ? **SL2**

LE DÉCODEX, GUIDE POUR SAVOIR À QUI FAIRE CONFIANCE SUR INTERNET

> Toute information se base sur des faits. Lorsqu'on s'informe via Facebook, Twitter ou même en utilisant Google News, il est parfois difficile de savoir si ce qu'on lit est fiable ou si les informations ont été adaptées, manipulées ou inventées par les internautes. Les sites sont très nombreux, leur forme est souvent proche, avec une photo, un titre, des rubriques… Mais sont-ils fiables ?
>
> Par Samuel Laurent, journaliste, « Les Décodeurs », journal *Le Monde*.

Aux États-Unis ou en Grande-Bretagne, durant les dernières campagnes électorales, on a vu déferler des sites diffusant ainsi des informations partiellement voire totalement fausses, dont certaines ont été très partagées sur les réseaux sociaux, souvent bien plus que les articles qui démentaient ces mensonges.

Le Décodex, un index de sites non fiables

Comment savoir à qui faire confiance ? Pour tenter de répondre à cette question, « Les Décodeurs », une rubrique du journal *Le Monde*, ont lancé, début février 2017, un outil pour vous aider à naviguer. Baptisé le Décodex, il s'agit d'une base de données dans laquelle nous avons répertorié plus de 600 sites, dont certains diffusent des informations fausses, trompeuses ou très orientées. Pour chaque site, une courte notice explique ce qu'il est, qui sont ses responsables, quel courant ou tendance il représente, et renvoie à une fiche plus complète sur notre site.

Quelques conseils pour ne pas se faire piéger

- Le site est-il connu ? Indique-t-il quelque part qui sont ses responsables légaux, Quelle est son équipe ? Si ce n'est pas le cas, ce n'est pas un vrai organe de presse.

- L'article cite-t-il ses sources ? Sont-elles identifiées ? Y en a-t-il plusieurs ? Un article reposant sur une seule source, ou citant un autre site, ne peut suffire, il faut remonter à l'origine de l'information.

- Peut-on retrouver cette information sur un autre site plus connu ? La version est-elle proche ou différente ?

- Ne jamais croire une vidéo ou une image seule et sans contexte : il est extrêmement simple de détourner, recadrer, réutiliser dans un autre cadre un média image ou vidéo.

- Vérifier une image : le plus simple est d'utiliser la fonction de recherche inversée de Google, qui permet de savoir si l'image existe dans d'autres contextes.

Le coup de pouce du CLEMI

Ouvrir un compte familial sur Twitter pour suivre l'actualité des *fact-checkeurs*. Le *fact-checking* est une pratique journalistique consistant à vérifier l'exactitude des informations qui sont diffusées par des personnalités publiques sur les réseaux sociaux, le Web et les médias. Dans les rédactions, une équipe de *fact-checkeurs* trie le vrai du faux dans le flux de l'info. On les retrouve notamment sur le réseau social Twitter.

Source : extrait de https://www.clemi.fr

Ah bon ?!

Le **CLEMI** est un organisme chargé de l'éducation aux médias dans le système éducatif français. Son objectif est d'apprendre aux élèves à décrypter l'information et l'image, et à développer leur esprit critique.

DOSSIER 1 | CONSTRUIRE ET (INTER)AGIR

Lire, comprendre et réagir

3. Lisez l'encadré *Ah bon ?!* Quel est l'objectif du CLEMI ? Qu'en pensez-vous ? Existe-t-il un organisme similaire dans votre pays ? Faites des recherches si nécessaire. `SL8`

4. Lisez l'introduction et les deux premiers paragraphes. Qu'est-ce que le Décodex ? Pourquoi le CLEMI le présente-t-il ?

5. Lisez les conseils. Comparez votre façon de vérifier une information à celles données sur le site. Lesquelles testerez-vous une prochaine fois ?

6. Trouvez-vous le Décodex utile ? Existe-t-il un outil similaire dans votre pays ? Faites des recherches.

Travailler la langue

7. Observez les formes verbales dans les phrases suivantes. Que constatez-vous ? À quel élément donne-t-on de l'importance dans la deuxième phrase ?

    — Les internautes **ont adapté** les informations.
    — Les informations **ont été adaptées par** les internautes.

8. Complétez le tableau à l'aide de l'article.

LA FORME PASSIVE

Dans la forme passive, on inverse le COD et le sujet : Le COD devient le _sujet_. Le sujet devient le COD, qu'on appelle le complément d'agent, en général il est précédé de la préposition _par_.

Ex. : *Les journalistes **ont répertorié** plus de 600 sites.*
*Plus de 600 sites **ont été répertoriés par** les journalistes.*

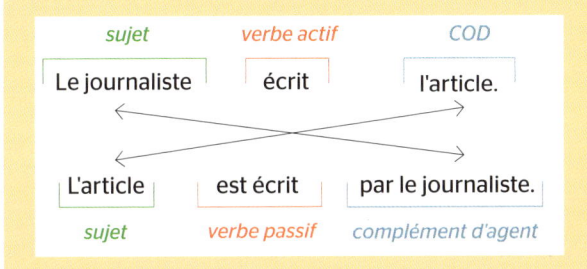

sujet	verbe actif	COD
Le journaliste	écrit	l'article.

L'article	est écrit	par le journaliste.
sujet	verbe passif	complément d'agent

Le verbe à la forme passive se conjugue toujours avec l'auxiliaire _être_ suivi du _participe_. L'auxiliaire se conjugue au temps de la forme active.

Ex. : *Le journaliste **vérifiera** les informations.*
Ex. : *Les informations **seront vérifiées** par le journaliste.*

⚠ Seuls les verbes se construisant avec un COD peuvent être transformés à la forme passive.

Il existe d'autres manières d'exprimer la forme passive :
• avec un verbe _réfléchi_.
Ex. : *Toute information **se base** sur des faits.*
Ex. : *Le Parisien **se lit** plus facilement que Le Monde.*

• se faire + _____
Ex. : _____
Ex. : *Il **s'est fait arrêter** car il a publié des informations secrètes.*

→ CAHIER D'EXERCICES P. 45

Écouter, comprendre et réagir

9. Écoutez et imaginez ce qu'il s'est passé dans chaque situation, en utilisant la forme passive. 🎧 21

10. Écoutez les quatre conversations. Laquelle parle de... 🎧 22
    • une anecdote (bref récit d'un fait curieux) : ......
    • une rumeur (histoire propagée sans se soucier de la véracité des faits) : ......
    • un canular (information fausse pour faire rire) : ......
    • une information (fait nouveau qui a été vérifié) : ......

11. Réécoutez, puis reliez les expressions que les personnes utilisent pour transmettre leur information.

    N°1 ○   ○ Écoute ! Tu ne devineras jamais...
    N°2 ○   ○ Il faut absolument que je te dise quelque chose.
    N°3 ○   ○ Dis donc, tu savais que...
    N°4 ○   ○ Tu as entendu la dernière à propos de...

Produire et interagir

12. Partagez trois informations avec un/e camarade. Il/Elle y réagit.

    • *Tu as entendu la dernière ?*
    ○ *Quoi ?*
    • *Les élections présidentielles ont été annulées !*
    ○ *N'importe quoi ! Tu as entendu ça où ?*

13. À deux, racontez le parcours passé, présent et futur des photographies, à l'aide des étiquettes.

    | prendre | envoyer | transférer | liker |
    | publier | commenter | vendre | exposer | ... |

14. Écrivez la légende de ces illustrations à la forme passive.

15. À deux, rédigez des titres d'infox. Puis, lisez-les à la classe. Vos camarades corrigent vos affirmations.

    — *Les pyramides ont été construites par les extraterrestres.*
    — *« Star Wars » a été réalisé par Steven Spielberg.*

quatre-vingt-neuf **89**

UNITÉ 6

Avant de lire

1. Quels mots forment le néologisme « infobésité » ? Selon vous, que signifie-t-il ? Échangez en classe. SL 4

Regarder, comprendre et réagir

2. Regardez cette vidéo sur l'infobésité. Est-ce qu'elle illustre votre définition ? À quoi l'infobésité est-elle comparée ?
3. Comment comprenez-vous le slogan de la fin « Reprenez le contrôle » ?
4. Selon vous, pourquoi cette vidéo française utilise-t-elle des mots anglais ? Est-ce qu'on les utilise dans votre langue ?

Billet d'humeur par *Jade Vandercut*

PARLONS DE TOUT ET DE RIEN. ENFIN, SURTOUT DE RIEN !

Comment alléger son information 2.0 ?

7 h. L'alarme de mon smartphone sonne, je l'attrape et je fais défiler les notifications : ça gazouille, ça alerte, ça like, ça notifie, ça retwitte... **7 h 30**, mon cerveau bugge déjà. L'été arrive et les régimes font la une des magazines féminins ET masculins (l'égalité, c'est comme le mariage, on partage le meilleur et le pire). Et soudain... le parallèle entre la malbouffe et l'infobésité devient une évidence : mon flux d'infos me gave de nouvelles absolument inutiles. Après avoir googlé « infobésité » (ou googlisé pour les puristes), je suis convaincue des conséquences nocives de cette maladie numérique : perte de temps, fatigue mentale, baisse de l'activité cérébrale (entre nous, je ne suis pas sûre que le dernier symptôme soit correct, mais si Internet le dit...)

Aux grands maux, les grands remèdes... Le jeûne ? Je ne sais pas trop... J'ai des doutes sur ma capacité à rompre complètement avec la Toile. Allez, je l'avoue, je sais que je ne peux pas survivre sans Internet. Je suis accro à l'actualité comme ma grand-mère était accro aux faits divers dans son journal. Néanmoins, il est clair que je dois réduire ma consommation digitale si je ne veux pas faire une overdose numérique. Alors comment mieux nourrir mon cerveau pour éviter « l'in(fo)digestion » ? Soignons le mal par le mal : je regarde sur le Net pour trouver une cure adaptée à mon alimentation médiatique.

« Je dois réduire ma consommation digitale si je ne veux pas faire une overdose numérique. »

Trois heures plus tard...

Je me doutais bien que c'était une mauvaise idée : trop d'information tue l'information. J'ai toutefois trouvé quelques conseils : fermer les alertes de toutes les applications, supprimer certaines sources traitant des mêmes informations, S'AUTOGÉRER (!!!). J'ai même découvert un mantra : « Je prends le contrôle sur l'information qui rentre dans mon cerveau ». À se répéter en boucle pour plus d'efficacité... Finalement, l'information, c'est comme l'alcool : à consommer avec modération.

Je doute que vous ayez beaucoup appris en lisant ce billet d'humeur, mais si vous avez souri à sa lecture, vous aurez perdu 50 calories. Info ou infox ? Attendez, je vais vérifier... Aucun doute, mon cas est désespéré. ;-D

DOSSIER 1 | CONSTRUIRE ET CRÉER

Lire, comprendre et réagir

5. Survolez le texte. De quel type d'article s'agit-il ? SL1

☐ une chronique ☐ un fait divers
☐ un article de fond ☐ un billet d'humeur
☐ une enquête ☐ une interview

6. Lisez le texte. À votre avis, quels sont les objectifs de l'auteure ? Échangez en classe.

7. À quoi l'auteure associe-t-elle l'infobésité ? Relevez les mots et expressions utilisés pour chaque domaine. Comparez avec un/e camarade.

1. .... 2. .... 3. ....

8. Quels comportements avez-vous en commun avec l'auteure ? Échangez en classe.

9. Que propose l'auteure pour lutter contre l'infobésité. Avez-vous d'autres idées ? Échangez à deux.

- *Limiter son temps de connexion.*

Travailler la langue

10. Quelles sont les expressions utilisées par l'auteur pour transmettre ses doutes et ses certitudes ? Soulignez-les de deux couleurs différentes.

11. Complétez les tableaux à l'aide des phrases soulignées.

EXPRIMER LA CERTITUDE

Pour exprimer la certitude, on utilise :
- **être certain/e/sûr/e/convaincu/e que** + phrase à l'indicatif
Ex. : *Je **suis certaine que** les réseaux sociaux diffusent beaucoup d'informations inutiles.*
- **être certain/e/sûr/e/convaincu/e de** + nom l'infinitif
Ex. : ....
- **savoir que** + indicatif
Ex. : ....
- **il est certain / sûr / évident / clair que** + indicatif (forme impersonnelle)
Ex. : ....

→ CAHIER D'EXERCICES P. 45

Travailler la langue

EXPRIMER LE DOUTE

Pour exprimer le doute, on utilise :
- **ne pas être pas sûr/e / certain/e que** + ...
Ex. : ....
- **avoir des doutes sur** + ...
Ex. : ....
- **douter que** + ...
Ex. : ....
- **douter de** + nom
Ex. : ....
- **ne pas trop savoir**
Ex. : ....

⚠ **Douter** signifie « avoir des doutes sur qqch ».
Se douter signifie « deviner, imaginer ». Il est suivi d'une phrase à l'indicatif.
Ex. : ....

→ CAHIER D'EXERCICES P. 45

Produire et interagir

12. De quoi êtes-vous sûr/e ? De quoi doutez-vous ? Échangez en petits groupes sur les thèmes en étiquettes.

les médias les réseaux sociaux les arts vivants
les maladies les sciences ...

- *Je doute qu'il existe un remède contre l'addiction aux réseaux sociaux.*

13. À deux, décrivez cinq habitudes numériques vraies ou fausses. Votre camarade dit s'il / si elle vous croit ou non.

- *Dès que j'ai un doute, je consulte mon téléphone.*
○ *Je suis sûre que c'est faux, car tu n'as pas de smartphone.*

14. À deux, exprimez vos doutes et vos certitudes à propos des médias et des réseaux sociaux en 2050.

- *En 2050, je ne suis pas certaine qu'il y ait encore des journaux papier.*

DÉFI #01
RÉDIGER UN FAIT DIVERS

Vous allez rédiger un fait divers réel ou imaginaire.

▶ À deux, consultez la presse écrite de votre pays. Choisissez une information.

▶ Présentez les faits comme dans l'exemple. Vous pouvez adapter ou manipuler l'information que vous avez choisie.

▶ Rédigez le fait divers en respectant les règles du genre : phrases courtes, verbes à la forme passive, utilisation des temps du passé. Trouvez un titre.

▶ Lisez votre article à la classe, les autres disent s'il s'agit d'une info ou d'une infox.

- *Je ne suis pas sûr que ce soit vrai, je doute que la police chasse les oiseaux.*

Présenter les circonstances (qui, où, quand) : *un enfant, dans un parc à Bruxelles, l'après-midi.*

Expliquer le déroulement des faits (comment et pourquoi) : *il s'est fait attaquer par des oiseaux, car il leur lançait des cailloux.*

Décrire les conséquences : *l'enfant est blessé, la police organise une chasse aux oiseaux dans la capitale.*

UNITÉ 6

La pub pour changer les mentalités ?

DOSSIER 2 | DÉCOUVRIR

Les annonceurs et créateurs de pub maîtrisent parfaitement les codes et les techniques pour faire passer leur message. Leur objectif ? Premièrement, faire vendre des produits, bien sûr ! Mais pas uniquement… La pub sert aussi à faire la promotion d'organisations humanitaires et d'événements sportifs ou culturels, mais elle peut également participer à l'évolution des comportements et des mentalités.

Consciente des préoccupations et des attentes de la population, la mairie de Paris souhaite lutter contre le sexisme dans l'espace public et s'engage à ce qu'« aucune publicité à caractère sexiste ou discriminatoire ne puisse être diffusée sur le réseau municipal d'affichage ». Anne Hidalgo a déclaré que cette mesure était importante pour lutter contre les stéréotypes de genre et les violences subies par les femmes dans l'espace public.

C'est pour cela que la mairie de Paris a organisé le 27 juin 2018 un colloque intitulé « Pour un Paris sans pub sexiste ». Aujourd'hui encore, on constate que 80 % des experts qui apparaissent dans les pubs sont des hommes, et que les femmes y apparaissent six fois plus dénudées.

Cette initiative est la bienvenue. En effet, l'espace public parisien ne se limite pas à la rue, il comprend aussi les bus, les magasins, le métro, les gares, etc. Espérons que la suppression des pub sexistes facilitera un changement des mentalités et que cette intitiative inspirera d'autres villes. ◇

PARIS

Avant de lire

1. Qui utilise la publicité ? Pourquoi ? SL2

Lire, comprendre et réagir

2. Observez les affiches de cette campagne publicitaire. Qui est l'annonceur ? De quoi s'agit-il ? Échangez en classe. SL1

3. Quels jeux de mots et dessins y voyez-vous ?

4. Connaissez-vous des publicités qui valorisent un produit tout en dévalorisant les femmes ? Décrivez-les.

5. Lisez l'article. Qu'a fait la mairie de Paris ? Pourquoi ?

6. Pensez-vous que cette intiative est utile et efficace ? En existe-t-il des similaires dans votre pays ?

7. En petits groupes, échangez sur les publicités et slogans très connus de votre pays. Expliquez leur succès.

Regarder, comprendre et réagir

8. Regardez cette vidéo sur la résistance à la publicité réalisée à Lyon. Repérez les trois parties qui la composent, de quoi parlent-elles ?

9. Regardez une nouvelle fois la vidéo, puis répondez aux questions et comparez avec un/e camarade.
   - Pourquoi le présentateur parle-t-il de matraquage publicitaire ? Expliquez ce que c'est en citant des éléments du reportage.
   - Comment la publicité a-t-elle évolué ? Quels problèmes cela pose-t-il ?
   - Quel est l'objectif de JCDecaux ? Comment les citoyens peuvent-ils agir contre ce projet ?
   - Quelle action mène l'association Résistance à l'agression publicitaire (RAP) dans les rues de Lyon ? Pourquoi ?

10. Que pensez-vous des actions du RAP ? Échangez en classe.

Mon panier de lexique

Quels mots pour parler de la publicité voulez-vous retenir ? Écrivez-les. Voulez-vous en connaître d'autres ?

UNITÉ 6

Avant de lire

1. Selon vous, quel est l'impact de la publicité sur les enfants ? Échangez en petits groupes. **SL2**

L'ESSENTIEL DE L'INFO   S'abonner | Chercher

ACTUALITÉ

Quelle est l'influence des publicités alimentaires sur la santé des enfants ?

30/05/18 par Gaëlle Lebourg

Dimanche, l'Assemblée nationale a refusé d'interdire les publicités pour la malbouffe à destination des enfants. Alors qu'un enfant sur six est en surpoids ou obèse, chercheurs, politiques et ONG lancent un cri d'alarme et appellent à reconnaître l'influence considérable des publicités sur la santé des enfants.

Depuis 2018, [les publicités télévisées] sont uniquement interdites sur les chaînes du service public, aux horaires des programmes pour enfants. Mais en dehors de ce créneau, les publicités alimentaires à destination des enfants ne sont pas du tout régulées. « *Les enfants sont souvent devant l'écran de télévision pendant les repas familiaux, de sorte qu'ils sont exposés à la publicité pour la malbouffe* », a regretté dimanche le député Prud'homme. Entre 1997 et 2009, la proportion de personnes obèses a presque doublé, passant de 8,5 % à 14,5 %. « *Une étude américaine a montré qu'un tiers des enfants obèses ne le serait pas devenu s'il n'y avait pas eu de publicité alimentaire à la télévision pour la malbouffe* », note Didier Courbet, professeur à l'Université d'Aix-Marseille spécialisé sur les influences des technologies digitales et des médias.

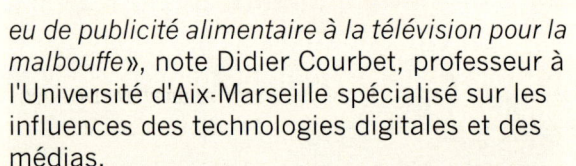

L'image de la marque du produit affecte les enfants, de sorte qu'une marque qui apparaît à la télévision est une marque que l'enfant va davantage apprécier. « *À force de voir des publicités pour McDo, Coca-Cola ou M&M's, l'enfant va vouloir acheter ces marques-là* », explique Courbet. Ces publicités incitent les bambins à prendre des habitudes alimentaires particulièrement malsaines, qu'ils peuvent garder toute leur vie. « *Plus les enfants prennent des habitudes alimentaires tôt, plus elles leur resteront quand ils seront adultes* », nous précise Didier Courbet. « *Les personnes s'attachent à la marque, qui acquiert ainsi un capital sympathie. On se souvient qu'on allait au McDo avec ses parents ou ses copains quand on était enfant.* »

Si ces publicités sur la malbouffe continuent à prospérer et à manipuler les enfants, « *la société va y perdre, sur le plan humaniste et social* », soupire Courbet. « *L'obésité est une catastrophe pour la santé publique en France.* »

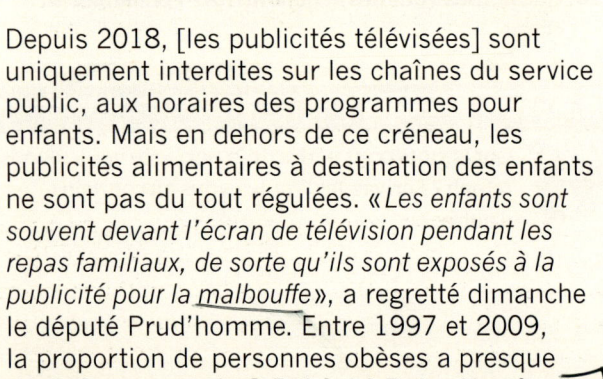

Source : extrait de https://www.lesinrocks.com, le 30/05/2018, par Gaëlle Lebourg

---

Ah bon ?!

Depuis le 1er janvier 2018, la publicité dans les programmes destinés aux enfants de moins de 12 ans est interdite sur les chaînes publiques françaises. Cette mesure est approuvée par 88 % des Français.

DOSSIER 2 | CONSTRUIRE ET (INTER)AGIR

Lire, comprendre et réagir

2. Lisez l'introduction. Reformulez-la avec vos propres mots.

3. Lisez l'article. Quels arguments démontrent l'influence de la publicité sur les enfants? Êtes-vous d'accord avec ces arguments?

4. Êtes-vous influencé/e par la publicité? Quels produits avez-vous déjà achetés après avoir vu une publicité?

5. Dans votre pays, existe-t-il une réglementation de la publicité dans les médias? Faites des recherches si nécessaire. En faut-il une selon vous? *non?*

Travailler la langue

6. Dites si les affirmations suivantes sont vraies ou fausses. Justifiez votre réponse en soulignant les phrases dans l'article.

   1. Le député Prud'homme a déclaré que les enfants étaient souvent devant la télé pendant les repas familiaux. V / F
   2. Didier Courbet a précisé qu'une étude américaine avait montré qu'un quart des enfants ne serait pas devenu obèse s'il n'y avait pas eu de publicité pour la malbouffe. V / F
   3. Il a affirmé que plus les enfants prenaient des habitudes alimentaires tôt, plus elles leur resteraient quand ils seraient adultes. V / F
   4. Il a expliqué qu'on se souvenait qu'on allait au McDo avec ses parents ou ses copains quand on était enfant. V / F
   5. Il a ajouté que la société allait y perdre sur le plan humaniste et social. V / F
   6. Il a voulu savoir ce que les enfants pensaient des publicités. V / F

7. Repérez dans l'article et dans l'activité précédente les verbes utilisés pour introduire les paroles des personnes. Puis, complétez le tableau.

   LES VERBES INTRODUCTEURS

   Les verbes utilisés pour rapporter des paroles sont des synonymes de **dire**. Les plus fréquents sont: **annoncer, déclarer, considérer, entendre dire, informer, raconter, répondre,** *ajouter*, *préciser*, *répéter*, ____, ____, ____.

   Pour rapporter des questions, on utilise: **demander, se demander, vouloir savoir**.

   → CAHIER D'EXERCICES P. 45

8. Comment se traduisent ces verbes introducteurs dans votre langue?

Travailler la langue

9. Repérez les différences entre le discours direct (l'article) et le discours indirect (l'activité 7). Puis, complétez le tableau.

   LE DISCOURS RAPPORTÉ AU PASSÉ

   On peut rapporter les paroles de quelqu'un de manière directe ou indirecte. Au discours indirect, quand on utilise un verbe introducteur au passé, le deuxième verbe change et suit la règle de concordance des temps.

   Ex.: «Les enfants **prennent** des habitudes alimentaires tôt», **a affirmé** Courbet. (discours direct au passé)
   Ex.: Courbet **a affirmé** que les enfants **prenaient** des habitudes alimentaires tôt. (discours indirect au passé)

   La concordance des temps du discours rapporté au passé

Temps du 2e verbe au discours direct	Temps du 2e verbe au discours indirect
présent	*imparfait*
passé composé	*pqp*
imparfait	*imp.*
plus-que-parfait	*pqp*
futur simple	*cond.*
conditionnel	conditionnel

   → CAHIER D'EXERCICES P. 45

Produire et interagir

10. Sur une feuille, écrivez des commentaires sur la publicité. Mélangez-les et distribuez-les. Devinez qui a dit les phrases que vous avez reçues en variant les verbes introducteurs.

    • *Anne, tu as affirmé que tu aimais regarder la pub?*

11. Vous assistez à cette scène. À deux, imaginez ce que disent les personnes. Écrivez les dialogues.

12. Changez de binôme, puis rapportez votre dialogue à un/e camarade d'un autre groupe.

Écouter, comprendre et réagir

13. Divisez la classe en deux groupes. L'un sort, l'autre écoute le reportage. Prenez des notes. Expliquez ensuite ce qui a été dit à l'autre groupe, en variant les verbes introducteurs. **SE**

14. Inversez les groupes. Écoutez le deuxième reportage. Puis, racontez ce qui a été dit à l'autre groupe.

quatre-vingt-quinze **95**

UNITÉ 6

Avant de lire

1. Recevez-vous de la publicité dans votre boîte aux lettres postale ? La lisez-vous ?

2. Que peut-on faire pour recevoir moins de publicité postale et numérique ? **SL2**

---

www.blog_adeline_zerodechet.defi.fr

LE BLOG D'ADELINE

STOP PUB
Un modèle de lettre pour le faire respecter

Il y a quelques mois, j'ai mis un autocollant **STOP PUB** sur ma boîte aux lettres. Et ça marche ! J'ai beaucoup moins de pub qu'avant. Malgré tout, certaines marques ignorent l'autocollant et continuent de m'envoyer de la pub (qui va directement à la poubelle).

J'ai trouvé sur le site **https://www.zerowastefrance.org/stop-pub-courrier-faire-respecter/** une lettre type pour interpeller les entreprises qui ne respectent pas la loi. Vous pouvez la télécharger sur le site ou copier ce modèle.

Nom de l'expéditeur
Adresse de l'expéditeur

Nom de l'entreprise
Adresse de l'entreprise

Objet : réclamation

Lieu et date

Madame, Monsieur,

J'ai aujourd'hui constaté que l'autocollant STOP PUB que j'ai apposé sur ma boîte aux lettres de façon visible n'a pas été respecté. En effet, je me retrouve en possession, contre ma volonté, d'un imprimé non adressé au nom de votre enseigne.

La démarche du STOP PUB est le reflet de l'importance que les Français accordent à la lutte contre la production massive de déchets dans notre société. Par ailleurs, les personnes plaçant un tel autocollant sur leur boîte aux lettres ne lisent pas les prospectus reçus contre leur gré. Il s'agit donc d'une publicité tout à fait contre-productive, car ces imprimés sont ainsi immédiatement jetés à la poubelle. Un foyer peut recevoir plus de 30 kg de prospectus chaque année, consommant autant de ressources en bois, en eau, en produits chimiques, en énergie et en transports tout au long de la chaîne.

Je souhaite aussi vous rappeler que l'article R633-6 du Code pénal érige le non-respect du STOP PUB en infraction, passible d'une amende de 450 €.

Je vous demande donc de modifier vos pratiques et, le cas échéant, de sensibiliser vos distributeurs dont vous êtes donneur d'ordres et responsables. Je vous invite également à prendre toutes vos dispositions afin de mettre un terme à ces agissements manifestement illégaux, et au demeurant irrespectueux pour les personnes concernées.

Restant à votre disposition pour tout complément d'information, je vous prie de croire, Madame, Monsieur, en l'expression de mes sentiments respectueux.

Signature

Source : https://www.zerowastefrance.org/

DOSSIER 2 | CONSTRUIRE ET CRÉER

Lire, comprendre et réagir

3. Observez la photo. D'où vient l'autocollant sur la boîte aux lettres ? Quelle est son intention ? **SL1**

4. Lisez le post. Que propose la blogueuse ? Pourquoi ?

5. Lisez la lettre type. Relevez les arguments contre la publicité papier. Êtes-vous d'accord ?

6. Existe-t-il une pratique similaire dans votre pays ? Si oui, est-elle respectée et soutenue par les autorités ?

Travailler la langue

7. Relisez la lettre et retrouvez à quelle partie correspondent les éléments suivants. Puis, numérotez-les dans l'ordre.

   1. Rappel de la loi : n°......
   2. Présentation des faits : n°......
   3. Formule d'appel : n° 1
   4. Explication en détail du problème : n°......
   5. Demande : n°......
   6. Formule de politesse : n°......

Écouter, comprendre et réagir

8. Écoutez l'introduction de l'exposé sur l'influence de la publicité sur les enfants. Repérez les trois parties de l'exposé. 🎧 25

9. Écoutez la suite de l'exposé. Prenez des notes, puis comparez-les avec celles d'un/e camarade. 🎧 26

10. Réécoutez l'exposé pour compléter vos notes. Puis, mettez-les en commun pour reconstituer le plan de l'exposé.

Travailler la langue

11. Lisez la transcription de l'exposé page 180. Soulignez les mots et expressions pour le structurer. Puis, complétez l'encadré.

> **STRUCTURER UN EXPOSÉ ÉCRIT OU ORAL**
>
> - Pour annoncer un plan, un développement
> **Je vais** .... + sujet de l'exposé
> **Le premier point, c'est… / Le deuxième, c'est…**
> **Premièrement /** .... **/** .... + phrase
> **D'abord / Après / Puis /** .... **/** .... + phrase
> **Dans ce dernier point /** .... + phrase
>
> - Pour expliquer
> .... **/ Ainsi /** ....
>
> - Pour ajouter une information ou un argument
> **De plus / Par ailleurs**
>
> - Pour conclure
> **En définitive / En résumé /** .... + phrase
> .... **/ Pour finir / Finalement** + phrase
>
> - Pour donner un exemple
> **Comme /** .... + phrase
> **On peut prendre l'exemple de** + nom
> **Imaginons que** + phrase
>
> - Pour citer
> **XX a dit : « … »**
> .... **: « … »**

→ CAHIER D'EXERCICES P.45

Produire et interagir

12. À deux, imaginez que vous êtes membres d'une association antipub. Élaborez un plan d'action pour la Journée mondiale contre la pub. Présentez-le à la classe.

    • *Premièrement, nous recouvrirons les panneaux publicitaires avec des feuilles blanches. Deuxièmement, …*

13. Divisez la classe en deux groupes : l'un est pour la suppression de la publicité dans l'espace public, et l'autre est contre. Préparez vos arguments. Organisez ensuite un débat autour du sujet.

DÉFI #02
FAIRE UN EXPOSÉ

Vous allez faire un exposé sur un sujet que vous connaissez et que vous avez approfondi dans *Défi*.

▶ À deux, choisissez un des sujets suivants.

| la mémoire | la tradition | les langues vivantes |
| la culture | les médias | les réseaux sociaux |

▶ Choisissez une problématique (une question à laquelle vous répondez dans votre exposé).
   Les traditions sont-elles un frein à la tolérance ?

▶ Faites le plan de votre exposé. Trouvez des citations qui illustrent vos propos.

▶ Faites votre exposé devant la classe.

▶ Le reste du groupe commente la clarté de votre structure, de votre problématique, la pertinence de vos citations, etc.

quatre-vingt-dix-sept **97**

UNITÉ 6 | S'APPROPRIER LES MOTS

Les mots assortis

1. Complétez les séries avec vos mots.

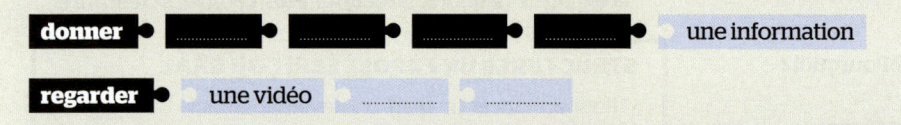

donner • .... • .... • .... • une information

regarder • une vidéo • .... • ....

Mes mots

2. Faites une liste de tous les médias à votre disposition pour vous informer.

3. Quelle(s) rubrique(s) d'un quotidien lisez-vous…

- pour vous informer ?
- pour vous détendre ?
- pour vous cultiver ?
- par curiosité ?
- pour passer le temps ?
- en diagonale ?

4. Écrivez les différentes parties qui composent un article.

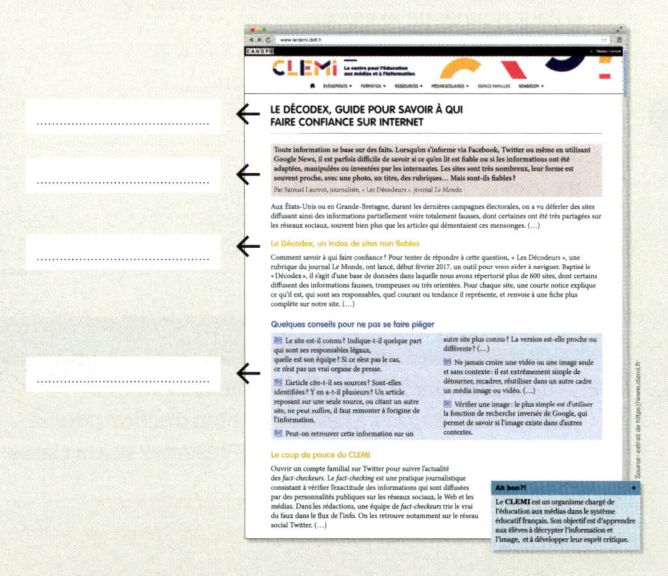

5. De quel type de document de presse s'agit-il ? Retrouvez-les grâce aux définitions.

- Écrit qui présente les faits à propos d'un sujet particulier (politique, culture, sport, etc.) : ....
- Écrit sur un sujet particulier (politique, culture, sport, etc.) dans laquelle le/la journaliste exprime son opinion : ....
- Écrit dans lequel le/la journaliste exprime son humeur du moment sur un sujet de société : ....
- Rubrique restituant d'un échange (questions/réponses) entre un/e journaliste et une personne : ....
- Rubrique dans laquelle sont publiées les réactions des lecteurs : ....
- Rubrique sur des événement ou des faits quotidiens plus ou moins importants : ....

6. Que permet de faire la publicité ? Complétez.

La pub fait vendre ....
   passer ....
   changer ....

7. Voici des abréviations. Retrouvez les mots entiers.

- La télé : ....
- Une info : ....
- Une pub : ....
- Une photo : ....
- La conso : ....

98   quatre-vingt-dix-huit

Planète pas nette

07

DOSSIER 01
Les déchets

CULTURE(S) ET SOCIÉTÉ(S)
- Homo détritus *versus* homo recyclus
- Le tri sélectif, un casse-tête
- Des initiatives en francophonie contre le plastique

GRAMMAIRE
- exprimer la condition
- exprimer l'exclusion et l'inclusion

COMMUNICATION
- parler du recyclage
- donner des instructions de recyclage
- évoquer des engagements écocitoyens

LEXIQUE
- les déchets, le recyclage, le tri sélectif
- les verbes de l'engagement citoyen

DÉFI #01
RÉDIGER UN TEST SUR L'ÉCOCITOYENNETÉ

DOSSIER 02
Le changement climatique

CULTURE(S) ET SOCIÉTÉ(S)
- Les prédictions de Nostradamus
- L'effet papillon et la chenille du pin
- La montée des eaux en Nouvelle-Calédonie

GRAMMAIRE
- exprimer la cause et la conséquence
- exprimer l'inquiétude, l'angoisse, la peur

COMMUNICATION
- expliquer les causes et les conséquences d'une action, d'un phénomène
- exprimer une crainte

LEXIQUE
- le réchauffement climatiques
- les catastrophes naturelles
- la faune, la flore
- la nominalisation
- la mer et les océans

DÉFI #02
FAIRE DES PRÉDICTIONS APOCALYPTIQUES

DÉFI #03 NUMÉRIQUE
espacevirtuel.emdl.fr

UNITÉ 7

HOMO DÉTRITUS VERSUS HOMO RECYCLUS

LE CERCLE VICIEUX DE L'HOMO DÉTRITUS

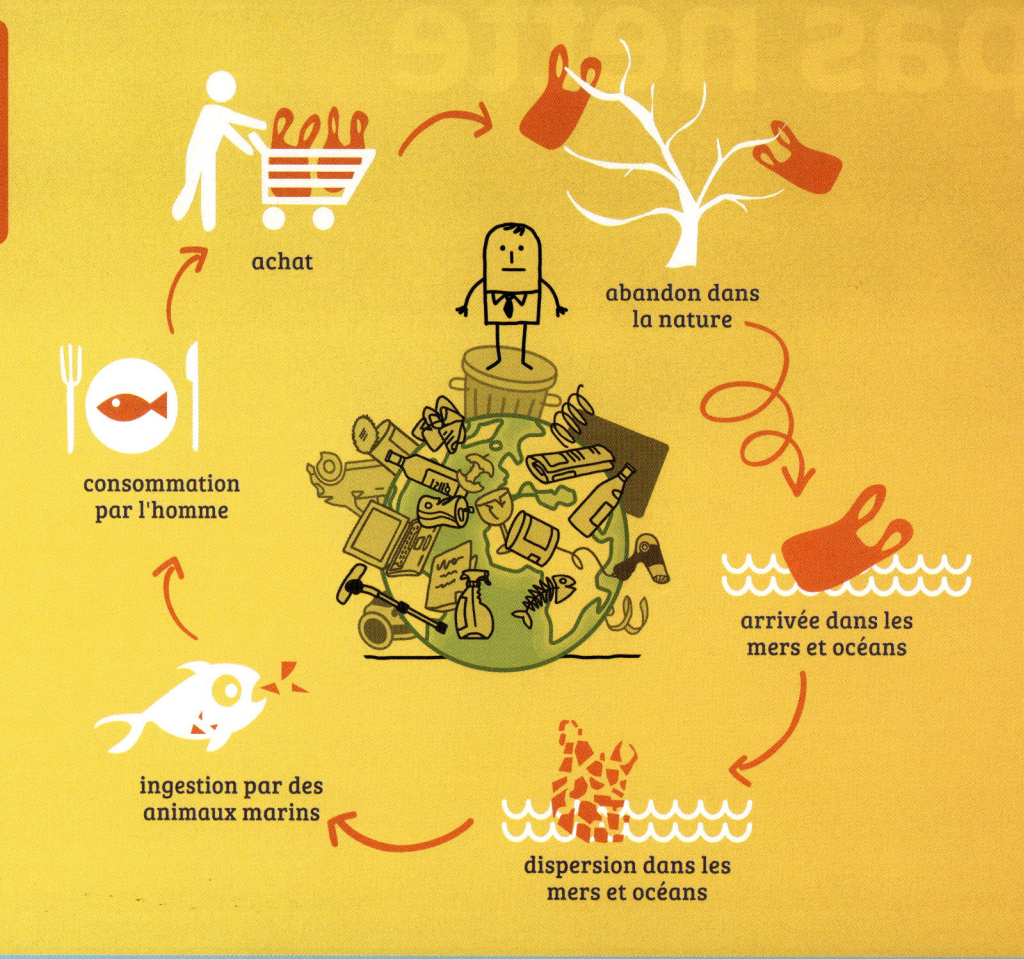

- achat
- abandon dans la nature
- arrivée dans les mers et océans
- dispersion dans les mers et océans
- ingestion par des animaux marins
- consommation par l'homme

LE CERCLE VERTUEUX DE L'HOMO RECYCLUS

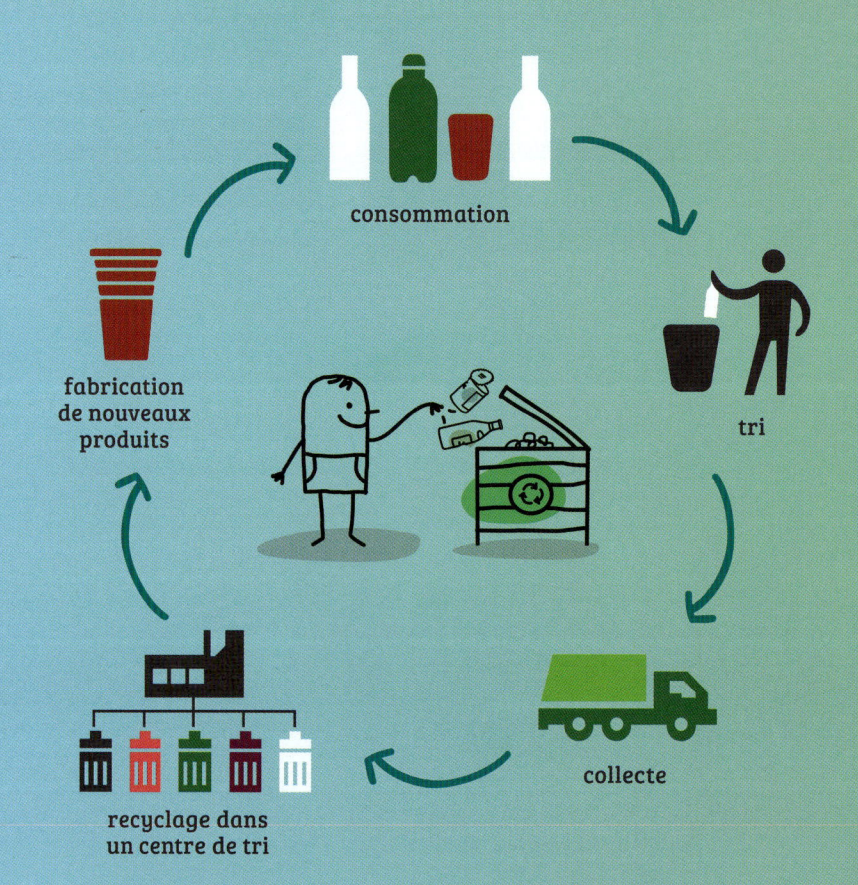

- consommation
- tri
- collecte
- recyclage dans un centre de tri
- fabrication de nouveaux produits

Infographies d'après www.sauvonsleau.fr et www.reco-france.com

DOSSIER 1 | DÉCOUVRIR

HOMO DÉTRITUS

- C'est pas grave.
- Ça va pas nous tuer.
- Tant pis !
- Et alors ?
- C'est pas ma faute !
- C'est pas mon problème.

L'homo détritus est un citoyen mal informé. Il n'a pas conscience qu'il faut plus de 400 ans pour qu'un sac plastique se décompose. Il n'a jamais entendu parler d'un continent de plastique, donc il ne sait pas que le plastique qu'il jette peut un jour se retrouver dans son assiette. Il est prêt à recycler à condition que ce soit facile et que ça lui demande peu d'effort. Mais il ne participerait pas à une initiative citoyenne pour défendre l'environnement.

HOMO RECYCLUS

- C'est ma petite contribution !
- Il faut se mobiliser !
- Ça vaut la peine.
- J'ai mauvaise conscience.
- C'est la moindre des choses.

L'homo recyclus est un citoyen responsable. Il est prêt à faire des efforts pour réduire ses déchets. Il sait qu'en les triant il aide à consommer moins de pétrole. Il est conscient que 90 % des déchets marins sont composés de plastique. Il sait aussi que fabriquer un emballage consomme plus d'énergie que le recycler. Enfin, il est sensible à une chose : l'industrie du recyclage permettrait la création de milliers d'emplois.

Avant de lire

1. À votre avis, qu'est-ce qu'un « homo détritus » et un « homo recyclus » ? **SL1**

Lire, comprendre et réagir

2. À deux, choisissez chacun une infographie de la page de gauche et commentez-la à l'autre.

3. Lisez les deux textes. Faites le portrait des deux types de personne.
   - Ce qu'elles savent ou ne savent pas
   - Ce qu'elles font ou ne font pas

4. Lisez les bulles de chaque personnage. Que diraient l'homo détritus et l'homo recyclus dans votre langue ? **SL8**

5. Pensez-vous qu'on puisse être à la fois homo recyclus et homo détritus ? Échangez en classe.

Regarder, comprendre et réagir

6. Que désignent les expressions « continent de plastique » ou « 8e continent » ? Échangez en petits groupes.

7. Regardez la vidéo sans le son. Quelles informations les images vous apportent-elles ? **SE**

8. Regardez une deuxième fois la vidéo avec le son. Dites si les affirmations suivantes sont vraies ou fausses.
   - Le continent de plastique s'est formé il y a des milliers d'années. V / F
   - Le 8e continent est constitué de cinq poubelles géantes. V / F
   - Le 8e continent a été découvert par hasard en 1997 dans le Pacifique Nord. V / F
   - Il faut moins de 450 ans pour qu'une bouteille en plastique disparaisse. V / F

Mon panier de lexique

Quels mots de ces pages voulez-vous retenir ? Écrivez-les.

Ah bon ?!

Le **sac plastique** n'a pas le même nom partout. On l'appelle un sac de caisse, ou un sac bretelle au Québec, un cornet en Suisse romande, un sachet en région Alsace-Lorraine et en Belgique, une poche dans le Sud-Ouest de la France, et un pochon en Bretagne. On entend aussi nylon ou bourse dans certaines régions de France.

cent un **101**

UNITÉ 7

Avant de lire

1. Chez vous, le tri sélectif existe-t-il ? Le pratiquez-vous ? En connaissez-vous toutes les règles ? Échangez en classe. **SL2**

MAIRIE DE CUGES ///// DIRECTION DE LA GESTION DES DÉCHETS

♻ RECYCLER, À CONDITION DE BIEN TRIER ♻

Le tri sélectif est aujourd'hui une habitude dans le quotidien de beaucoup de Français. Cependant, c'est parfois un vrai casse-tête de trier, car toutes les villes n'ont pas les mêmes règles et les mêmes codes de couleurs sur les poubelles. De plus, seule une petite partie de nos déchets sont recyclables. Pour être recyclé, un objet doit présenter certaines caractéristiques (matériau, épaisseur, composition, etc.). En 2022, toute la France aura les mêmes règles, mais pour vous aider à bien trier aujourd'hui, la mairie de Cuges vous propose de tester vos connaissances !

🗑 LE VERRE

1. Le verre est une des seules matières recyclables à l'infini…
   - A y compris le verre cassé.
   - B sauf s'il est cassé.

2. Dans les containers de verre, on peut jeter toutes les bouteilles…
   - A à condition qu'elles n'aient pas contenu de produit toxique.
   - B y compris les bouteilles de produits dangereux.

3. On peut jeter les bouteilles avec leur bouchon…
   - A à condition qu'elles soient bien fermées.
   - B excepté si les bouchons sont en métal.

🗑 LE PLASTIQUE

4. Dans la poubelle pour le recyclage plastique…
   - A on peut aussi jeter les briques alimentaires (lait, jus, etc.) et les boîtes de conserve.
   - B on ne peut jeter que du plastique.

5. Dans la poubelle jaune, on peut jeter les emballages en plastique…
   - A sans les avoir lavés avant.
   - B sauf si on les a lavés avant.

6. On peut jeter les bouteilles en plastique dans les containers…
   - A à condition de les compresser.
   - B à l'exception des bouteilles compressées.

🗑 LE PAPIER ET LES CARTONS

7. On met dans la poubelle « carton » tous les cartons…
   - A à condition qu'ils ne soient pas trop sales ou trop humides.
   - B les emballages sales inclus.

8. Les papiers sont presque toujours recyclés…
   - A sauf les papiers photo, qui sont plastifiés et nécessitent un traitement spécifique.
   - B à condition d'être coupés en petits morceaux.

🗑 LE MÉTAL

9. L'acier ou l'aluminium sont recyclables…
   - A sauf s'ils sont trop fins.
   - B y compris les capsules de café.

🗑 LES DÉCHETS ALIMENTAIRES

10. Il ne faut pas jeter les huiles alimentaires dans les canalisations…
    - A sinon ça les bouche.
    - B sauf si on les filtre avec un appareil spécial.

🗑 LES VÊTEMENTS

11. On peut déposer dans des containers tous les vêtements…
    - A à condition qu'ils soient propres et secs.
    - B le cuir et la fourrure exclus.

12. On peut aussi y déposer des chaussures…
    - A si elles sont attachées par paires.
    - B y compris celles en mauvais état.

RÉSULTAT : Vous avez une majorité de

- **A** Vous êtes un/e vrai pro du tri sélectif. Félicitations ! Mais, si vous avez des questions ou des doutes, n'hésitez pas à venir nous voir.
- **B** Le recyclage est vraiment un casse-tête pour vous ! Consultez notre guide pour un recyclage pratique et responsable.

Ah bon ?!

81 % des Français considèrent **le tri des déchets** comme l'action citoyenne la plus importante après le vote. C'est le premier geste environnemental des Français.

DOSSIER 1 | CONSTRUIRE ET (INTER)AGIR

Lire, comprendre et réagir

2. Lisez l'introduction. Comment comprenez-vous l'expression « casse-tête » pour parler du tri sélectif ? **SL6**

3. Faites le test. Êtes-vous surpris par votre résultat ?

4. La communication de la mairie de Cuges sur le tri sélectif vous semble-t-elle pertinente et efficace ? Échangez en classe.

5. À votre avis, pourquoi certaines personnes ne pratiquent-elles pas le tri sélectif ?

6. Lisez l'encadré *Ah bon ?!* Partagez-vous l'opinion des Français ?

Travailler la langue

7. Repérez dans le test les mots qui expriment une condition, puis complétez le tableau.

EXPRIMER LA CONDITION

- **pour** + verbe ou nom, **devoir / falloir**
Ex.: *Pour être recyclé, un objet **doit** présenter certaines caractéristiques.*
- **à condition de** + ⬜
Ex.: ...
- **à condition que** + phrase au ⬜
Ex.: ...
- **si** + phrase à l'indicatif
Ex.: ...
- **sinon** + phrase à l'indicatif
Ex.: ...

On utilise **sinon** pour introduire la conséquence d'une condition non respectée. Il n'est jamais placé en début de phrase.

→ CAHIER D'EXERCICES P. 53

8. Repérez dans le test les mots qui expriment l'exclusion, puis complétez le tableau.

EXPRIMER L'EXCLUSION

- **sauf si / à part si / excepté si** + phrase
Ex.: ...
- **sauf / à part / excepté** + ⬜
Ex.: ...
- **à l'exception de** + ⬜
Ex.: ...
- **sans** + infinitif ou infinitif passé
Ex.: ...
- ⬜ + **exclu**
Ex.: ...

→ CAHIER D'EXERCICES P. 53

Travailler la langue

9. Repérez dans le test les mots qui expriment l'inclusion, puis complétez le tableau.

EXPRIMER L'INCLUSION

- **Y compris** + ⬜
Ex.: ...
- ⬜ + **inclus**
Ex.: ...
- nom ou verbe + **aussi**
Ex.: ...

→ CAHIER D'EXERCICES P. 53

Écouter, comprendre et réagir

10. Écoutez le dialogue entre un jeune homme et une dame âgée dans le local à poubelles de leur immeuble à Paris. Qui est le/la mieux informé/e ? Pourquoi ? **SE**

11. Réécoutez, puis écrivez sur chaque poubelle ce qu'on doit y jeter.

Produire et interagir

12. À deux, écrivez les conditions nécessaires pour réutiliser ou recycler…

- votre manuel *Défi*.
- vos vêtements.
- vos appareils électroménagers.
- vos meubles.

— *On peut réutiliser « Défi » à condition qu'il soit en bon état…*

13. Quelles sont les règles de recyclage dans l'établissement où vous étudiez ? S'il n'y en a pas, inventez-les. Puis, rédigez un mémento.

14. À deux, à l'aide des tableaux des activités 7, 8 et 9, imaginez les habitudes alimentaires d'une personne extrêmement difficile. Ensuite, décrivez celles d'une personne qui aime tout.

• *Cette personne ne mange pas de viande sauf si elle est biologique, et elle en mange à condition que l'animal n'ait pas souffert.*

15. À deux, écrivez une scène de théâtre entre madame Quisaittout et monsieur Jensaisrien sur le tri sélectif. Situez la scène dans la cuisine, le local à poubelles, la rue ou la plage. Donnez votre dialogue à un autre groupe qui le joue.

cent trois **103**

UNITÉ 7

Avant de lire

1. À votre avis, que peut-on faire pour consommer moins de plastique ? Échangez en classe. SL2

des initiatives en francophonie contre le plastique

Si on ne fait rien, en 2050, il y aura dans les océans plus de plastique que de poissons. Face à ce constat terrifiant, en 2018, des pays comme le Bénin ou des villes comme Montréal ont interdit les sacs en plastique. Aux Seychelles, une campagne de sensibilisation a conduit à l'interdiction des pailles en plastique à usage unique sur l'archipel. Mais que peut-on faire au niveau individuel ? Focus sur quelques initiatives écocitoyennes.

Au Congo

Bien que la République démocratique du Congo ait interdit officiellement les sacs plastique en 2012 pour résoudre le problème des déchets plastique, ils sont toujours distribués sur les marchés et finissent souvent dans le fleuve Congo. À Bunia, dans le nord-est du pays, Toussaint Bobo tente de sensibiliser les habitants au recyclage, en transformant les déchets plastique en objets d'artisanat qu'il vend sur les marchés (des sacs à main, des babouches ou des vêtements). Avec cette modeste initiative, Toussaint arrive à vivre et à faire travailler une vingtaine de personnes.

En France

Les pailles sont l'un des déchets plastique les plus retrouvés sur les plages. Dans la restauration rapide, on en jette chaque jour près de neuf millions ! C'est pourquoi, au lycée Kléber à Strasbourg, huit élèves et un prof d'économie ont décidé de se mobiliser en créant une entreprise. Ils ont consacré du temps et beaucoup d'énergie à leur projet. Résultat ? PopStraw, une mini-entreprise produisant des pailles qui se décomposent en six à neuf mois. Beaucoup de bars strasbourgeois se fournissent auprès de PopStraw, et certains supermarchés de la région commercialisent désormais les pailles écolo.

En Belgique

Le mouvement citoyen Plastic Attack dénonce le suremballage dans nos grandes surfaces. Comment ? En se réunissant dans les supermarchés pour libérer les produits suremballés de leur plastique (après les avoir payés !). Leur but ? Alerter et responsabiliser les chaînes de grande distribution de manière pacifique et participative. Plastic Attack existe aussi en France, où le groupe a lancé une pétition en ligne pour demander aux supermarchés d'éliminer de leurs rayons les emballages plastique inutiles. Et ça semble marcher, certains supermarchés ont déjà pris des engagements.

Toutes ces initiatives ne sont que des exemples parmi des centaines d'autres dans le monde. Elles démontrent une réelle prise de conscience des populations et une volonté d'agir localement. Des gouttes d'eau dans l'océan ?

Ah bon ?!

Le mot **écocitoyen** vient de l'association des mots « écologie » et « citoyen ». Il désigne une personne qui vit et consomme tout en essayant de respecter l'environnement.

DOSSIER 1 | CONSTRUIRE ET CRÉER

Lire, comprendre et réagir

2. Lisez l'article. Trouvez un ou deux adjectifs pour qualifier chaque initiative. Puis, échangez en petits groupes pour choisir l'adjectif le plus pertinent pour chaque initiative.

3. À deux, expliquez le fonctionnement et l'objectif de chaque initiative.

4. Dans quel type d'initiative vous reconnaissez-vous?

5. Comment comprenez-vous l'expression « des gouttes d'eau dans l'océan » à la fin de l'article ? Pensez-vous que ces initiatives en soient ?

6. Connaissez-vous des initiatives similaires ?

Travailler la langue

7. Observez dans l'article comment se construisent les verbes suivants. Puis, complétez avec *quelqu'un* ou *quelque chose*.

> **LES VERBES DE L'ENGAGEMENT CITOYEN**
>
> Résoudre ....
> Sensibiliser .... à ....
> Consacrer .... à ....
> Dénoncer ....
> Alerter ....
> Responsabiliser ....

→ CAHIER D'EXERCICES   P. 53

8. Ces verbes se construisent-ils de la même manière dans votre langue ou dans les langues que vous connaissez ?

9. Soulignez dans le document les autres mots ou expressions pour parler de l'engagement citoyen.

Regarder, comprendre et réagir

10. Regardez ce reportage sur l'entreprise Thouy à Castres en France, puis répondez aux questions. [SE]
    - Que produit-elle ?
    - Quelle est la particularité des articles fabriqués ?
    - Quels sont leurs avantages ?
    - Comment est le marché actuellement ?

11. Revisionnez le reportage. Que représentent ces chiffres ? Associez et complétez.

    10 ○   ○ c'est la surface en m² de...
    50 ○   ○ c'est le nombre de tonnes de...
    4000 ○   ○ c'est l'âge de...
    4 000 000 ○   ○ c'est le pourcentage de...

12. Visionnez une dernière fois la vidéo en prenant des notes. Puis, à deux, rédigez une présentation de cinq lignes de l'entreprise Thouy : ses produits, son évolution, les raisons de son succès...

Produire et interagir

13. Pensez à tout le plastique présent dans votre quotidien. Comment pourriez-vous le réduire ? Écrivez une liste d'engagements personnels.

14. En petits groupes, lisez votre liste. Avez-vous des engagements communs ? Y a-t-il des solutions pertinentes ?

15. À deux, imaginez la journée de « l'homo plasticus » du petit déjeuner au coucher.

16. Écrivez des tweets absurdes à l'aide de l'activité 7.

    —*Des ados lancent une pétition en ligne pour sensibiliser leurs parents aux mauvaises notes. #ZéroSurVingt*

17. À deux, imaginez l'interview d'un écocitoyen. Préparez les questions et les réponses, puis jouez la scène devant la classe.

DÉFI #01
RÉDIGER UN TEST SUR L'ÉCOCITOYENNETÉ

Vous allez rédiger un test pour savoir si les francophones de l'école sont des homo détritus ou des homo recyclus.

▶ Faites une liste des thèmes sur lesquels vous pouvez poser des questions. Par exemple, le recyclage, la diminution du plastique, le gaspillage, l'engagement, etc.

▶ À deux, choisissez un thème. Écrivez deux ou trois questions avec deux choix de réponses, comme sur le document de la page 102 : réponse A pour l'homo détritus ; et réponse B pour l'homo recyclus. Faites des recherches si nécessaire.

▶ Mettez en commun toutes les questions pour créer un seul test.

▶ Divisez la classe en deux groupes : l'un rédige les résultats du test pour les réponses A (l'homo détritus). L'autre groupe rédige les résultats pour les réponses B (l'homo recyclus).

▶ Distribuez ce test à tous les francophones de votre école. Sont-ils des homo détritus ou des homo recyclus ?

cent cinq **105**

UNITÉ 7

Les rayons du soleil brûleront la terre, le ciel s'ouvrira et les champs brûleront à cause de la chaleur.
Extrait des *Prophéties* de Nostradamus

Nostradamus
Poète fou ou voyant génial ?

DANS UNE ÉPOQUE AGITÉE où notre planète souffre, les interprétations des prévisions de Nostradamus amusent autant qu'elles inquiètent.

Le pharmacien français pouvait voir le futur en regardant dans un bol rempli d'eau et en observant le liquide.

C'est avec cette méthode qu'il écrit, en 1555, les mystérieux paragraphes de son livre *Les Prophéties*. Il y utilise un langage énigmatique et métaphorique, mélange de français, de grec, de latin et de provençal. On compte aujourd'hui plus de 400 interprétations des écrits du poète que certains considèrent comme un vrai prophète. Nostradamus semble, par exemple, avoir prédit plusieurs événements comme la mort du roi français Henri II en 1559 ou le grand incendie de Londres de 1666.

SA PRÉDICTION LA PLUS TERRIFIANTE semble évoquer une troisième guerre mondiale dans la première moitié du XXIe siècle. Par ailleurs, beaucoup de ses écrits font penser aux conséquences du réchauffement climatique actuel. Que l'on y croie ou non, la coïncidence entre ce qui semble décrit et ce que nous vivons est intéressante. Voici une sélection des interprétations de ses prophéties les plus effrayantes. →

Les catastrophes naturelles

Un tremblement de terre   Une tornade   La sécheresse

DOSSIER 2 | DÉCOUVRIR

Ah bon ?!

Michel de Nostredame (1503-1566), dit **Nostradamus**, était un pharmacien, poète et astrologue français surtout connu pour ses prédictions. À son époque, prévoir l'avenir était considéré comme de la sorcellerie, c'est pourquoi il écrivait ses visions dans des poèmes complexes, compréhensibles seulement après les événements.

En 2025, notre monde entrera dans une période de lumière et de paix mais, avant cela, nous traverserons un cycle de mort commencé en 2018.

Un tremblement de terre frappera l'ouest de l'Amérique du Nord. Il provoquera de nombreuses catastrophes comme des intempéries et des ouragans.

L'Europe risque d'être frappée par de violentes inondations de plus en plus fréquentes.

Le monde connaîtra une multiplication des flux migratoires causés par des guerres ou des sécheresses.

Les changements climatiques affecteront la planète et pourraient provoquer des conflits armés.

Beaucoup de forêts disparaîtront.

L'espèce humaine se sentira plus proche des espèces animales. Peut-être pourront-elles un jour communiquer…

Avant de lire

1. Connaissez-vous Nostradamus ? Que savez-vous de lui ? Échangez en classe. **SL2**

2. Lisez l'encadré *Ah bon ?!* et faites des recherches pour compléter vos connaissances. **SL5**

Lire, comprendre et réagir

3. Lisez la citation extraite des *Prophéties* de Nostradamus. À quel phénomène mondial vous fait-elle penser ?

4. Lisez le texte. Quelle méthode utilisait Nostradamus ?

5. À votre avis, pourquoi y a-t-il plus de 400 interprétations des écrits de Nostradamus ? Échangez en classe.

6. Relisez les prédictions. Laquelle vous semble la plus crédible ? Échangez en classe.

7. Relisez le titre de l'article. Quelle est votre réponse personnelle ? Échangez en petits groupes.

Regarder, comprendre et réagir

8. Regardez la vidéo sur le changement climatique. ▶ 16 Qu'explique-t-elle ? Échangez en petits groupes. **SE**

9. Complétez la définition suivante à l'aide de la vidéo.

   Ils existent dans l'atmosphère depuis toujours et maintiennent la terre à une température moyenne de 15 degrés, ce sont les…

10. Selon les scientifiques, que va-t-il se passer d'ici 2100 ?

Mon panier de lexique

Quels mots sur le climat et les phénomènes naturels voulez-vous retenir ? Écrivez-les.

Une inondation    Un incendie    Un tsunami

UNITÉ 7

Avant de lire

1. Connaissez-vous la théorie de l'effet papillon ? En petits groupes, expliquez-la avec vos mots. SL2

Les chenilles, les abeilles et l'effet papillon

ENVIRONNEMENT

Le battement d'ailes d'un papillon au Brésil peut-il provoquer une tornade au Texas ?

Le battement d'ailes d'un papillon au Brésil peut-il provoquer une tornade au Texas ? s'interrogeait le météorologue Edward Lorenz en 1972. Selon lui, un fait anecdotique pourrait avoir des conséquences considérables à l'échelle de la planète. Aujourd'hui, l'impact du réchauffement climatique est tellement complexe qu'on parle souvent d'effet papillon pour le décrire. En effet, un changement de quelques dixièmes de degrés dans une zone géographique peut parfois conduire à l'extinction d'une espèce.

L'homme, premier élément perturbateur

Les avancés techniques de l'homme (maîtrise du feu, révolution industrielle…) ont toujours causé des changements dans les écosystèmes naturels et provoqué la disparition d'espèces. Par exemple, 25 % des mammifères sont menacés de disparition à cause de la chasse et la pêche intensive et à cause de la dégradation de leur environnement. Mais l'activité humaine aggrave également le changement climatique, qui a des conséquences énormes sur la survie des espèces animales et végétales.

L'effet papillon

En raison du réchauffement climatique, des animaux sont obligés de quitter leur environnement naturel, ce qui entraîne de grands changements.

PREMIÈRE CONSÉQUENCE : certaines espèces doivent alors se déplacer vers le Nord. Les papillons ou les moustiques migrent rapidement, mais d'autres espèces, incapables de bouger, disparaissent.

DEUXIÈME ÉTAPE : les espèces fuyant la chaleur arrivent dans des écosystèmes nouveaux et deviennent des dangers pour les espèces locales. Par conséquent, celles-ci doivent migrer pour survivre et vont causer à leur tour d'autres problèmes. C'est, par exemple, le cas de la chenille du pin, un parasite qui fuit son habitat naturel et menace les forêts plus au nord. Mais, quand une espèce ne peut pas migrer, elle essaye de s'adapter : certaines plantes fleurissent avant la saison pour mieux résister à la sécheresse.

TROISIÈME ÉTAPE : tout ceci entraîne un phénomène appelé la désynchronisation des espèces. Étant donné que ces espèces sont dépendantes les unes des autres, la disparition ou l'adaptation de l'une d'entre elles peut bouleverser tout l'équilibre de la faune et de la flore. Par exemple, si une plante fleurit avant l'arrivée des abeilles, elle met en danger sa propre survie, puisque c'est cet insecte qui permet sa reproduction.

L'homme, dernier élément perturbé

Enfin, malgré ses capacités d'adaptation, l'homme lui-même est victime du dérèglement climatique. Comme nous dépendons de l'équilibre des écosystèmes pour notre alimentation et notre santé, nous subissons les impacts de tous ces changements, d'où l'importance de mieux connaître ces mécanismes pour sauvegarder les espèces, y compris la nôtre.

D'après https://lareleveetlapeste.fr/leffet-papillon-changement-climatique-deregle-toutes-especes-vivantes/

DOSSIER 2 | CONSTRUIRE ET (INTER)AGIR

Lire, comprendre et réagir

2. Lisez les titres des paragraphes. À votre avis, de quoi va parler l'article ? SL7

3. Lisez l'article. À deux, créez un schéma illustrant les différentes étapes du cercle vicieux décrit dans l'article.

4. Quel lien y a-t-il entre le titre et le contenu de l'article ? Échangez en classe.

5. Avez-vous remarqué des conséquences du réchauffement climatique autour de vous ?

   • *J'ai l'impression qu'il y a des moustiques même en hiver.*

Travailler la langue

6. Soulignez dans l'article les expressions qui introduisent une cause (en bleu) ; et une conséquence (en vert). Puis, complétez le tableau.

EXPRIMER LA CAUSE ET LA CONSÉQUENCE

La cause
- **car, comme** + phrase
Ex. :
- _____, **à cause de, dû (due) à** + nom
Ex. :
- **puisque, étant donné que** + _____
Ex. :

La conséquence
- **causer,** _____**,** _____ + nom
Ex. :
- **tellement** + adjectif ou adverbe + **que** + phrase
Ex. :
- **alors,** _____ + phrase
Ex. :
- **d'où** + nom
Ex. :

→ CAHIER D'EXERCICES P. 53

7. Complétez l'encadré avec les noms qui correspondent aux verbes. Puis, vérifiez vos réponses dans l'article.

LA NOMINALISATION

Les noms en -ion ♀
polluer →
éteindre →
augmenter →
disparaître →
dégrader →
adapter →
reproduire →
alimenter →

Les noms en -ment ♂
réchauffer →
battre →
changer →
dérégler →

→ CAHIER D'EXERCICES P. 53

Regarder, comprendre et réagir

8. Regardez la suite de la vidéo sur le changement climatique. Quelles conséquences sont évoquées dans la vidéo et dans l'article ? Échangez en petits groupes. SE

9. Regardez à nouveau la vidéo. Quelles autres conséquences sont mentionnées dans la vidéo ? À deux, reformulez-les.

10. À quoi correspondent les chiffres 82 et 20 000 évoqués dans la vidéo ?

Produire et interagir

11. À deux, expliquez les causes de ces phénomènes. Faites des recherches si nécessaire.
    - Le Titanic a coulé.
    - Pompéi a disparu.
    - Les habitants de l'île de Pâques ont disparu.
    - Les dinosaures ont disparu.
    - Les Québécois parlent français.

12. À deux, imaginez que vous êtes un/e philosophe ou un/e scientifique. Écrivez des citations comme « je pense, donc je suis » à l'aide des étiquettes.

    par conséquent   alors   donc   d'où

    — *J'aime les papillons, alors je sauve les chenilles.*

13. En classe, faites une liste de phénomènes (réels ou imaginaires) à l'aide des noms de l'activité 7.

    — *La pollution des océans*
    — *Le réchauffement de l'eau de la piscine municipale*

14. À deux, choisisssez deux phénomènes de l'activité 13, qui pourraient avoir une relation logique, selon vous. Rédigez un court texte pour expliquer cette relation à l'aide des mots en étiquettes.

    comme   étant donné que   puisque   en raison de

    — *La pollution des océans entraîne le réchauffement de l'eau de la piscine municipale. Étant donné que les océans sont pollués et comme de plus en plus de touristes aiment se baigner...*

UNITÉ 7

Avant de lire

1. Quelles sont les conséquences du réchauffement climatique sur les mers et les océans ? Échangez en classe. SL2

2. Situez sur une carte la Nouvelle-Calédonie. À votre avis, quels problèmes écologiques connaît cette île ? SL3

COURRIER DES LECTEURS

Envie de réagir, de préciser quelque chose ou de nous poser une question ?
Écrivez-nous à courrier-defi3@defi3.fr

Notre article sur Nostradamus vous a fait réagir. Nous publions ici le courrier de Maïna, habitante de Nouvelle-Calédonie.

Bonjour,

Je me permets de vous écrire suite à votre article sur les prophéties de Nostradamus qui m'a un peu choquée. Je crains, en effet, que beaucoup de vos lecteurs comprennent mal votre intention et associent le réchauffement climatique aux délires d'un voyant de la Renaissance.

Le réchauffement climatique est une chose sérieuse. Face aux théories climatosceptiques, je tiens à vous faire part de mon inquiétude devant les conséquences alarmantes de la hausse du niveau de la mer, qui sont dans le Pacifique Sud une réalité très concrète.

J'ai l'impression qu'en Métropole le réchauffement climatique inquiète assez peu et qu'on est plus préoccupé par l'astrologie que par la montée des eaux. La situation que nous vivons ici devrait pourtant vous préoccuper, car tous les territoires seront tôt ou tard touchés. Les nôtres le sont déjà. Certains villages ont les pieds dans l'eau, et l'inquiétude grandit dans tout l'archipel : les enfants ont peur des grosses vagues, les anciens craignent les tempêtes de plus en plus fréquentes, et certaines familles quittent le littoral pour les montagnes, car ils ont peur que leurs maisons disparaissent. Chez moi, quand le vent souffle fort, on dirait que la mer mange la côte, c'est effrayant !

Nous avons toujours vécu en harmonie avec la mer et au rythme des marées. Cette harmonie est aujourd'hui en danger. Je parle d'un phénomène global qui devrait sérieusement inquiéter notre pays, car la France possède 2 050 îles dans tous les océans. J'ai lu une étude terrifiante selon laquelle la France perdrait 6 % de ses îles si le niveau de la mer augmentait de 1 mètre d'ici 2100, (12 % pour une montée des eaux de 3 mètres). La Polynésie française et la Nouvelle-Calédonie seraient les régions les plus touchées. Par ailleurs, les scientifiques sont aussi inquiets pour la biodiversité. En effet, une île qui disparaît, ce sont aussi des espèces végétales qui disparaissent. Plus de 300 espèces seraient menacées.

Il y a de quoi se faire du souci pour la planète ! Et le sujet mérite mieux qu'un article sur un poète illuminé !

Maïna

DOSSIER 2 | CONSTRUIRE ET CRÉER

Lire, comprendre et réagir

3. Lisez le document. D'où Maïna écrit-elle? À qui? Pourquoi?

4. Dans quel état d'esprit Maïna se trouve-t-elle quand elle écrit? Justifiez votre réponse.

5. Sur quels faits concrets se base Maïna pour développer ses arguments?

6. Est-ce que la montée des eaux concerne votre pays ou un pays que vous connaissez? Comment?

Travailler la langue

7. Soulignez les verbes qui expriment un sentiment, puis complétez le tableau.

EXPRIMER L'INQUIÉTUDE, L'ANGOISSE, LA PEUR

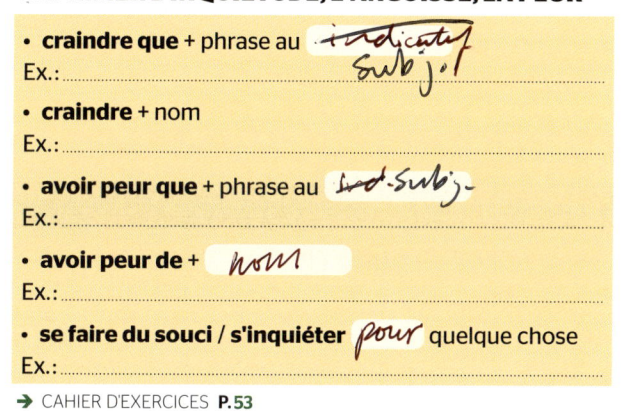

- **craindre que** + phrase au *indicatif subjonctif*
  Ex.: ...
- **craindre** + nom
  Ex.: ...
- **avoir peur que** + phrase au *subj-subj*
  Ex.: ...
- **avoir peur de** + *nom*
  Ex.: ...
- **se faire du souci / s'inquiéter** *pour* quelque chose
  Ex.: ...

→ CAHIER D'EXERCICES P. 53

8. Observez, puis complétez le tableau et les phrases d'exemple.

verbe	adjectif qui exprime l'action	adjectif qui exprime le résultat
préoccuper	préoccupant/e	
alarmer		alarmé/e
effrayer		effrayé/e
terrifier		terrifié/e
	inquiétant/e	inquiet(ète)

→ CAHIER D'EXERCICES P. 53

La montée des eaux .... les populations.
Les gens sont .... par la montée des eaux.
La montée des eaux est ....

Écouter, comprendre et réagir

9. Écoutez le reportage. De quelles augmentations parle-t-on? Relevez les chiffres, puis reformulez les deux informations avec vos propres mots.
🎧 28

Produire et interagir

10. Quelles sont vos inquiétudes? Écrivez-les sur une feuille à l'aide des phrases suivantes. Mélangez et redistribuez les feuilles, puis essayez de deviner qui a écrit quoi.

    - J'ai peur des…
    - Je m'inquiète pour…
    - Je crains que…
    - Je me fais du souci pour…
    - J'ai peur que…

11. À deux, faites des recherches et définissez les mots en étiquettes.

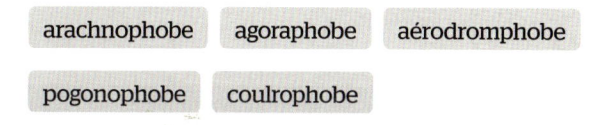

    arachnophobe   agoraphobe   aérodromphobe
    pogonophobe   coulrophobe

    • *Un arachnophobe, c'est quelqu'un qui craint les araignées.*

12. À deux, inventez d'autres types de personnes souffrant de peurs irrationnelles. Puis, dites-les à vos camarades qui les définissent.

    • *Qu'est-ce qu'un subjonctiphobe?*
    ○ *C'est quelqu'un qui est terrifié par le subjonctif.*

13. En petits groupes, faites la liste des peurs et des craintes les plus communes dans votre société. Puis, classez-les de la moins inquiétante à la plus terrifiante.

    — *La peur de perdre son travail.*
    — *La peur de…*

14. Faites des recherches sur les conséquences du réchauffement climatique sur une île de votre choix. Prenez des notes, puis rédigez un texte explicatif d'environ 100 mots pour résumer ce que vous avez appris.

DÉFI #02
FAIRE DES PRÉDICTIONS APOCALYPTIQUES

Vous allez écrire des prédictions apocalyptiques pour 2050 et y réagir.

▶ En petits groupes, choisissez un thème parmi les étiquettes suivantes.

   la terre   l'air   l'eau   les animaux   les humains

▶ Écrivez une prédiction en précisant ses causes et ses conséquences.
   — *En 2050, un accident nucléaire provoquera un tsunami en Amérique du Sud. Il entraînera des millions de réfugiés climatiques.*

▶ Proclamez votre prédiction à la classe qui réagit. Puis, votez pour les prédictions les plus effrayantes.

cent onze **111**

UNITÉ 7 | S'APPROPRIER LES MOTS

Les mots assortis

1. Complétez les séries.

une espèce • animale • ....

la disparition • .... • d'une espèce

recycler • .... • .... • les déchets

La grammaire des mots

2. Complétez les verbes avec la préposition adéquate. Puis, formez des phrases pour faire le portrait du citoyen écoresponsable.

- Être préoccupé/e ....
- Avoir conscience ....
- Être sensible ....
- Consacrer du temps ....
- S'informer ....

3. Complétez les phrases avec des exemples personnels.

- J'ai conscience que / de ....
- Je suis conscient/e de / que ....
- J'ai pris conscience de / que ....
- .... m'a fait prendre conscience de / que ....

Mes mots

4. Faites une liste des emballages présents dans votre quotidien. Que contiennent-ils en général ?

- Les sacs plastique (les fruits, les légumes, etc.)
- ....
- ....
- ....

5. Faites une liste des catastrophes naturelles.

- ....
- ....
- ....
- ....
- ....
- ....

6. Faites une carte mentale sur le thème de l'eau avec les mots de l'unité.

L'eau

112 cent douze

On lâche rien ! 08

DOSSIER 01
Les inégalités

CULTURE(S) ET SOCIÉTÉ(S)
- Les inégalités en France
- Les « Gilets jaunes »
- *Le Manifeste des femmes* au Québec

GRAMMAIRE
- la mise en relief avec *ce qui, ce que, ce dont* (2)
- exprimer une volonté

COMMUNICATION
- échanger sur les inégalités
- parler de mouvements contestaires
- demander, revendiquer

LEXIQUE
- les inégalités
- la contestation, la colère
- les verbes pour demander (*souhaiter, exiger...*)

DÉFI #01
RÉDIGER LE MANIFESTE D'UNE SOCIÉTÉ IDÉALE

DOSSIER 02
Les incivilités

CULTURE(S) ET SOCIÉTÉ(S)
- La lutte contre les incivilités en Belgique et au Sénégal
- Une lettre de plainte à un voisin
- Râler, c'est bon pour la santé

GRAMMAIRE
- le participe présent (2)
- le conditionnel (rappel)

COMMUNICATION
- échanger sur les incivilités
- faire respecter ses droits
- partager une information incertaine
- s'énerver, râler, réagir à des insultes

LEXIQUE
- les incivilités, l'incivisme
- le bruit
- la dispute, les insultes
- les émotions négatives

DÉFI #02
ORGANISER UNE RÉUNION PUBLIQUE

DÉFI #03 NUMÉRIQUE
espacevirtuel.emdl.fr

UNITÉ 8

Les inégalités en France

Dans l'ambitieuse devise de la France « liberté, égalité, fraternité », le deuxième point tient davantage de l'idéal que de la réalité, tant les écarts de situation persistent entre les citoyens. C'est ce que relève le deuxième rapport de l'Observatoire des inégalités. Cette association, qui rassemble une trentaine d'experts et chercheurs, s'appuie sur des statistiques diverses (Insee, ministères…) et travaux universitaires pour dresser un état des lieux des domaines où il est « urgent d'agir » pour réduire les décalages.

Plus d'un quart des revenus pour 10 % de la population

La première des inégalités est financière et concerne les revenus. Malgré le système de redistribution (impôts et prestations sociales), les 10 % des Français les plus riches possèdent à eux seuls plus du quart des revenus [nationaux].

Des décalages qui s'amplifient dans le temps

Ces inégalités tendent à s'amplifier, puisque les augmentations de revenus ne profitent pas également à tous : entre 2003 et 2013, les plus modestes ont gagné en moyenne 2,3 % de pouvoir d'achat alors que, sur la même période, les 10 % les plus riches ont vu leurs revenus augmenter vingt fois plus (42,4 % de hausse).

Mesurer l'inégalité hommes-femmes

[…] Les femmes gagnent en moyenne 18,6 % de moins que les hommes, l'écart s'élève à 448 euros nets en 2014. Une moyenne qui cache des écarts plus importants chez les cadres à hauts revenus (20 %) que chez les ouvriers (8,9 %), et des situations professionnelles diverses. En effet, les femmes occupent davantage d'emplois à temps partiel ou moins qualifiés.

Un million de pauvres supplémentaire en dix ans

On compte entre 950 000 et 1,2 million de pauvres supplémentaire entre 2004 et 2014, soit une hausse de 1,2 %. Les jeunes sont les premières victimes de la pauvreté, selon le rapport : elle touche près de 900 000 enfants de moins de 10 ans, soit plus d'un sur dix.

Des inégalités qui commencent dès l'école

Le décalage de chances entre les enfants commence dès l'école primaire : selon le ministère de l'Éducation nationale, plus de 20 % des élèves dont les parents sont sans emploi et 10 % des enfants d'ouvriers ont déjà redoublé à l'entrée en sixième, contre seulement 3 % des enfants de cadres. Ces inégalités se retrouvent en fin de parcours scolaire. En effet, les enfants de cadres supérieurs ou d'enseignants ont dix fois plus de chance d'obtenir un bac + 5 que les enfants d'ouvriers.

Ah bon?!

L'Insee (l'Institut national de la statistique et des études économiques) est chargé de la production, de l'analyse et de la publication des statistiques officielles en France.

DOSSIER 1 | DÉCOUVRIR

20 % de chômage chez les ouvriers non qualifiés

Le chômage de masse, qui touche 2,9 millions de personnes en France, constitue un vecteur d'appauvrissement et d'inégalités. Là encore, on constate d'importants écarts entre les catégories socioprofessionnelles, puisque les employés les moins qualifiés sont les premiers touchés par la crise économique.

7,7 millions en situation de « mal-emploi »

Selon l'Observatoire des inégalités, les 2,9 millions de chômeurs ne sont que la partie émergée de l'iceberg. En effet, le rapport estime que 1,4 million d'inactifs non recensés par Pôle emploi souhaiteraient travailler sans qu'ils parviennent à trouver d'emploi (seniors, femmes au foyer…). Par ailleurs, 3,4 millions de travailleurs occupent un emploi précaire ou mal rémunéré (CDD, intérim, stages). Au total, 7,7 millions de personnes seraient en situation de « mal-emploi ».

Source : extrait de www.lemonde.fr
Par Anne-Aël Durand, publié le 30 mai 2017

Avant de lire

1. Selon vous, est-ce que la France est un pays égalitaire ? Dans quel domaine ? Échangez en classe. `SL2`

Lire, comprendre et réagir

2. Lisez l'introduction de l'article. Comment comprenez-vous la première phrase ? Selon vous, de quelles inégalités l'article va-t-il parler ? `SL1`

3. Lisez les intertitres. Selon vous, de quoi va parler chaque paragraphe ? `SL7`

4. Lisez l'article. Quelles données vous choquent le plus ? Pourquoi ?

5. À partir des données de l'article, expliquez les différences entre une famille d'ouvriers et de cadres.

6. Pourquoi l'Observatoire des inégalités affirme-t-il que les 2,9 millions de chômeurs ne sont que la partie émergée de l'iceberg ? Expliquez avec vos mots l'expression « mal-emploi ».

7. Dans votre pays, quelles sont les inégalités les plus visibles ? Existe-t-il un système d'aide pour les plus précaires ?

Écouter, comprendre et réagir

8. Écoutez l'économiste Lucas Chancel qui commente le rapport sur les inégalités mondiales de 2018. Dites si les affirmations suivantes sont vraies ou fausses. `SE`

1. La pauvreté recule dans le monde. V/F
2. Il y a peu d'idées reçues sur la mondialisation et ses impacts sur les inégalités. V/F
3. Les inégalités mondiales sont en baisse depuis les années 1980. V/F
4. L'Inde, la Chine et le Brésil sont des pays émergents. V/F
5. Il y a eu une forte croissance dans les pays émergents. V/F
6. Dans les pays émergents, les 1 % les plus riches ont capté 27 % de la croissance totale. V/F
7. Les 15 % les plus pauvres ont capté 1 % de la croissance totale. V/F

9. En petits groupes, comparez vos réponses, puis réécoutez pour les vérifier.

10. Écoutez la suite de l'interview sur la situation en Europe, puis répondez aux questions.

1. Comment les inégalités évoluent-elles en Europe ?
2. Comment Lucas Chancel explique-t-il cette évolution ?
3. Quels sont ses doutes ?

11. Selon vous, les inégalités ont-elles augmenté dans votre pays ces dernières années ? Donnez des exemples concrets. `SE`

Mon panier de lexique

Quels mots de ces pages voulez-vous retenir ? Écrivez-les.

cent quinze **115**

SOCIÉTÉ

Vendredi 8 mars 2019

Une manifestation des « Gilets jaunes » à Paris, le 8 décembre 2018

Les « Gilets jaunes », de la rue au rond-point

Le mouvement des « Gilets jaunes » mobilise des Français de tous horizons. Leur capacité d'organisation surprend les spécialistes. Analyse d'un phénomène nouveau, mais issu d'une longue tradition française.

Les Français ont l'habitude de descendre dans la rue pour manifester leur mécontentement et leur colère, ils l'ont fait en juillet 1789, en mai 1968, en décembre 1995… C'est bien connu, les Français sont contestataires ! Le mouvement des « Gilets jaunes » (commencé en octobre 2018) reste néanmoins un mystère pour les politiques et les sociologues qui tentent de l'associer à des révoltes du passé. Peine perdue, il s'agit bien d'un nouveau genre de mobilisation qui dure et qui ne veut être affilié à aucun parti politique, ni de gauche ni de droite. Ce qui est différent aussi, c'est la variété des sensibilités politiques des manifestants qui vont de l'extrême gauche à l'extrême droite. Ils ne sont associés à aucun syndicat, et leurs revendications sont diverses et variées.

> **Ce mouvement des « Gilets jaunes » montre le mécontentement massif des Français.**

Au départ, plusieurs internautes ont exprimé leur grogne contre la hausse du prix du carburant en poussant des coups de gueule spontanés en ligne (pétition, vidéo, page sur Facebook). Ce ras-le-bol s'est peu à peu transformé en indignation face aux inégalités croissantes. Nombreux sont ceux qui considèrent que les réformes fiscales sont injustes et pénalisent la classe moyenne et les plus précaires. Ce mouvement des « Gilets jaunes » montre le mécontentement massif des Français par rapport à la baisse de leur pouvoir d'achat.

Selon une enquête Ifop-Fiducial réalisée en novembre 2018, près de 70 % des personnes interrogées éprouvent de la sympathie pour le mouvement. Les ouvriers et les employés sont les plus nombreux (77 %) à le soutenir, suivis par les retraités, tandis que les cadres représentent 52 %. Les communes rurales sont plus solidaires (75 %) que les villes de province (70 %) et la région parisienne (59 %). On assiste donc à une double fracture : sociale et géographique (la France rurale *versus* la France urbaine). D'ailleurs, c'est sur les ronds-points dans les campagnes et aux alentours des villes que les manifestants se rassemblent et s'adressent aux automobilistes. Cependant, ce que le reste du monde a vu en boucle sur les chaînes d'information en continu, ce sont les voitures brûlées, l'Arc de triomphe vandalisé et les affrontements entre les casseurs et les forces de l'ordre. Une image faussée des « Gilets jaunes », majoritairement pacifiques, qui a entraîné beaucoup de méfiance envers les médias.

> **« Ce qui est important, c'est de ne rien lâcher ! »**

« Ce qui est important, c'est de ne rien lâcher ! », affirme Pierre, un manifestant. Dans un contexte de crise mondiale, ce dont les politiques doivent se méfier, c'est la colère et la détermination d'un peuple qui se sent méprisé. Emmanuel Macron saura-t-il apaiser le mouvement ? ¤

DOSSIER 1 | CONSTRUIRE ET (INTER)AGIR

Lire, comprendre et réagir

1. Lisez l'article. Quelles sont les particularités du mouvement des « Gilets jaunes » ? Pour quelles raisons manisfestent-ils ?

2. Comment ce mouvement est-il perçu par les Français ?

3. À quels événements correspondent les trois dates dans le premier paragraphe ? Faites des recherches si nécessaire. SL5

4. Expliquez le titre avec vos mots.

5. Dans votre pays, est-il courant de manifester ? Si non, comment le peuple exprime-t-il son mécontentement ?

Travailler la langue

6. Relevez les mots et expressions employés pour parler de la contestation.

7. Repérez dans le deuxième paragraphe les cinq synonymes du mot « colère ». Lequel est le plus familier, selon vous ?

8. Observez ces phrases. Par quoi peut-on remplacer *ce que* et *ce qui* ?
   – **Ce qui** est nouveau, c'est la variété des sensibilités politiques des manifestants.
   – **Ce que** le reste du monde a vu, ce sont les voitures brûlées.

9. Complétez le tableau à l'aide de l'article.

LA MISE EN RELIEF (2)

Pour mettre un élément en évidence, on peut utiliser les structures **ce qui, ce que, ce dont**.

- **Ce qui est** + adjectif, **c'est / ce sont** + _nom_
  c'est (de) + _infinitif_

  Ex. : *Ce qui est différent, c'est la variété.*
  Ex. : *Ce qui est important, c'est de ne rien lâcher !*

- **Ce qui** + _[verbe]_, **c'est / ce sont** + nom
  c'est (de) + infinitif

  Ex. : *Ce qui les énerve, ce sont les injustices sociales.*

- **Ce que** + _[sujet + verbe]_, **c'est / ce sont** + _nom_
  c'est (de) + infinitif

  Ex. : *Ce que le monde a vu, ce sont les voitures brûlées.*

- **Ce dont** + phrase, **c'est / ce sont** + nom

  Ex. : *Ce dont les politiques doivent se méfier, c'est la colère du peuple.*

⚠ Pour parler d'une personne, on utilise **celui qui, celui que, celui dont**, etc.
Ex. : *Celui qui parle aux journalistes, c'est le leader de la manif.*

→ CAHIER D'EXERCICES P. 61

Regarder, comprendre et réagir

10. Regardez l'extrait du discours du président Emmanuel Macron du 10 décembre 2018. Quels sont les deux thèmes traités ? SE

11. Réécoutez les deux premières minutes du discours et entourez les termes entendus.

    revendication – mécontentement – violence – colère
    manifestation – indignation – anarchie – ras-le-bol – désordre
    liberté – grogne – désaccord – inégalité – crainte – paix civile
    révolte

12. Que pensez-vous de sa manière de s'exprimer ? de son langage corporel ? Comparez avec d'autres chefs d'État que vous connaissez.

13. Est-ce que le/la chef/fe d'État de votre pays s'adresse directement au peuple à la télévision ? À quelles occasions ?

14. À deux, réagissez à ce discours et répondez aux questions suivantes.
    - Qu'est-ce qui vous a surpris ?
    - Qu'est-ce qui vous a intéressé ?
    - Qu'est-ce que vous avez trouvé difficile à comprendre ?
    - De quoi vous souviendrez-vous ?
    - De quoi êtes-vous fier(ère) ?

    • *Ce dont je suis fière, c'est avoir compris les idées principales de son discours.*

Produire et interagir

15. Dans votre pays, qu'est-ce que vous trouvez juste ou injuste ? Qu'est-ce qui vous fâche ? Échangez en petits groupes.

16. En petits groupes, imaginez que vous faites partie des « Chaussures vertes », un mouvement social. Expliquez à la classe les raisons de votre colère et les formes de votre contestation.

17. Écrivez deux mots de cette double-page sur deux feuilles. Formez deux équipes. À tour de rôle, tirez au sort un mot et faites-le deviner à la classe. L'équipe qui trouve le mot marque un point.

18. À deux, faites le point sur vos compétences en compréhension orale et écrite du français. Quelles stratégies utilisez-vous ? Quelles sont vos difficultés ? Que pourriez-vous faire pour progresser ?

    • *Ce qui m'aide à comprendre un article, c'est de repérer les idées principales.*
    ○ *Ce que je trouve difficile pour la compréhension orale, ce sont les longues explications.*

UNITÉ 8

Avant de lire

1. Diriez-vous que les hommes et les femmes sont égaux dans votre pays ? Quels sont les domaines où l'inégalité est la plus forte ? et la plus faible ? SL2

SOCIÉTÉ — Les droits des femmes au Québec

Le temps est venu d'exiger

Par Rachel Boutin

À L'OCCASION DU 8 MARS, Journée internationale des femmes, l'ADDS Rive-Sud[1] tient à démontrer ouvertement son appui aux revendications qui sont mises de l'avant[2] en cette journée.

Notre équipe se fait un devoir d'appuyer les actions qui visent la libération des femmes et l'amélioration des conditions de vie des femmes.

Récemment, Lise Payette a publié *Le Manifeste des femmes : pour passer de la colère au pouvoir*. Cet ouvrage informe sur l'état actuel de la démarche évolutive des femmes du Québec et sur l'histoire des revendications féministes. On y souligne nos acquis face à nos droits, mais on y inscrit surtout nos revendications. Car en parcourant le manifeste, on se rend compte qu'il existe encore bien des écarts qui nous démontrent que tout n'est pas encore gagné.

Le discours de revendication du *Manifeste des femmes* a changé de ton. Au lieu de demander à l'État, nous utilisons le terme « exiger ». Ce qui démontre aux décideurs notre volonté de ne plus jamais reculer, mais plutôt de faire des avancées. Les femmes qui ont construit cet ouvrage exigent plusieurs changements susceptibles de poursuivre notre route vers une réelle égalité pour les femmes. […]

> Nous exigeons de l'État des mesures plus contraignantes pour que cessent toutes formes de discrimination dans les démarches d'intégration des femmes à l'emploi, quelles que soient leur origine et leur scolarité.

> Nous exigeons que les organismes et les entreprises qui reçoivent du financement public aient l'obligation d'atteindre la parité femmes/hommes au sein de leurs instances décisionnelles.

> Nous exigeons que le gouvernement oblige les partis politiques à atteindre 50 % de femmes dans le recrutement et la sélection de leurs candidats.

> Nous exigeons une campagne de sensibilisation auprès des parents et futurs parents quant au partage équitable des responsabilités domestiques et familiales, ainsi que la mise en place d'un congé parental spécifique aux pères.

Extraits du *Manifeste des femmes*

Source : extrait de addsrivesud.com

---

1. L'Association de défense des droits sociaux (ADDS) de la Rive-Sud est un organisme à but non lucratif au Québec ayant pour mission la défense individuelle et collective des droits des personnes.
2. Mise de l'avant : expression québécoise pour dire « mettre en avant » en français de référence.

DOSSIER 1 | CONSTRUIRE ET CRÉER

Lire, comprendre et réagir

2. Lisez l'article. De quoi s'agit-il ? À quelle occasion a-t-il été écrit ?

3. Que signifie le verbe « exiger » ? Cochez, puis expliquez le titre à l'aide d'éléments de l'article.

- ☐ demander timidement
- ☐ réclamer fermement
- ☐ manifester violemment

4. Lisez les quatre extraits du *Manifeste des femmes*. D'après vous, qu'est-ce qu'un manifeste ?

5. À quel domaine se rapporte chaque extrait ?

6. Quelle exigence vous semble la plus urgente ? Pourquoi ?

7. Quels sont les avancées ou les reculs des droits et de la condition des femmes dans votre pays ? Échangez en classe.

Travailler la langue

8. Quels verbes connaissez-vous pour formuler une demande ou exprimer une volonté ? Échangez à deux, puis classez-les du plus poli au plus autoritaire.

J'aimerais ⟶ J'ordonne

9. Relisez les exigences du *Manifeste des femmes*, puis complétez le tableau.

EXPRIMER UNE VOLONTÉ

Il existe différents verbes pour exprimer la volonté et le souhait : **vouloir**, **réclamer**, **souhaiter**, **demander**, **désirer**, exiger, _____. On peut aussi utiliser **aimer** conjugué au cond. En général, on les emploie avec deux structures différentes.
- Verbe + infinitif (quand les sujets des deux verbes sont identiques).
Ex. : _____
- Verbe + **que** + phrase au subj. (quand les sujets des deux verbes sont différents).
Ex. : _____

→ CAHIER D'EXERCICES **P. 61**

Écouter, comprendre et réagir

10. Écoutez ces slogans entendus pendant des manifestations. De quoi parlent-ils ?
🎧 31

1. _____
2. _____
3. _____
4. _____
5. _____

11. Réécoutez les slogans et notez-les. Puis, à deux, comparez vos notes et corrigez-les si nécessaire.

12. Pourquoi ces slogans sont-ils efficaces, selon vous ?

Produire et interagir

13. À deux, mimez une demande ou une volonté. La classe formule la demande avec le verbe adéquat.

- *Il ordonne que Paula sorte.*
- *Non, il n'a pas l'air autoritaire. Je pense qu'il souhaite que Paula sorte.*

14. À deux, choisissez un thème de société qui vous touche. Rédigez des slogans sur le modèle de l'activité 11 (rime et rythme) et scandez-les.

15. Lisez le début du poème *Je veux*, de Jorge Bucay. À votre avis, à qui s'adresse-t-il ? À deux, écrivez la suite du poème.

> Je veux que tu m'écoutes sans me juger
>
> Je veux que tu exprimes ton opinion sans me donner des conseils
>
> Je veux que tu aies confiance en moi sans exiger de moi

DÉFI #01
RÉDIGER LE MANIFESTE D'UNE SOCIÉTÉ IDÉALE

Vous allez rédiger un manifeste pour défendre votre société idéale.

▶ En petits groupes, échangez sur votre vision d'une société idéale. Comment serait-elle organisée ?

l'éducation   le travail   les relations humaines   l'environnement   les transports   ...

▶ Rédigez dix revendications.
— *Pour un système éducatif plus juste, nous réclamons que l'Éducation nationale interdise les devoirs à la maison.*

▶ Affichez les manifestes et commentez-les. Puis, sélectionnez les cinq meilleures revendications et créez le manifeste de la classe.
- *Ce que je trouve important, c'est la suppression des devoirs. Ça évite les inégalités.*

cent dix-neuf **119**

UNITÉ 8

Stop aux Incivilités !

Chez soi c'est comme on veut... Sur la voie publique c'est jusqu'à 350 euros !

Pour plus de citoyenneté

L'incivisme. Un simple mot, synonyme de tant de maux qui nuisent à la qualité de notre cadre de vie. L'incivisme révèle un problème de responsabilité individuelle et de sens collectif. Un déficit de citoyenneté.

La commune dispose d'un « bâton » pour lutter contre les incivilités : les sanctions administratives. Une équipe est susceptible d'intervenir au quotidien lorsqu'elle constate une incivilité. Mais nous aspirons à pouvoir laisser le bâton au vestiaire et compter sur chaque habitant pour que le respect l'emporte sur l'individualisme. Le résultat ? Une commune où il fait bon vivre, où le climat est serein, où chacun se sent chez soi.

Le civisme est un devoir mais aussi un état d'esprit. Cultivons-le. Transmettons-le. Encourageons-le ! Et n'oublions jamais que respecter autrui, c'est aussi se respecter soi-même.

BENOÎT CEREXHE, votre bourgmestre
Commune de Woluwe-Saint-Pierre

Déjections canines non ramassées

Sortie des poubelles en dehors des heures/ jours prévus

Uriner, cracher sur la voie publique

Troubler la tranquillité des riverains / tapage diurne et nocturne

120 cent vingt

DOSSIER 2 | DÉCOUVRIR

Lire, comprendre et réagir

1. Observez les pictogrammes sans lire les légendes. À deux, décrivez les incivilités illustrées. Puis, faites le lien entre les dessins et les mots dans les légendes. SL1

2. Quelles incivilités n'avez-vous jamais commises ? Échangez en petits groupes.

3. Parmi ces incivilités, y en a-t-il qui sont punies par la loi dans votre pays ? En existe-t-il d'autres ?

4. Lisez la lettre du bourgmestre de Woluwe-Saint-Pierre. Pourquoi lutte-t-il contre les incivilités ? De quel moyen dispose-t-il ? Expliquez avec vos mots.

5. À l'aide du texte, associez les mots aux définitions.

   Le civisme   ○   ○ c'est le respect des lois

   La civilité   ○   ○ c'est l'ensemble des droits et des devoirs d'un citoyen

   La citoyenneté   ○   ○ c'est la politesse, le respect des gens et des choses

6. Que fait votre ville pour favoriser le civisme et la civilité ?

7. Est-ce que le respect des personnes et des biens publics est une valeur importante dans votre pays ?

Regarder, comprendre et réagir

8. Regardez cette vidéo sur le collectif Save Dakar, au Sénégal. De quoi s'occupe-t-il ? SE

9. Qu'est-ce qui détériore la qualité de vie à Dakar ?

10. Que fait le collectif dans les écoles ?

Mon panier de lexique

Quels mots liés à la vie en société voulez-vous retenir ? Écrivez-les.

Ah bon ?!

Depuis 2015, la mairie de Cannes lutte contre les incivilités en les sanctionnant sévèrement. Ayant été fort impressionné par les résultats, le bourgmestre de Woluwe-Saint-Pierre, une des communes qui constitue Bruxelles, s'en est inspiré.

Injures à agents

Toutes infractions relatives à la propreté publique (jet de mégots, de papiers…)

Dégrader des biens mobiliers et immobiliers d'autrui

UNITÉ 8

Avant de lire

1. À quel problème du quotidien ce dessin fait-il référence? Est-ce un problème répandu dans votre pays?

2. Quelle est la différence de sens du verbe «s'entendre» dans les deux bulles?

Madame Henriette Pilloux
rue de l'École-de-Médecine 8
1205 Genève

Monsieur Bertrand Baras
rue de l'École-de-Médecine 8
1205 Genève

Monsieur,

J'habite l'appartement situé juste en dessous du vôtre. La nuit du 6 décembre 2018, je vous ai fait part, oralement, de la gêne occasionnée par les nuisances sonores répétitives provenant de votre logement: volume excessif de la musique, conversations trop fortes et bruits de pas (de chaussures à talons!). N'ayant constaté aucune diminution des nuisances depuis notre conversation, je renouvelle ma demande par écrit.

Tout ce vacarme me réveille en pleine nuit et m'empêche de me rendormir. Sachez Monsieur que j'exerce une profession qui demande concentration et attention puisque je suis ambulancière. Mais, ne pouvant pas me reposer convenablement, je travaille dans un état de fatigue extrême qui met en danger les gens que je transporte et moi-même.
Par ce courrier, je vous demande donc de bien vouloir respecter mon sommeil et de cesser ces bruits nocturnes. Je compte sur votre bon sens pour que ces troubles prennent fin.

Dans le cas contraire, je me verrai dans l'obligation d'appeler la police.
Par ailleurs, je vous rappelle que le tapage nocturne est une infraction passible d'une amende en application de l'article R623-2 du Code pénal.

Dans l'attente d'une attitude conciliante de votre part, je vous prie d'agréer, Monsieur, mes salutations distinguées.

Henriette Pilloux

DOSSIER 2 | CONSTRUIRE ET (INTER)AGIR

Lire, comprendre et réagir

3. Lisez la lettre. Quelle est la situation entre monsieur Baras et madame Pilloux ?

4. Que fera madame Pilloux si la situation ne s'améliore pas ?

5. Comment réagiraient les gens de votre pays dans la même situation ?

6. Avez-vous déjà vécu un problème de voisinage ? Lequel ? Qu'avez-vous fait ? Échangez en petits groupes.

Travailler la langue

7. À quoi correspond chaque paragraphe de la lettre ? Aidez-vous de l'activité 7 page 97 pour répondre.

8. Est-ce que la lettre vous semble polie ? Justifiez votre réponse. Emploie-t-on le même style de langage écrit dans votre pays ?

9. Relevez dans la lettre les mots et expressions pour parler du bruit.

10. Observez ces deux phrases. Qu'exprime la forme verbale en gras ? Cochez la bonne réponse.

    – N'**ayant constaté** aucune diminution des nuisances, je renouvelle ma demande.
    – Ne **pouvant** pas me reposer convenablement, je travaille dans un état de fatigue extrême.

    ☐ la simultanéité ☐ la cause
    ☐ la condition ☐ la manière

11. Pourquoi y a-t-il une forme verbale composée dans la première phrase ? Complétez le tableau.

    LE PARTICIPE PRÉSENT (2)

    Le participe présent peut exprimer une _____ dans des phrases où les deux verbes ont le même sujet. Il est surtout utilisé à l'écrit.
    Ex.: Ne **pouvant** pas me reposer convenablement, je travaille dans un état de fatigue extrême.

    La forme composée du participe présent se construit avec l'auxiliaire **être** ou **avoir** au *part. présent* + le participe passé du verbe. On l'utilise pour exprimer que l'action a eu lieu avant celle de l'autre verbe.
    Ex.: N'**ayant constaté** aucune diminution des nuisances, je renouvelle ma demande.

    Quelques verbes au participe présent composé :
    Voir : *ayant vu*
    Partir : *étant parti*
    Se disputer : *s'étant disputé*
    Ne pas se fâcher : *ne s'étant pas fâché*

    → CAHIER D'EXERCICES P. 61

Écouter, comprendre et réagir

12. Écoutez la conversation entre madame Pilloux et monsieur Baras. Quelle est la situation ?

13. Écoutez une deuxième fois l'audio. Cochez les phrases entendues.

    ☐ Vous êtes vraiment nul !
    ☐ Rassurez-moi, c'est une plaisanterie ?
    ☑ Je n'en peux plus.
    ☐ Je n'ai pas terminé !
    ☑ Espèce de folle !
    ☐ Taisez-vous !
    ☑ Vous arrêtez tout de suite de m'agresser.
    ☐ Laissez-moi parler !
    ☐ Elle va me lâcher !
    ☐ Ça suffit maintenant !
    ☑ Vous êtes vraiment vulgaire.
    ☑ Fous-moi la paix !

14. Quels sentiments sont exprimés dans ces trois phrases extraites de la conversation ? Les employez-vous dans votre langue ?

    – Ah, c'est encore vous !
    – Je n'en peux plus !
    – Je l'ai arrêtée la musique, alors maintenant, tu dégages !

15. Comment définiriez-vous la façon de s'exprimer de monsieur Baras ?

16. Connaissez-vous d'autres insultes ou gros mots en français ?

17. Comment exprime-t-on sa colère dans votre culture ? Comment ce sentiment est-il perçu ?

Produire et interagir

18. À deux, imaginez le plus de causes possible à ces situations.

    - Une personne déménage.
    - Une personne reçoit une amende.
    - Une personne se dispute avec son voisin.
    - Une personne se présente aux élections.
    - Une personne achète des fleurs.

    • *S'étant disputée avec tous ses voisins, elle a décidé de déménager.*

19. À deux, choisissez une incivilité et rédigez une scène de dispute entre deux personnes. Puis, jouez-la devant la classe.

20. À deux, choisissez un des problèmes de voisinage évoqués dans l'activité 6. Rédigez une lettre à ce/tte voisin/e.

cent vingt-trois **123**

UNITÉ 8

Avant de lire

1. D'après vous, quel est le trait de caractère qui représente le mieux vos compatriotes ? Échangez en classe.

aimable   râleur(euse)   optimiste   réservé/e   autoritaire   pessimiste

excentrique   ordonné/e   respectueux(euse)   sociable   souriant/e   ...

2. Lisez le titre. À votre avis, quels bienfaits procure le fait de râler ? Échangez en classe. **SL1**

---

www.larevue.defi.fr

LA REVUE

ACTU SOCIÉTÉ   DÉCEMBRE 2018

C'est prouvé : râler est bon pour la santé

Par Pauline Guerguil | 18 janvier 2017 13:13 | France

Les embouteillages, le portable qui n'a plus de batterie, la pluie ou encore les sautes d'humeur du patron, c'est bien connu, râler est le sport national des Français. Mais après plusieurs études réalisées, la sentence est tombée. Râler, c'est bon pour la santé. On vous explique pourquoi.

Se taire est néfaste. Savoir exprimer sa mauvaise humeur augmenterait l'espérance de vie. Tel est le résultat surprenant d'une vaste étude, menée par des chercheurs en psychologie de l'université allemande d'Iéna auprès de 6 000 personnes. Ils ont constaté une accélération cardiaque chez les individus qui contiennent leurs émotions négatives, une accélération cardiaque qui pourrait à la longue augmenter les risques d'hypertension par rapport à ceux qui extériorisent leurs émotions.

> « Lorsqu'une situation stressante se présente à ce type de personne, leur rythme cardiaque ainsi que leur pouls sont plus élevés que ceux des personnes qui n'hésitent pas à dire ce qu'ils pensent »,
> explique le directeur de l'étude, **Marcus Mund.**

Voilà sûrement de quoi expliquer une partie des différences de longévité de vie en Europe. L'étude souligne par exemple que les Italiens et les Espagnols, connus pour leur fort caractère et leur sang chaud, vivraient en moyenne deux ans de plus que les Britanniques. La preuve en est aussi, du côté de nos amis les oiseaux, le perroquet, qui s'exprime quotidiennement, aurait une espérance de vie plus importante que ses camarades.

RÂLER POUR TOUT... ET N'IMPORTE QUOI !

Dans notre vie quotidienne, les occasions de râler ne manquent pas. Au travail, dans les transports en commun, dans les bouchons. […] Sur un sondage réalisé en 2011, 61 % des Français estimaient la situation de leur pays très difficile, et prévoyaient une aggravation dans les mois suivants. Inutile de vous dire que nous étions en tête du classement mondial des pessimistes…

Un chiffre qui a d'ailleurs beaucoup étonné le reste du monde, si envieux de notre système social, de notre qualité de vie, et de notre liberté d'expression. Les Français estiment que s'ils râlent beaucoup, c'est parce que « si on ne râle pas, on se fait marcher dessus ». Et quand on leur demande leur principal sujet d'agacement, on obtient à 48 % : le gouvernement, les discours politiques et les administrations.

RÂLER OUI, MAIS AVEC MODÉRATION

Pour Pauline Raysseguier, psychologue à Albi, « ce qui est bon c'est de verbaliser, exprimer, montrer ce qu'il y a à l'intérieur, mais cette irritabilité ne doit pas renfermer une colère constante, qui peut être néfaste et cacher quelque chose de plus sérieux ». En effet, il faut différencier râler et exprimer une colère permanente, qui peut alors manifester un certain stress et un mode de vie déprimant. […] Ainsi, si nous sommes hantés en permanence par des pensées sombres, nous sommes de plus en plus disposés à broyer du noir. Se crée alors un cercle vicieux pessimiste. […] ∆

Source : extrait de www.le24heures.fr

DOSSIER 2 | CONSTRUIRE ET CRÉER

Lire, comprendre et réagir

3. Lisez l'article. Vérifiez et complétez vos hypothèses de l'activité 2. `SL6`

4. Quels exemples sont avancés pour démontrer que râler est bon pour la santé ? Quels sont les risques ?

5. Pourquoi le pessimisme des Français surprend-il le reste du monde ?

6. Selon l'article, pourquoi les Français râlent-ils ?

7. Voyez-vous des stéréotypes sur les nationalités dans l'article ? Échangez en classe.

8. Selon l'article, râler « c'est le sport national des Français ». Quel est le « sport national » de votre pays ?

9. En général, contre quoi râle-t-on dans votre pays ? Et vous, qu'est-ce qui vous fait râler ?

   • *Ce qui me fait râler, ce sont les conducteurs qui klaxonnent tout le temps.*

Travailler la langue

10. Faites un remue-méninges et listez ce qu'on peut exprimer avec le conditionnel présent.

11. Relisez les deux premiers paragraphes. À votre avis, pourquoi le conditionnel est-il employé ?

12. Relevez les mots et expressions liés aux émotions négatives.

13. Expliquez les expressions « avoir le sang chaud » et « broyer du noir » en vous aidant du contexte de l'article.

Écouter, comprendre et réagir

14. Écoutez ces personnes râler. Quel est le sujet de leur mécontentement ?
    🎧 33

15. Réécoutez et relevez les onomatopées utilisées pour râler.

16. Dans votre langue, quelles onomatopées utilise-t-on pour râler ? Échangez en classe.

Produire et interagir

17. À deux, imaginez les propos de monsieur Râleur et madame Grincheuse dans les endroits suivants.

    | en voiture | au supermarché | dans le bus | ... |

    M. RÂLEUR   Mᵐᵉ GRINCHEUSE

18. En petits groupes, imaginez que vous êtes avec vos collègues de travail à la machine à café. Discutez des autres collègues, de la météo, des transports, etc., et râlez !

19. À deux, imaginez les bienfaits des défauts et des mauvaises habitudes suivants.

    | la paresse | l'orgueil | l'avarice | la gourmandise |

    | le je-m'en-foutisme | la colère | la jalousie |

    • *La paresse rendrait créatif.*

20. À deux, rédigez un court article pour présenter les bienfaits d'un défaut en respectant le plan suivant.
    1. Les bienfaits de ce défaut
    2. Les origines culturelles et sociétales (selon vous)
    3. Les limites et les risques

DÉFI #02
ORGANISER UNE RÉUNION PUBLIQUE

Vous allez organiser une réunion publique pour améliorer la qualité de vie d'un quartier.

▶ En classe, choisissez un quartier de votre ville que vous aimeriez améliorer.

▶ Répartissez-vous les rôles suivants : le/la maire, un/e industriel/le, un/e écologiste, un/e commerçant/e, un/e directeur(trice) d'école, le/la directeur(trice) d'un centre culturel, un/e patron/ne de bar-restaurant, des riverains d'âges différents, etc.

▶ Faites chacun/e une liste d'améliorations possibles pour ce quartier, en fonction de votre rôle. Inventez des arguments pour justifier vos propositions.

   • *Installer un skatepark rajeunirait le quartier et réduirait l'obésité.*

▶ Réunissez-vous, le/la maire anime la discussion. Énoncez vos propositions, réagissez à celles des autres, discutez et râlez !

▶ Choisissez ensemble les trois meilleures propositions.

UNITÉ 8 | S'APPROPRIER LES MOTS

Les mots assortis

1. Complétez les séries.

les classes ● .... populaires ● .... aisées

les Français ● .... ● modestes ● ....

La grammaire des mots

2. Formez les expressions verbales à partir des noms.

- La colère : .... ● .... ● colère
- L'irritabilité : .... ● irrité/e
- La mauvaise humeur : .... ● .... ● mauvaise humeur
- L'agacement : .... ● agacé/e
- Le mécontentement : .... ● mécontent/e
- L'indignation : .... ● indigné/e

Mes mots

3. Associez les mots en étiquette aux mots « égalité » ou « inégalité ». Vous pouvez ajouter d'autres mots.

les écarts   les décalages   la parité   le partage équitable   ...

L'égalité : ....   L'inégalité : ....

4. Définissez les catégories socioprofessionnelles suivantes en illustrant avec un exemple.

- un/e ouvrier(ère)
- un/e cadre supérieur/e
- un/e cadre
- un/e chômeur(se)
- un/e employé/e qualifié/e
- un/e retraité/e
- un/e inactif(ve)

5. Associez chaque expression idiomatique à sa signification.

Ne rien lâcher ○   ○ Être visible
Être la partie émergée de l'iceberg ○   ○ Être triste
Avoir le sang chaud ○   ○ Être le/la premier(ère)
Broyer du noir ○   ○ Être dominé/e
Être en tête du classement ○   ○ Être persévérant/e, obstiné/e
Se faire marcher dessus ○   ○ Avoir un fort caractère

Êtres différents

09

DOSSIER 01
Sexisme et parité

CULTURE(S) ET SOCIÉTÉ(S)
- Les stéréotypes sexistes à l'école
- Si j'avais été un mec...
- La parité en politique en Afrique

GRAMMAIRE
- le conditionnel passé
- l'hypothèse imaginaire au passé
- exprimer la nécessité (*il est important de / que*)

COMMUNICATION
- parler du sexisme
- faire des hypothèses
- exprimer des reproches et des regrets
- exprimer la nécessité

LEXIQUE
- le genre, le sexisme
- le langage familier
- la parité en politique
- la politique et le gouvernement

DÉFI #01
JOUER UNE INTERVIEW D'UNE CÉLÉBRITÉ

DOSSIER 02
Droits humains, protection et solidarité

CULTURE(S) ET SOCIÉTÉ(S)
- La Déclaration universelle des droits de l'homme
- L'hébergement solidaire des migrants
- Une loi contre les discriminations raciales en Tunisie

GRAMMAIRE
- exprimer l'antériorité et la postériorité (2)
- *n'importe qui / quoi...*
- le subjonctif (rappel)

COMMUNICATION
- parler des droits humains
- évoquer les valeurs et les formes d'engagement citoyens
- situer des actions dans le temps

LEXIQUE
- les droits humains
- la solidarité
- le racisme

DÉFI #02
ÉCRIRE UN ÉDITORIAL

DÉFI #03 NUMÉRIQUE
espacevirtuel.emdl.fr

UNITÉ 9

LES STÉRÉOTYPES SEXISTES À L'ÉCOLE

Depuis quelques années, la question du sexisme à l'école et de ses conséquences sur les enfants interroge les professionnels de l'éducation.

Un guide contre le sexisme à l'école

Pour lutter contre les stéréotypes sexistes et prévenir les actes de violence, le canton de Genève a édité, en septembre 2018, une brochure intitulée *Du sexisme ordinaire aux violences sexuelles : repérer pour agir*. Il s'agit d'un guide de prévention destiné à aider toutes les personnes qui travaillent avec des jeunes : les enseignants, les formateurs, les assistants sociaux…

D'après Nathalie Fontanet, conseillère d'État du canton de Genève chargée des finances et de l'égalité, il est primordial de commencer à lutter contre le sexisme dès le plus jeune âge et contre les situations d'inégalité que les enfants créent eux-mêmes dans leurs interactions.

En effet, les remarques « tu cours comme une fille » ou « les garçons t'auraient laissée tranquille si tu n'avais pas mis une jupe », malheureusement souvent considérées comme anodines, ont de réelles conséquences sur le développement des enfants (relation à l'autre, comportements, orientation scolaire et professionnelle…).

Grâce à ce guide, les professionnels pourront à la fois identifier les propos et les stéréotypes sexistes et organiser des discussions en groupe pour tenter de faire évoluer les mentalités. Prendre conscience de l'existence de ces stéréotypes dès le plus jeune âge permettrait d'éviter de reproduire des comportements déplacés ou dangereux à l'âge adulte.

#SexismeDeMaternelle

Camille Prieto, animatrice dans une école maternelle en France, a souvent entendu des remarques sexistes venant des enfants eux-mêmes. Sensible à ce sujet, elle a souhaité raconter en dessin ces petites scènes du quotidien sur son blog d'illustratrice *La vie palpitante d'AïkoKaton, animatrice en carton*. On peut y voir que les préjugés sur les garçons et les filles apparaissent dès le plus jeune âge…

DOSSIER 1 | DÉCOUVRIR

Lire, comprendre et réagir

1. Lisez la planche de bande dessinée. Quel est le sujet de discussion entre l'animatrice et les enfants?

2. Relevez dans la planche les propos des enfants qui posent problème. Les avez-vous déjà entendus? Vous dérangent-ils? Avez-vous entendu d'autres propos similaires? Lesquels? Échangez en classe.

3. Lisez le texte. Que propose le canton de Genève. Quel est l'objectif de cette initiative?

4. Comment comprenez-vous l'expression « sexisme ordinaire »? Échangez en petits groupes, puis proposez une définition à la classe.

5. Quelles sont les conséquences possibles du sexisme ordinaire? Échangez en petits groupes.

   • *Certains propos déplacés peuvent blesser...*

6. Selon vous, est-ce approprié de parler de préjugés et de sexisme dès l'école maternelle?

7. Le sexisme est-il un sujet dont on parle dans votre pays?

   • *En Allemagne, c'est un sujet qui fait débat. En effet...*

Regarder, comprendre et réagir

8. Regardez, sans le son, cette vidéo intitulée « *Casse les clichés* » de France 2 (chaîne publique française) avec des présentateurs connus. Faites des hypothèses sur le lieu, le moment et sur ce qu'ils se disent. Échangez en classe.

9. Regardez la vidéo avec le son. Que dénonce-t-elle? Comment?

10. En quoi les remarques et les attitudes des femmes envers leurs collègues hommes sont-elles incorrectes?

11. Qu'apprend-on à la fin du clip? Est-ce que cela vous surprend? Échangez en classe.

12. À votre avis, pourquoi la vidéo s'intitule « *Casse les clichés* »? La trouvez-vous amusante?

Mon panier de lexique

Quels mots de ces pages voulez-vous retenir? Écrivez-les.

UNITÉ 9

NOUV-ELLE ♀ Art Création

ACCUEIL > PROJETS > MACHO MOUCHKIL > MARGAUX

MACHO MOUCHKIL

Cette série de portraits propose de regarder le machisme ordinaire en face à travers les histoires personnelles de femmes et d'hommes issus de 3 pays : le Maroc, la France et les États-Unis.
Mon travail a débuté au Maroc sous le nom de « Macho Mouchkil » en août 2015. « Macho Mouchkil ! », parce qu'au Maroc la phrase « Machi Mouchkil ! » (« pas de problème » en arabe dialectal marocain) banalise parfois ces « petits accidents » du sexisme au quotidien. La somme de ces histoires rend au machisme ordinaire son sens universel. Ces histoires sont les vôtres, Ces histoires sont les nôtres.

JULIA KÜNTZLE Journaliste - Photographe

MARGAUX
« Si j'avais été un mec, j'aurais pu faire ce sujet »

Quand j'étais gamine, je me rappelle du machisme de ma grand-mère, qui interdisait à mon frère de débarrasser la table, et qui ne manquait jamais de m'appeler pour le faire. Elle lui passait beaucoup de choses parce que c'était un garçon, et me demandait de faire des trucs « de filles », comme le repassage. Les « laisse, Julien... Margaux, tu peux le faire, quand même ! » me rendaient dingue ! Le genre de sous-entendu qui te fait bien comprendre ta condition de femme.

Mais mon dernier « macho, boulot, dodo », c'était plutôt dans le milieu du travail. Je suis journaliste dans le milieu de la radio. J'ai eu un rédacteur en chef, assez âgé, qui avait les idées de sa génération et de son milieu aisé, avec certaines règles à l'ancienne, qui donnent à la femme une certaine position. Pour plusieurs sujets de reportages qui nécessitaient des déplacements, il choisissait le journaliste en fonction de son sexe. On a eu par exemple des sujets à faire sur des chantiers, de nuit, et là du coup, il était hors de question d'envoyer une fille... Il avait un côté très paternaliste en fait, un peu comme un papa poule.

Le genre de truc pas méchant mais hyper vicieux. C'était « pour des raisons de sécurité », d'après lui. « Une fille ne va pas sur un chantier, la nuit, avec plein d'hommes, parce qu'il pourrait lui arriver quelque chose. » C'étaient des sujets encadrés, avec des professionnels, où il n'y avait pas vraiment de risque... Mais pour lui, dans sa tête, c'était un « sujet de garçon ». Un autre exemple, on devait faire un super sujet en hélicoptère avec l'armée. J'aurais tellement adoré le faire. Ce fut un non catégorique, sous prétexte qu'il s'agissait d'un milieu masculin. J'ai insisté en disant que j'étais très intéressée, il m'a répondu : « Ce n'est pas un endroit convenable pour une fille. »

Après ça, franchement, que veux-tu répondre ? C'est la décision de ton supérieur. Et je savais que je pouvais oublier certains reportages. C'était hyper frustrant. Parce que j'étais une femme, je ne pouvais pas traiter certains sujets. Pas parce que je n'ai pas les compétences de le faire, juste parce que je suis une fille. Parce que je suis née elle et pas lui. Si j'avais été un mec, j'aurais pu faire ce sujet. Depuis, je suis partie. ♀

Source : http://julia-kuntzle.fr/

DOSSIER 1 | CONSTRUIRE ET (INTER)AGIR

Lire, comprendre et réagir

1. Lisez l'introduction. Qu'est-ce que le projet Macho Mouchkil ? Pourquoi ce nom ?

2. Lisez le témoignage. De quoi parle Margaux ? En petits groupes, résumez ses propos.

3. Dans le premier paragraphe, pourquoi Margaux dit que sa grand-mère était machiste ? Comment comprenez-vous l'expression « des trucs de filles » ?

4. Quels sentiments exprime Margaux dans son témoignage ? À deux, nommez-les.

5. Connaissez-vous des personnes ayant subi des discriminations de genre sur leur lieu de travail ?

Travailler la langue

6. Repérez la phrase où Margaux exprime son regret de ne pas avoir fait le reportage en hélicoptère. Observez le verbe puis complétez le tableau.

LE CONDITIONNEL PASSÉ

Le conditionnel passé se forme avec l'auxiliaire **avoir** ou **être** au _cond._ suivi du _part. passé_ du verbe.
On emploie le conditionnel passé pour exprimer :
- Un regret (souvent avec **aimer**, **adorer** et **vouloir**)
Ex. : *J'aurais tellement adoré le faire.*

- Un reproche (souvent avec **devoir** ou **pouvoir**)
Ex. : *Tu aurais dû faire attention !*

- Une information non confirmée (procédé souvent utilisé dans la presse)
Ex. : *Le patron l'aurait embauchée parce qu'elle parlait cinq langues.*

→ CAHIER D'EXERCICES P. 69

7. Observez les hypothèses ci-dessous. Quelle différence voyez-vous ? Laquelle concerne le présent ? et le passé ? Complétez le tableau.

Si j'**étais** un mec, je **pourrais** faire ce sujet.
Si j'**avais été** un mec, j'**aurais pu** faire ce sujet.

L'HYPOTHÈSE IMAGINAIRE AU PASSÉ

Pour faire des hypothèses qui concernent le passé, et dont l'action ne s'est pas réalisée, on utilise
si + _PQP_ suivi du _cond. passé_
Ex. : *Si elle avait obtenu son master, l'entreprise l'aurait embauchée.*

→ CAHIER D'EXERCICES P. 69

8. Comment fait-on ce genre d'hypothèses dans votre langue ou dans les langues que vous connaissez ?

Travailler la langue

9. Trouvez dans le texte le mot équivalent en langue familière.

langue courante	langue familière
un homme	
une enfant	
des choses	
fou	
un père protecteur	
très	

Produire et interagir

10. En petits groupes, exprimez vos regrets sur votre scolarité et sur votre travail.
    - *J'aurais adoré faire du théâtre au lycée.*

11. Imaginez votre vie si ces actions s'étaient réalisées.
    - *Si j'avais fait du théâtre au lycée, je serais peut-être entré à la Comédie-Française.*

12. Écrivez un mot à un/e ex-fiancé/e réel/le ou imaginaire. Exprimez-lui vos regrets ou vos reproches.

13. Écrivez sur un Post-it le début d'une hypothèse sur un fait historique. Puis, mélangez-les, piochez-en un et continuez l'hypothèse.
    - *Si Marco Polo n'était pas allé en Chine, il n'aurait pas rapporté de pâtes en Italie.*

14. Rédigez un court texte sur une situation où vous vous êtes senti/e discriminé/e. Utilisez les mots en étiquettes.

    hyper   dingue   truc

Écouter, comprendre et réagir

15. Écoutez cette chronique radio à propos d'une enquête sur la discrimination dans le monde professionnel. À deux, échangez sur ce que vous avez compris. SE

16. Réécoutez l'audio. Prenez des notes, relevez les chiffres et les informations importantes. Puis, en petits groupes, mettez vos notes en commun.

17. Écoutez une dernière fois pour compléter vos notes. Puis, rédigez un résumé du reportage.

UNITÉ 9

Avant de lire

1. Observez l'illustration. Que dénonce-t-elle ? D'après vous, de quoi va parler l'article ? SL1

La voix de Marcus,
citoyen belgo-rwandais

Accueil   À propos de moi   Belgique   Afrique   Me contacter

Enfin, on parle de la parité hommes-femmes dans les pays africains ! Il est important de rappeler que ce n'est pas seulement une préoccupation européenne. J'ai trouvé sur le360afrique.com (un média digital marocain) un article enthousiasmant que je souhaite partager avec vous.
Aujourd'hui, il est primordial que les femmes aient accès au pouvoir politique et que les choses changent dans la société civile !

Dessin de Loup

POLITIQUE, PARITÉ HOMMES FEMMES : DES PAYS AFRICAINS DONNENT L'EXEMPLE

Coup sur coup, deux pays de l'Afrique de l'Est viennent de donner l'exemple en matière de parité au sommet de l'État en nommant des gouvernements avec autant d'hommes que de femmes. Mieux, l'un est même champion du monde en terme de représentativité des femmes au Parlement.

C'est d'abord le Premier ministre éthiopien, Abiy Ahmed, qui, le premier, a donné l'exemple, en nommant, le 16 octobre, un gouvernement de 20 membres, pour un pays de 100 millions d'habitants avec une parité parfaite de 10 ministres hommes et 10 ministres femmes. Et il ne s'agit pas de simples figurantes, en ce sens que les femmes concernées occupent des postes clés dont ceux de l'Industrie, du Commerce, de la Défense, une première dans ce pays, et celui du tout nouveau – et stratégique – ministère de la Paix (une nouveauté éthiopienne) qui chapeaute la police fédérale et les services de renseignement.

Quelques jours après l'Éthiopie, c'est le Rwanda qui lui emboîte le pas suite à un remaniement gouvernemental qui s'est traduit par la formation d'un gouvernement de 26 ministres avec une parité parfaite de 13 hommes et 13 femmes.

Au-delà des gouvernements où les femmes sont de plus en plus représentées et occupent des postes à responsabilité [...], on note des avancées indéniables au niveau de la représentativité des femmes dans les Parlements africains. Cette représentativité s'est accrue de 27 % entre 2000 et 2015. Elle a atteint une moyenne de 25 % au terme de cette période, un niveau au-dessus de la moyenne mondiale (22 %).

C'est le Rwanda qui dispose du parlement le plus féminisé avec 64 % des élus, détrônant la Suède. Cette féminisation touche toute la société rwandaise, puisque 40 % des entreprises sont contrôlées par des femmes. De même au Sénégal, les femmes représentent 42 % des élus de l'Assemblée lors de la dernière législature de 2018. [...]

Source : extrait de http://afrique.le360.ma/ publié le 22/10/2018, par Moussa Diop

DOSSIER 1 | CONSTRUIRE ET CRÉER

Lire, comprendre et réagir

2. Lisez le premier paragraphe de l'article. Qu'est-ce que la parité ? Échangez en classe. SL6

3. Lisez l'article. Situez les pays cités sur une carte. En quoi ces pays sont-ils champions de la parité ? Lequel est numéro 1 ?

4. Expliquez avec vos propres mots le titre de l'article.

5. Quelles informations vous semblent intéressantes ou surprenantes dans cet article ? Échangez en classe.

6. Lisez l'introduction. Pourquoi Marcus a-t-il posté cet article sur son blog ? Qu'est-ce qui est important pour lui ?

7. Qu'en est-il dans votre pays ? Les femmes sont-elles représentées en politique et dans les grandes entreprises ? Faites des recherches si nécessaire.

Travailler la langue

8. À deux, relevez les mots pour parler de politique, puis classez-les en trois catégories : les personnes, les institutions, les verbes et expressions.

9. Voulez-vous connaître d'autres mots pour parler de politique en français ?

10. Relevez dans le post de Marcus les structures impersonnelles pour exprimer une nécessité. Puis, complétez le tableau.

EXPRIMER LA NÉCESSITÉ

> Pour exprimer la nécessité, on utilise les adjectifs **utile**, **nécessaire**, inévitable, **essentiel**, **indispensable**, obligatoire, **impératif** dans les structures :   primordial, important
>
> Il est + ADJECTIF + DE + infinitif
> Ex. : ....
>
> Il est + ADJECTIF + QUE + subjonctif
> Ex. : ....

→ CAHIER D'EXERCICES P. 69

11. Quels sont les adjectifs les plus forts dans le tableau ? Aidez-vous d'un dictionnaire, si nécessaire.

Produire et interagir

12. Décrivez le système politique de votre pays à un/e camarade à l'aide des activités 8 et 9. Faites des recherches si nécessaire.

    • *Dans mon pays, il y a un président du gouvernement, des ministres. Il n'y a pas de ministre de la Paix…*

13. Réagissez au post et rédigez un commentaire sur la parité en politique.

14. En petits groupes, échangez sur ce qui est primordial, selon vous, en politique.

    • *Il est important que les politiciens tiennent leurs promesses.*

15. Continuez l'activité précédente, mais en affirmant le contraire de ce que vous pensez.

    • *Il est primordial que les politiciens aient de gros salaires et des privilèges.*

Regarder, comprendre et réagir

16. Regardez cette vidéo sur la parité dans le cabinet de la présidence et des conseillers d'Emmanuel Macron. Quelle est la place des femmes dans l'administration Macron ? SE

17. Quelles informations vous semblent intéressantes ou surprenantes dans cette vidéo ? Échangez en classe.

18. Comment l'Élysée justifie la place des femmes dans son administration ?

19. Regardez la fin du reportage. Emmanuel Macron utilise l'expression « avoir le bonnet d'âne de la classe ». Faites des recherches sur cette expression. Pourquoi l'emploie-t-il ?

20. La parité s'est-elle améliorée depuis l'élection d'Emmanuel Macron ?

DÉFI #01
JOUER UNE INTERVIEW D'UNE CÉLÉBRITÉ

Vous allez écrire et jouer une interview d'une personne célèbre réelle ou imaginaire.

▶ À deux, choisissez un rôle : l'un/e est journaliste, l'autre est une personne célèbre réelle ou imaginaire qui veut dénoncer des choses et exprimer des regrets sur sa vie.

▶ Préparez et rédigez les questions et les réponses ensemble.

— *Blanche-Neige, qu'est-ce que vous auriez fait si vous n'aviez pas été une princesse ?*
— *Je ne serais pas née dans un château et je n'aurais pas été maltraitée par ma belle-mère !*
— *Vous êtes contente que le Prince soit venue vous réveiller ?*
— *Non, je n'aurais pu m'en sortir toute seule. Il est important d'être autonome…*

▶ Répétez votre scène, puis jouez-la devant la classe.

cent trente-trois **133**

ÉDITO par Anna Gamar — 12 décembre 2018

70 ANS ET PAS UNE RIDE !

Ce 10 décembre 2018, nous avons fêté les 70 ans de la Déclaration universelle des droits de l'homme. Ce fut l'occasion de rappeler que le respect des droits humains, la protection des minorités, la tolérance et la solidarité sont à la fois un défi institutionnel et la responsabilité de chacun d'entre nous.

Il y a 70 ans, après la Seconde Guerre mondiale, les Nations unies se sont réunies à Paris pour rédiger 30 articles, 30 petits trésors pour que les droits civils, sociaux, politiques, économiques et culturels des femmes et des hommes soient reconnus et protégés dans le monde entier.

À ceux qui contestent l'utilité de la Déclaration universelle, je réponds : ne dites pas n'importe quoi. Bien que la Déclaration ne soit ni parfaite ni contraignante, elle est essentielle. Elle a fait avancer les droits humains et a permis l'élaboration de nombreux textes comme la Convention pour les droits des femmes en 1979 et celle pour les droits de l'enfant en 1989. Elle est donc un texte de référence incontournable.

Néanmoins, le chemin est encore long car, avant que nous atteignions l'idéal commun de la Déclaration universelle, il faudrait que chaque État sanctionne toutes les formes de discriminations et garantisse la liberté et l'égalité de tous ses citoyens, quels que soient leur sexe, origine, religion ou milieu social.

Cependant, les États ne peuvent pas tout. Il est indispensable que nous, citoyennes et citoyens, veillions à ce que nos droits et ceux des autres soient respectés et il est aussi impératif que nous fassions preuve d'entraide et de fraternité. Chacun d'entre nous peut, à son niveau, faire avancer la cause des droits humains, améliorer le quotidien d'une personne et ainsi célébrer les valeurs universelles proclamées par la Déclaration. C'est en alliant protection des États et engagement citoyen que nous pourrons vivre mieux et tous ensemble.

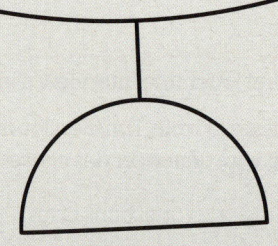

Source : adapté de www.un.org/fr/events/humanrightsday

DOSSIER 2 | DÉCOUVRIR

Lire, comprendre et réagir

1. Lisez l'éditorial. Qui l'a rédigé ? À votre avis, quel est le rôle de cette personne dans le journal ? Échangez en classe pour définir ce qu'est un éditorial. **SL7** *éditeur*

2. Que pense la journaliste de la Déclaration universelle des droits de l'homme ? *bon et essentiel*

3. Dans le dernier paragraphe, pourquoi la journaliste dit-elle que les États ne peuvent pas tout ? *citoyens respectent*

4. Comment comprenez-vous le titre ? Échangez en classe.

5. Lisez l'encadré *Ah bon ?!* Selon vous, pourquoi l'expression « droits de l'homme » fait-elle débat ? *pour les hommes pas les autres*

6. Existe-t-il des éditoriaux dans la presse de votre pays ? Les lisez-vous ? Échangez en classe.

Écoutez, comprendre et réagir

7. Écoutez cette interview sur une initiative pour aider les personnes sans domicile fixe (SDF). En quoi consiste-t-elle ? **SE**

8. Quels sont les petits gestes que proposent les commerçants ? Relevez-les, puis comparez vos notes avec celles d'un/e camarade. Pourquoi ces petits gestes sont-ils importants ?

9. À deux, relevez ce que dit la personne interrogée sur les cloches ? Pourquoi en parle-t-elle ?

LE CARILLON
CHACUN POUR TOUS

10. Que pensez-vous de cette initiative ?

11. À quelles valeurs de la Déclaration universelle cette initiative correspond-elle ?

12. Quelle phrase du dernier paragraphe de l'éditorial illustre le mieux l'intiative du Carillon ?

Mon panier de lexique

Quels mots de ces pages voulez-vous retenir ? Écrivez-les.

Ah bon ?!

La Déclaration universelle des droits de l'homme est traduite dans plus de 500 langues. Le français est la seule langue qui utilise l'expression « droits de l'homme », mais certains préféreraient qu'on parle de « droits humains ».

cent trente-cinq **135**

UNITÉ 9

Avant de lire

1. Repérez la ville de Calais sur une carte. À votre avis, pourquoi y a-t-il des migrants dans cette ville? **SL1**

---

www.solidarite_migrants62.defi.fr

Solidarité Migrants 62
Hier, à 19:29

OUVRONS NOS PORTES!
Notre collectif **Solidarité Migrants 62** cherche des citoyens volontaires pour héberger des hommes, des femmes ou des familles chez eux, le week-end.

Pourquoi seulement le week-end?
Parce que les migrants préfèrent rester dehors pendant la semaine, car ils tentent de passer la frontière vers l'Angleterre en se cachant dans des camions.

Notre objectif?
Leur proposer un logement décent pour dormir au chaud, au moins pendant le week-end.

Comment ça marche?
Concrètement, des bénévoles-taxis récupèrent des migrants chaque samedi matin à Calais pour les amener chez les hébergeurs volontaires. Le lundi matin, les chauffeurs reviennent les chercher et les ramènent à Calais. Notre collectif compte déjà 150 bénévoles, parmi eux des chauffeurs et des hébergeurs.

>> Si vous êtes à Calais et que vous souhaitez être hébergé/e un week-end, ou si vous souhaitez faire partie du réseau d'hébergement solidaire, contactez-nous en MP ou au 03 21 47 63 01.
>> Si vous êtes déjà bénévole, merci de raconter vos expériences dans les commentaires.
>> Et merci de partager ce post!

25 — 56 commentaires — 12 partages

Balthazar Moi, je fais partie du collectif depuis deux ans, je fais taxi. C'est pas grand-chose, mais ça aide, et j'aime bien conduire. Je peux amener des gens n'importe où dans la région. Je mets ma voiture et ma bonne humeur à disposition!
J'aime • Répondre • 3h.

Anne Ma mère a connu l'exil, alors forcément, je me sens concernée. J'héberge des mères célibataires. Avant que les premières femmes viennent à la maison, on se demandait avec ma compagne comment on allait communiquer avec elles. Mais en fait, avec quelques mots d'anglais, de français et d'arabe, les gestes et les regards, ça a bien marché.
J'aime • Répondre • 5h.

Michel Après que la télé a diffusé des images de policiers en train de détruire les tentes des migrants, j'ai décidé d'agir. Je trouve scandaleux que l'État ne fasse pas plus pour l'accueil des migrants, surtout des mineurs. À la maison, en général, une fois qu'ils ont déposé leur sac, la première chose qu'ils demandent, c'est le code wi-fi! Ils ont besoin de parler à leur famille et ils écoutent leur musique. Dehors, ils dorment n'importe où, sans confort ni sécurité. Chez nous, ils peuvent se détendre un peu. Ça leur fait un break.
J'aime • Répondre • 6h.

Lucille Je suis à la retraite et je vis seule, alors je suis contente d'avoir de la compagnie le week-end même si parfois c'est dur d'entendre les histoires de ces jeunes. Il suffit d'une image à la télé, d'un son et, d'un coup, ils se mettent à raconter. Ça peut arriver n'importe quand. À part ça, la plupart du temps on partage des moments heureux et conviviaux. Alors, rejoignez-nous, n'importe qui peut participer à sa manière et en fonction de ses moyens.
J'aime • Répondre • 10h.

DOSSIER 2 | CONSTRUIRE ET (INTER)AGIR

Lire, comprendre et réagir

2. Lisez le post. De quelle initiative parle-t-il ? Résumez-la en quelques phrases. Pourquoi cette initiative a lieu le week-end ?

3. Lisez les commentaires. Pour quelles raisons ces personnes se sont-elles investies dans le collectif ?

4. En quoi est-ce une initiative positive pour les migrants et pour les hébergeurs ? Citez des exemples concrets.

5. Selon vous, quels problèmes peut-on rencontrer quand on héberge une personne inconnue ?

6. Seriez-vous prêt à rejoindre ce genre de collectif ? Pourquoi ?

Travailler la langue

7. Lisez les commentaires d'Anne et Michel. Soulignez les structures qu'ils utilisent pour exprimer l'antériorité et la postériorité. Puis, complétez le tableau.

EXPRIMER L'ANTÉRIORITÉ ET LA POSTÉRIORITÉ (2)

- **avant que** + phrase au _subj._
  Ex. :
- **après que** + phrase à _ind._
  Ex. :
- **une fois que** + phrase à
  Ex. :

➔ CAHIER D'EXERCICES P. 69

8. Comment comprenez-vous les expressions en gras dans les phrases suivantes ?

– Dehors, ils dorment **n'importe où**, sans confort ni sécurité.

– **N'importe qui** peut participer, à sa manière et en fonction de ses moyens.

9. Complétez le tableau.

N'IMPORTE QUI / QUOI...

N'importe _qui_ / quand / _où_ / comment / **quoi** sont utilisés pour parler d'un lieu, d'un moment, d'une personne, d'une manière, d'une chose ou d'une situation indéterminé/e ou sans importance.

N'importe quoi est aussi une expression utilisée pour qualifier un propos ou une action qu'on juge stupide.
Ex. : *Je n'ai pas envie de t'écouter, tu dis **n'importe quoi** !*

➔ CAHIER D'EXERCICES P. 69

Écouter, comprendre et réagir

10. Écoutez ce reportage réalisé à Paris, porte de la Chapelle. De quoi parle-t-il ? Échangez en classe.

11. Réécoutez et relevez les informations sur les deux jeunes qui témoignent.

12. Quels sont les points communs et les différences entre le collectif Solidarité Migrants 62 et l'association Utopia 56 ?

13. Écoutez le témoignage de Boubakar. Quel était son état de santé quand il était à la rue ? Qu'est-ce qui a changé dans sa vie ? Échangez en petits groupes. [SE]

14. Quelles sont les deux valeurs dont Boubakar parle à la fin de l'interview ?

☐ la liberté   ☐ l'humanisme
☐ l'égalité   ☐ la solidarité
☐ la fraternité   ☐ la tolérance

Produire et interagir

15. En petits groupes, faites un débat sur l'accueil des migrants en jouant les rôles suivants : des militants, des opposants, des indifférents.

● *C'est essentiel d'aider les autres.*
○ *Oui, mais on ne peut pas accueillir n'importe qui chez soi !*

16. Vous souhaitez réagir au post sur l'hébergement solidaire. Rédigez un commentaire de quelques lignes.

17. À deux, faites le portrait de M. ou Mme Jemenfous, puis présentez-le à la classe.

● *M. Jemenfous est insupportable, il laisse ses slips n'importe où...*

18. En petits groupes, reconstituez le parcours d'Adam, un jeune Soudanais, avec les étapes suivantes en utilisant « après que » ou « une fois que » à chaque début de phrase. Puis, imaginez la suite de son histoire.

une guerre éclate dans son pays – il arrive en France – des bénévoles l'aident – une famille l'accueille – il fait des démarches administratives pour avoir des papiers – l'État lui donne des papiers – il prend des cours de français...

● *Après que la guerre a éclaté dans son pays...*

19. À deux, échangez sur ce que vous ferez ou feriez avant ces événements.

- La disparition de toutes les espèces animales
- L'interdiction du foie gras à Noël
- La composition d'un gouvernement exclusivement féminin
- L'arrêt de la production de bouteilles en plastique
- La disparition d'Internet et de la presse
- L'obligation de parler l'espéranto

● *Avant que les espèces animales disparaissent, j'aimerais caresser un koala.*

UNITÉ 9

Avant de lire

1. Situez la Tunisie, le Maghreb et l'Afrique subsaharienne sur une carte. Faites des recherches si nécessaire. [SL3]

---

www.leblogderajah_tunisie.defi.fr

LA TUNISIE DE RAJAH
MILITANTE POUR LES DROITS FONDAMENTAUX

Un tournant historique !
posté le 11/10/2018

La Tunisie adopte une loi contre les discriminations raciales, « la première dans le monde arabe »

L'Assemblée des représentants du peuple de Tunisie a voté mardi 9 octobre [2018] la loi sur l'élimination de toutes les formes de discrimination raciale. Une première dans ce pays où les actes racistes contre la minorité noire et les étrangers subsahariens sont encore nombreux.

[…] Mardi 9 octobre [2018], les députés tunisiens ont légiféré, pour la première fois, pour condamner ces pratiques. À une large majorité des présents (125 voix pour, une contre, et 5 abstentions, sur 217 députés), l'Assemblée des représentants du peuple a décidé d'entendre le signal d'alarme tiré depuis plusieurs années par la société civile tunisienne. La loi sur l'élimination de toutes les formes de discrimination raciale prévoit des peines allant d'un mois à un an de prison et jusqu'à 1 000 dinars (300 euros) d'amende pour des propos racistes. C'est une première en Tunisie : avant l'adoption de la loi, aucun texte juridique ne condamnait formellement les actes racistes.

« La Tunisie a été le premier pays musulman à abolir l'esclavage [en 1846], et nous sommes parmi les premiers à avoir signé la convention des Nations unies en 1965 contre les discriminations raciales. Le vote d'aujourd'hui, c'est une évolution logique. On a mis du temps à le faire mais c'est là, et on peut être fiers d'être les premiers dans le monde arabe », jubile Raouf El May, député (indépendant) qui militait depuis 2016 pour l'adoption de la loi. […]

Commentaires

Posté par **Habib**, *le 11/10/2018*
Bien que cette loi soit essentielle, il y a encore beaucoup à faire. Il faut surtout que nous changions de mentalité !

Posté par **Myriam**, *le 12/10/2018*
Il est important que les personnes noires aient accès à tous les métiers et à des postes à responsabilités, pour moi l'intégration se fait essentiellement par le travail. Cela dit, je trouve fantastique que la Tunisie ait adopté cette loi !

Posté par **Jérémie**, *le 13/10/2018*
Ça me rend heureux qu'on ait adopté cette loi. C'est une victoire pour les Tunisiens !

Posté par **Nuria**, *le 16/10/2018*
Je suis fière que nous ayons enfin une loi contre les discriminations raciales. Par contre, je doute que ce soit facile de prouver qu'on a été victime d'insultes racistes…

Posté par **Mohamed**, *le 20/10/2018*
Une grande avancée pour les droits en Tunisie, je m'en réjouis ! Mais gardons à l'esprit que la loi sera efficace à condition que la police prenne en compte les plaintes des victimes…

Posté par **Hafida**, *le 05/11/2018*
Avant que l'Assemblée vote cette loi, quand on m'insultait, je ne pouvais rien faire, mais maintenant c'est fini ! La prochaine fois qu'on me tiendra des propos racistes, je porterai plainte !

Posté par **Abdullah**, *le 06/11/2018*
Pour que la lutte antiraciste soit efficace dans notre pays, il faudrait agir dès l'école. L'éducation est aussi importante que la loi.

Source de l'article : extrait de www.france24.com, publié le 10/10/2018, par Rémi Carlier

DOSSIER 2 | CONSTRUIRE ET CRÉER

Lire, comprendre et réagir

2. Lisez l'article que Rajah a posté sur son blog. Pourquoi la loi du 9 octobre 2018 est-elle historique ?

3. Quelle est la sanction prévue par la loi ? Vous semble-t-elle sévère ? Échangez en classe.

4. Lisez les commentaires. Que disent les internautes à propos de cette loi ? Sont-ils tous convaincus de son utilité ?

5. Existe-t-il une loi similaire dans votre pays ? Faites des recherches si nécessaire. Selon vous, est-ce suffisant de voter une loi pour lutter contre le racisme ?

Travailler la langue

6. Relisez l'article. À deux, relevez les mots pour parler de la loi et du droit.

7. Faites un remue-méninges : que peut-on exprimer avec le subjonctif ? Relevez les verbes au subjonctif dans les commentaires pour compléter le tableau.

LE SUBJONCTIF (RAPPEL)

On utilise le subjonctif pour exprimer :	
la concession	Ex. : **Bien que** cette loi **soit** essentielle...
l'obligation, la recommandation, la nécessité	Ex. : **Il faut que** nous **changions** de mentalité. Ex. :
une opinion	Ex. : Je **trouve fantastique que** la Tunisie **ait adopté** cette loi.
des	Ex. : Ex. : Je suis **fière que** nous **ayons** enfin une loi.
le	Ex. : Je **doute que** ce **soit** facile de prouver...
la condition	Ex. :
l'antériorité	Ex. : **Avant que** l'assemblée **vote** cette loi...
le but	Ex. :

→ CAHIER D'EXERCICES **P. 69**

Produire et interagir

8. En petits groupes, choisissez trois sujets d'actualité qui vous intéressent. Discutez-en et exprimez votre avis à l'aide du tableau de l'activité 7.

9. À deux, imaginez une nouvelle « loi » farfelue pour l'école. Rédigez un court texte à l'aide du lexique de l'activité 6 en présentant les obligations, les interdictions et les sanctions.

— *La majorité des étudiants de notre classe (8 voix pour, 5 voix contre) a légiféré pour interdire la barbe pour les hommes...*

10. Présentez votre « loi » à la classe qui réagit et donne son opinion.

• *Je trouve scandaleux qu'on interdise la barbe, c'est de la discrimination !*

Écouter, comprendre et réagir

11. Écoutez cette humoriste raconter ce qui lui est arrivé sur scène. Que s'est-il passé durant son spectacle ? Comment a-t-elle réagi ?

12. Relevez dans la deuxième partie du témoignage ce que l'humoriste dit sur le racisme, le vivre-ensemble et la différence. Puis, à deux, échangez pour compléter vos réponses.

13. Avez-vous déjà été témoin ou victime d'actes ou de propos racistes ? Comment avez-vous réagi ? Échangez en petits groupes.

DÉFI #02
ÉCRIRE UN ÉDITORIAL

Vous allez écrire un éditorial pour dénoncer une loi absurde.

▶ À deux, faites des recherches sur Internet sur les lois absurdes d'un pays de votre choix. Choisissez-en une.

▶ Préparez votre édito. Prenez des notes pour expliquer la loi (pays d'origine, personnes concernées, contenu) et listez vos arguments contre cette loi.

▶ Relisez l'édito de la page 134 et sélectionnez les mots et expressions que vous souhaitez utiliser. Rédigez votre édito sous la forme d'un texte de deux paragraphes (explications et arguments).

▶ Lisez votre édito à la classe. Puis, échangez. Quelles sont les lois les plus absurdes ? Quels éditos sont les plus efficaces ? Pourquoi ?

cent trente-neuf **139**

UNITÉ 9 | S'APPROPRIER LES MOTS

Les mots assortis

1. Complétez les séries.

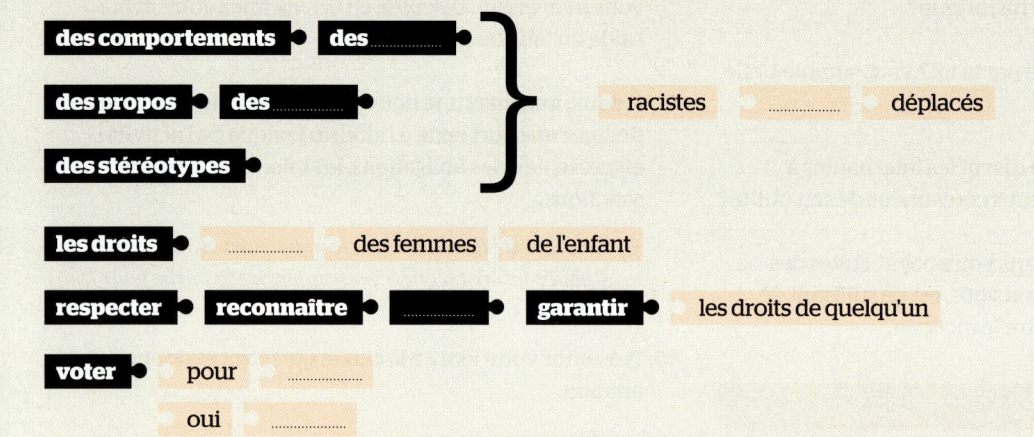

- des comportements • des ....
- des propos • des ....   racistes • .... • déplacés
- des stéréotypes •

- les droits • .... • des femmes • de l'enfant
- respecter • reconnaître • .... • garantir • les droits de quelqu'un
- voter • pour • ....
-         oui • ....

La grammaire des mots

2. Écrivez les mots en *-ité* à partir des adjectifs suivants. Ces mots sont ☐ masculins ☐ féminins. Lesquels composent la devise de la République française ?

- Solidaire : ....
- Égal : ....
- Responsable : ....
- Utile : ....
- Mineur : ....
- Fraternel : ....
- Libre : ....

3. Complétez le tableau. Connaissez-vous d'autres mots finissant en *-isme* ? Ces mots sont ☐ masculins ☐ féminins.

noms	adjectifs
....	raciste
....	machiste
....	paternaliste
le sexisme	....

Mes mots

4. Faites la liste de toutes les fonctions politiques que vous connaissez.

— Un/e ministre
— Le Premier ministre / La Première ministre
— Un/e député/e
— ...

5. Associez chaque expression idiomatique à sa signification.

Tirer le signal d'alarme ○   ○ Prendre le pouvoir de quelqu'un
Détrôner ○   ○ Prévenir d'un danger
Emboîter le pas ○   ○ Diriger, coordonner
Chapeauter ○   ○ Suivre de près

MÉMENTO DES STRATÉGIES

SL Mémento des stratégies de lecture

Les stratégies de lecture vous aident à mieux comprendre un document (article, infographie, affiche, quiz…). Dans ce mémento, retrouvez l'ensemble des stratégies de lecture présentes dans les unités de *Défi*.

Les stratégies avant de lire

SL1 FAITES DES HYPOTHÈSES SUR LE CONTENU DU DOCUMENT

▸ Avant de lire un document, vous pouvez faire des hypothèses sur le contenu.

Pour cela, aidez-vous :
- des illustrations (images, photos, graphiques, icônes…)
- du titre et des sous-titres
- de l'introduction (le petit texte qui introduit, et parfois résume, un texte)
- des mots que vous connaissez déjà dans le texte

▸ Ensuite, vous pouvez vérifier vos hypothèses.
- en lisant le document entier
- en lisant des parties du document (titre, sous-titre, légende…)

SL2 UTILISEZ VOS CONNAISSANCES SUR LE THÈME

▸ Avant de lire un texte, faites la liste de vos connaissances sur le thème du texte.

Pensez :
- aux informations que vous connaissez sur le thème
- aux mots qui peuvent être associés à ce thème (vous pouvez par exemple faire une carte mentale)

SL3 FAITES DES RECHERCHES AVANT DE LIRE

▸ Avant de lire un document, vous pouvez faire des recherches pour découvrir le thème et faire des hypothèses.

Vous pouvez :
- faire des recherches sur Internet
- échanger avec des camarades qui connaissent le thème
- poser des questions à l'enseignant/e

SL4 DEMANDEZ DE L'AIDE À QUELQU'UN

▸ Pendant la lecture, vous pouvez demander de l'aide :
- à vos camarades : qu'est-ce qu'ils ont compris ?
- à votre enseignant/e : comment traduire un mot ou une expression ?

MÉMENTO DES STRATÉGIES

Les stratégies pendant la lecture

SL 5 — UTILISEZ DES RESSOURCES

▶ Pendant la lecture, vous pouvez utiliser un dictionnaire unilingue ou bilingue pour traduire les mots que vous ne comprenez pas.

SL 6 — COMPLÉTEZ VOS HYPOTHÈSES ET FAITES DES SUPPOSITIONS

▶ Vous comprenez toujours quelque chose dans un texte, parfois un ou des mots, parfois une idée… Vous pouvez améliorer votre compréhension en faisant des suppositions.

Vous pouvez :
→ souligner tous les mots que vous connaissez
→ essayer de comprendre le texte à l'aide de vos hypothèses avant de le lire

SL 7 — REPÉREZ LA STRUCTURE DU TEXTE

▶ Vous pouvez repérer la structure du texte : son titre, son introduction, ses sous-titres, ses parties, ses photos, ses légendes… De quoi parle chaque partie du texte ?

SL 8 — REPÉREZ LES CONTENUS CULTURELS

▶ Dans les documents, certains mots, phrases ou photos parlent de la culture francophone ou de contenus culturels nouveaux. Ces contenus peuvent être similaires dans votre culture ou différents. Vous pouvez alors faire des recherches sur Internet ou comparer ces contenus avec votre culture.

SE Mémento des stratégies d'écoute

Les stratégies d'écoute vous aident à mieux comprendre un document audio (reportage, chronique, interview, micro-trottoir...) ou vidéo (reportage, animation, interview, témoignage....).

UNITÉ 1

PISTE 1 | **Activité 7** | **Page 17**

▶ Repérez d'abord les déclencheurs, puis identifiez les personnes impliquées. Faites des hypothèses sur ce que les déclencheurs pourraient éveiller comme souvenirs chez ces personnes.

VIDÉO 1 | **Activité 10** | **Page 17**

▶ Stratégie numérique : activez les sous-titres.

PISTE 2 | **Activité 13** | **Page 19**

▶ D'après ce que vous savez déjà sur le projet de blog, que pensez-vous que le professeur pourrait dire pour le présenter ? De quoi pourrait-il parler ? En écoutant, vérifiez vos hypothèses. Pour les récits des élèves, on peut s'imaginer que les récits vont suivre la structure de ceux du blog.

Essayez de repérer les éléments clés :

→ Les origines : repérez les noms de nationalité ou de pays ;
→ Les raisons de l'installation en France (si vous le voulez, avant d'écouter, faites une liste de raisons pour lesquelles on peut venir s'installer en France) ;
→ Pour finir, repérez comment vont les personnes qui ont immigré en France.

PISTE 3 | **Activité 9** | **Page 21**

▶ Dans le texte qui accompagne l'audio sur le site d'origine (de la radio *Europe 1*), deux éléments sont en gras : « *c'est amusant* » et « *c'est extrêmement vivant, ce n'est pas juste des noms et des dates* ». À votre avis, pourquoi est-ce amusant ? Et, si ce n'est pas que des noms et des dates, qu'est-ce qui est intéressant dans le travail de généalogie ? Écoutez ensuite le texte pour vérifier si les personnes disent ce que vous attendiez ou non.

PISTE 4 | **Activité 9** | **Page 23**

▶ Dans la seconde intervention, Alice dit comment réaliser la technique qu'elle propose. Elle emploie, dans l'ordre indiqué, des mots et expressions que vous devriez reconnaître facilement : « *temps, demi-journée libre, dimanche, jours, enfants, maison, seul, heures, téléphone portable, musique, changera, votre vie* ». À partir de ces mots, pouvez-vous vous imaginer ce qu'elle propose de faire ?

PISTE 5 | **Activité 10** | **Page 25**

▶ Deux « repatriés » sont interviewés. On peut imaginer qu'ils vont parler des raisons de leur retour dans leur pays d'origine et de leur expérience depuis leur retour (aspects positifs et négatifs).

Faites une liste :

→ des possibles raisons pour retourner dans son pays d'origine quand on vient du Sénégal ;
→ ce qu'on peut apprécier à son retour dans son pays d'origine et des problèmes possibles.

▶ Retrouvez-vous des éléments de vos listes dans les interviews ?

MÉMENTO DES STRATÉGIES

UNITÉ 2

PISTE 6 | **Activité 9** | **Page 31**

▶ Faites une liste des fêtes en France. Éventuellement cherchez sur Internet ou un calendrier français. De quelle fête parle le chroniqueur ?

▶ Vous avez défini « tradition » (activité 2), repérez le passage où le chroniqueur donne sa définition. À deux ou trois, écoutez et réécoutez si besoin cette définition, et essayez de la reconstituer (comparez ensuite en grand groupe). Puis, selon le même principe, essayez de comprendre le point de vue du chroniqueur sur les traditions.

VIDÉO 2 | **Activité 15** | **Page 33**

▶ Le court texte de présentation de la vidéo sur YouTube dit : *« Deux couples, une photo de bébé… La guerre est déclarée. »*. Regardez la vidéo, faites attention aux mimiques et expressions faciales. À votre avis, pourquoi peut-on parler de *« guerre »* ? Concentrez-vous sur la mimique de Hugo (2'33-2'43) : quelle est sa réaction quand il regarde la photo du bébé. Regardez son changement de mimique à 2'52 et la réaction du couple en face de lui juste après. Comprenez-vous ce qui se passe ?

▶ Stratégie numérique : si besoin, activez les sous-titres pour vous aider à comprendre.

PISTE 7 | **Activité 10** | **Page 37**

▶ Aline et Eulalie évoquent deux contes : *Le Vilain Petit Canard* et *Cendrillon*. Les connaissez-vous ? Quelqu'un dans le groupe les connait-il ? Si oui, échangez pour savoir de quoi ils parlent. Si non, renseignez-vous sur ces contes avant d'écouter le document audio. Qu'associez-vous avec les contes en général et avec certains contes ? Écoutez les interviews et repérez si vos réponses correspondent à certaines des réponses des personnes interviewées.

PISTE 8 | **Activité 7** | **Page 39**

▶ Avant d'écouter la suite du conte, revoyez comment les personnages sont nommés pour mieux identifier ce qu'ils font ou disent. Dans les activités précédentes, vous avez évoqué des contes de votre culture. Gardez ces informations en tête, elles vous aideront à mieux comprendre.

PISTE 9 | **Activité 8** | **Page 41**

▶ Écoutez en petits groupes. Notez tout ce que vous comprenez. Comparez avec les autres membres du groupe. Si vos notes sont différentes, réécoutez le document et essayez de trouver la version qui correspond à ce que dit la conteuse interviewée.

UNITÉ 3

PISTE 10 | **Activité 8** | **Page 45**

▶ Concentrez-vous d'abord sur les questions. Faites ensuite, grâce à l'infographie et à vos connaissances, des hypothèses sur les réponses d'Alain Bentolila, sinon essayez de deviner et comparez avec ce qu'il dit.

PISTE 11 | **Activité 10** | **Page 47**

▶ Marc et Samia parlent de leur expérience de l'apprentissage du latin. Avant d'écouter, imaginez ce qu'ils pourraient dire. Listez des raisons d'aimer et de ne pas aimer apprendre le latin. En écoutant, identifiez les éléments auxquels vous aviez pensé et essayez de comprendre les autres. Si vous avez des difficultés, notez les mots que vous comprenez et essayez de construire un sens dans ce qui est dit.

PISTE 12 | **Activité 9** | **Page 49**

▶ Relisez l'article, les réactions et l'encadré de la page précédente. Écoutez le dialogue et repérez les éléments communs avec l'article, les réactions et l'encadré.

VIDÉO 4 | **Activité 10** | **Page 53**

▶ Les incrustations des noms des régions et des langues et du nombre de locuteurs vous aideront à comprendre la vidéo.

144 cent quarante-quatre

MÉMENTO DES STRATÉGIES

UNITÉ 4

VIDÉO 5 | Activité 8 | Page 59

▶ Lisez le bandeau sur la vidéo. Si vous ne comprenez pas *« comblés »*, vérifiez dans un dictionnaire. Repérez ensuite quelques mots qui indiquent que les spectateurs interrogés ont été *« comblés »*. Vous pouvez aussi regarder la version avec les sous-titres.

PISTE 14 | Activité 13 | Page 61

▶ Écoutez la seconde partie du document. Essayez de comprendre où se trouvent les personnes qui parlent et de quoi parle la femme. Est-il nécessaire de comprendre tout ce que dit la femme ? Que retiendriez-vous ?

VIDÉO 6 | Activité 8 | Page 63

▶ L'activité ne porte pas sur la compréhension, mais si vous souhaitez comprendre les paroles de cet air d'opéra, cherchez-les sur Internet.

PISTE 15 | Activité 8 | Page 65

▶ Avant d'écouter les interviews, remémorez-vous de ce que vous savez sur les films dont il est question, cela vous aidera à les identifier.

VIDÉO 7 | Activité 10 | Page 67

▶ Activez si besoin les sous-titres.

UNITÉ 5

VIDÉO 8 | Activité 7 | Page 73

▶ Regardez la vidéo sans le son. À votre avis, à quoi sert l'application présentée ? Quelles fonctionnalités spécifiques propose-t-elle ? Un homme est interviewé, regardez sa profession dans le bandeau. À votre avis, que pourrait-il dire ? Regardez ensuite la vidéo avec le son et comparez vos hypothèses à ce qui est dit. Si vous ne comprenez pas tout, mettez-vous en petits groupes pour mettre en commun ce que vous comprenez.

VIDÉO 9 | Activité 10 | Page 75

▶ Regardez la vidéo et concentrez-vous sur le bandeau, les incrustations textuelles et sur toutes les informations écrites (affiche de l'association Emmaüs connect par exemple). De quoi parle cette vidéo ? Quelles informations retenez-vous ?

PISTE 17 | Activité 10 | Page 77

▶ Repérez d'abord les dates évoquées et essayez de comprendre à quoi elles correspondent. Vous pouvez faire des hypothèses avant de réécouter l'audio. Vous aurez peut-être compris *« 1839 »*, à quoi pourrait ressembler un selfie à cette date ? Repérez aussi les noms propres d'artistes que vous connaissez ? À votre avis, pourquoi les évoque-t-on en lien avec les selfies ?

PISTE 18 | Activité 11 | Page 79

▶ Cette émission est un micro-trottoir. Rappelez-vous de quoi il s'agit. Quelle est la structure typique d'une telle émission ? Repérez ensuite la question qui est posée. Et faites des hypothèses sur de possibles réponses avant d'écouter le document.

VIDÉO 11 | Activité 15 | Page 83

▶ Voici le texte qui annonce la vidéo sur le site de *France Info TV* : « *Avec le hashtag "Balance ton taudis", les Marseillais s'indignent de l'état des habitations dans la cité phocéenne (Bouches-du-Rhône), après l'effondrement de trois immeubles lundi 5 novembre* ». Avant de regarder la vidéo, faites des hypothèses sur son contenu. Si vous ne comprenez pas *« taudis »*, cherchez-le dans un dictionnaire. Concentrez-vous sur les éléments visuels : images, textes... pour confirmer ou infirmer vos hypothèses et les compléter. On voit par exemple des commentaires sur des réseaux sociaux. Lisez-les, de quoi parlent-ils ?

cent quarante-cinq **145**

MÉMENTO DES STRATÉGIES

UNITÉ 6

PISTE 19 | **Activité 9** | **Page 87**

▶ Avant d'écouter l'émission, répondez à la question du titre : « *Comment vous informez-vous ?* ». Essayez d'être précis : par exemple, comment lisez-vous un journal ou un article en ligne ? Lisez-vous tout ? Seulement les titres ? Échangez en petits groupes. Ensuite, repérez dans l'émission ce qui est similaire à vos réponses.

PISTE 20 | **Activité 10** | **Page 87**

▶ Même stratégie que l'audio précédent.

VIDÉO 12 | **Activité 2** | **Page 90**

▶ Pas de stratégie. Vidéo essentiellement visuelle avec des éléments en anglais.

PISTE 23 | **Activité 13** | **Page 95**

▶ Pendant que l'autre groupe est sorti, comparez ce que vous avez compris entre vous, réécoutez les passages dont vous n'êtes pas sûrs et mettez-vous d'accord sur une version commune avant le retour de l'autre groupe.

PISTE 24 | **Activité 14** | **Page 95**

▶ Même stratégie que l'audio précédent.

UNITÉ 7

VIDÉO 14 | **Activité 7** | **Page 101**

▶ Avant de visionner la vidéo, comparez ce qu'évoque pour chacun de vous le concept de 8e continent. Regardez le film d'animation sans le son et préparez le commentaire audio du document. Revisionnez le document avec le son et repérez s'il y a des informations complémentaires ou différentes de ce que vous aviez imaginé. Essayez de les comprendre en vous aidant des images et en comparant entre vous en petits groupes ce que vous comprenez.

PISTE 27 | **Activité 10** | **Page 103**

▶ Regardez l'affichette ci-dessus que diffuse la ville de Paris. Elle pourrait être collée dans le local à poubelle des personnes que vous allez entendre. Écoutez ensuite le dialogue et repérez les noms des déchets dont il est question. Dans quelle poubelle doivent-ils être déposés ? Est-ce que cela correspond à ce que dit chacun des personnages ?

146 cent quarante-six

MÉMENTO DES STRATÉGIES

UNITÉ 7

VIDÉO 15 | Activité 10 | Page 105

▶ Voici le court texte qui annonce la vidéo sur le site de la chaîne *France 3*: «*Installée il y a plus de 20 ans à Castres, l'entreprise Thouy propose de la vaisselle jetable sans plastique, à base de végétaux. Des produits compostables, de plus en plus demandés par les particuliers et les entreprises*». Repérez les moments où il est question des différentes informations présentes dans ce texte. Complétez-les avec ce que vous comprenez. Par exemple: de quels matériaux végétaux s'agit-il? Comment se traduit l'augmentation de la demande?

VIDÉO 16 | Activité 8 | Page 107

▶ Le titre de la vidéo est *4 minutes pour tout comprendre sur le changement climatique*. Avant de visionner la vidéo, demandez-vous quelles informations pourrait contenir la vidéo. Collectez notamment tout ce que chacun de vous sait sur le réchauffement climatique. Visionnez la vidéo et comparez avec ce que vous auriez mis comme information.

VIDÉO 17 | Activité 8 | Page 109

▶ La vidéo comporte une partie intitulée *Quelles sont les conséquences du changement climatique?* Avant de visionner cette partie, demandez-vous quelles pourraient être les réponses à cette question. Regardez ensuite en faisant attention aux images. Les réponses de la vidéo sont-elles celles auxquelles vous aviez pensé? Si ce n'est pas le cas, qu'est-ce qui est différent?

▶ La troisième partie de la vidéo est intitulée *Limiter et s'adapter au changement*. Là aussi, avant de la regarder, faites des hypothèses sur le contenu et comparez vos attentes à la vidéo.

UNITÉ 8

PISTE 29 | Activité 8 | Page 115

▶ Dans cet audio, concentrez-vous sur la thématique. De quoi va parler l'émission? Ensemble, écoutez notamment la question posée et essayez ensemble de la transcrire. La personne interviewée commence sa réponse par «*alors, en fait*» qui sert souvent à introduire une opposition, par exemple entre une idée et la réalité. Repérez cette opposition dans le document.

PISTE 30 | Activité 10 | Page 115

▶ Essayez de transcrire la question posée, puis essayez dans un premier temps de comprendre le sens global de la réponse et ensuite de comprendre les raisons. Vous entendrez que l'expression «*grâce à*» est répétée et mise en relief, essayez de repérer les mots qui la suivent.

VIDÉO 18 | Activité 10 | Page 117

▶ Activez les sous-titres pour mieux suivre le discours.

VIDÉO 19 | Activité 8 | Page 121

▶ L'association dont il est question s'appelle Save Dakar. À votre avis, à quoi s'intéresse-t-elle? Quelles pourraient être ses actions? En vous aidant des images, essayez de comprendre quelles sont les actions concrètes entreprises par Maguette Gaye et par Mandione Laye Kébé, le fondateur de Save Dakar.

cent quarante-sept **147**

MÉMENTO DES STRATÉGIES

UNITÉ 9

VIDÉO 20 | **Activité 8** | **Page 129**

▶ A la fin de la vidéo, un texte est diffusé à l'écran et oralement : «*En France, 8 femmes sur 10 ont déjà été confrontées à des remarques sexistes au travail*». Regardez la vidéo. Que se passe-t-il ? De quoi parlent les femmes ? Faites le lien avec le texte de la fin de la vidéo.

PISTE 34 | **Activité 15** | **Page 131**

▶ Le document audio traite de la discrimination au travail. Avant de l'écouter, faites une liste des possibles raisons de discrimination. Mettez ces listes en commun pour avoir une liste du groupe. Écoutez ensuite le document et cochez les raisons évoquées. S'il y en a d'autres, essayez de les comprendre à plusieurs en comparant ce que vous entendez.

VIDÉO 21 | **Activité 16** | **Page 133**

▶ La vidéo s'intitule Parité hommes-femmes : à l'Elysée, faites ce que je dis, pas ce que je fais. Si vous pensez à ce titre – il s'agit d'une expression française –, à votre avis, pourquoi voit-on et entend-on le président Macron ? Lisez les éléments textuels et infographiques, quelles informations en retirez-vous ? Quel est le lien avec ce que dit le président Macron ? Faites le lien avec le titre.

PISTE 35 | **Activité 7** | **Page 135**

▶ Le document présente une interview de Alice Ghys est co-directrice du Carillon, un projet de l'association La Cloche qui est *« un réseau de commerçants solidaires qui proposent des petits services gratuits à tous ceux qui en ont besoin »*. Regardez le logo du projet. Qu'en tirez-vous comme conclusion sur ce que propose le Carillon ? Recherchez sur Internet des informations sur l'association, notamment sur ses actions. Mettez en commun les informations trouvées. Regardez ensuite la vidéo en gardant en tête tout cela. Recherchez dans un dictionnaire, ce que signifie *« carillon »* et, si besoin, *« cloche »*. Quelle est la définiton que retient Alice Ghys ?

PISTE 37 | **Activité 13** | **Page 137**

▶ Voici le témoignage de Boubakar, aidé par l'association Utopia. À votre avis, de quoi pourrait parler une personne qui a été accueillie par des habitants locaux ? Repérez des mots que vous comprenez facilement dans ce que dit Boubakar et essayez de comprendre ce dont il parle.

PRÉCIS DE GRAMMAIRE

PRÉCIS DE GRAMMAIRE

LES DÉTERMINANTS

Les déterminants accompagnent le nom. Ils le précèdent et s'accordent en genre et en nombre avec celui-ci.

Les articles

	Articles définis	Articles indéfinis	Articles partitifs	Articles contractés
Masculin singulier	le, l'	un	du, de l'	du, au
Féminin singulier	la	une	de la, de l'	de la, à la
Masculin pluriel	les	des	des	des, aux
Féminin pluriel	les	des	des	des, aux

Ex. : **Un** (article indéfini) *homme entre dans* **la** *(article défini) boulangerie de mon frère. Il vient* **du** *(article contracté) village voisin. Il achète* **du** *(article partitif) pain.*

Les adjectifs possessifs

Ils indiquent un lien d'appartenance entre deux personnes, entre une ou plusieurs personne(s) et un ou plusieurs objet(s).

Personne	Masculin	Féminin	Masculin	Féminin
	Singulier	Singulier	Pluriel	Pluriel
	C'est...	C'est...	Ce sont...	Ce sont...
à moi	mon avis	ma santé	mes habitudes	mes habitudes
à toi	ton avis	ta santé	tes habitudes	tes habitudes
à lui / à elle	son avis	sa santé	ses habitudes	ses habitudes
à nous	notre responsabilité	notre responsabilité	nos valeurs	nos valeurs
à vous	votre responsabilité	votre responsabilité	vos valeurs	vos valeurs
à eux / à elles	leur responsabilité	leur responsabilité	leurs valeurs	leurs valeurs

❗ On emploie **mon**, **ton**, **son** devant un nom féminin commençant par une voyelle ou un **h** muet et on fait la liaison.
Ex. : *La gastronomie de* **son île** *est variée.* (une île) → [sɔ̃nil]

Les déterminants démonstratifs

Ils introduisent des noms représentant des personnes, des choses, des lieux qu'on désigne à l'interlocuteur ou bien ils reprennent un nom déjà évoqué.

	Masculin	Féminin
Singulier	ce / cet	cette
Pluriel	ces	ces

Ex. : *Regarde* **ce** *magnifique collier !*

❗ Devant un nom commençant par une voyelle ou un **h** muet, **ce** → **cet** [sɛt].

Les déterminants indéfinis — PAGE 53

Les indéfinis indiquent qu'une quantité ou une identité est imprécise.

Indiquer une quantité non chiffrée

Une quantité nulle	**aucun/e** + nom singulier + phrase
Une quantité réduite	**quelques** + nom pluriel
Une quantité importante	**plusieurs** + nom pluriel
Presque la totalité	**la plupart de** + nom pluriel
La totalité	**tout / toute / tous / toutes** + déterminant + nom **chaque** + nom au singulier

Ex. : *Je ne sais parler* **aucune** *langue amérindienne.*
Il existe **quelques** *langues régionales en France.*
Plusieurs *langues dominent dans le monde mais* **chaque** *langue devrait avoir sa place /* **toutes** *les langues devraient avoir leur place.*

Indiquer une identité indéterminée

Une petite quantité d'individus ou de choses	**certains / certaines** + nom au pluriel
Distinguer des individus ou des choses	déterminant + **autre/s** + nom

Ex. : **Certaines** *langues ont disparu,* **d'autres** *ont survécu.*

LE VERBE

Le verbe est formé de deux parties : base + terminaison. La terminaison indique le mode, le temps et la personne auxquels on conjugue le verbe. Un verbe est régulier quand sa base est identique à tous les temps. Un verbe est irrégulier quand sa base n'est pas identique à tous les temps.

LES TEMPS ET LES MODES

On distingue trois grandes familles de temps : le passé, le présent et le futur.
Il existe six modes qui se conjuguent avec des temps différents : l'indicatif (dont le conditionnel), le subjonctif, l'impératif, l'infinitif, le participe et le gérondif.

Le passé composé — PAGES 19-21

Le passé composé se forme avec deux éléments : l'auxiliaire **avoir** ou **être** conjugué au présent de l'indicatif + le participe passé du verbe conjugué.
Comme dans tous les temps composés, pour la plupart des verbes, on utilise l'auxiliaire **avoir**. Mais, on utilise l'auxiliaire **être** avec les verbes : **aller, arriver, venir, partir, sortir, entrer, retourner, naître, mourir, devenir, monter, descendre, tomber**, et les verbes pronominaux.

150 cent cinquante

PRÉCIS DE GRAMMAIRE

L'accord du participe passé avec *être*

Avec l'auxiliaire **être**, le participe passé s'accorde en genre et en nombre avec le sujet.
Ex. : *Ils **sont partis** hier matin en voyage.*

L'accord du participe passé avec *avoir*

Quand le verbe au passé composé est conjugué avec l'auxiliaire **avoir**, le participe passé ne s'accorde pas avec le sujet.
Ex. : *Elle a pass**é** des années à chercher ses origines.*

Le participe passé s'accorde en genre et en nombre avec le COD quand ce dernier est placé avant le verbe.
Le COD peut être :
- un pronom personnel (**me**, **te**, **le**, **la**, **nous**, **vous**, **les**)

Ex. : *Ils ont retrouv**é** leurs ancêtres.* (Le COD est placé après le verbe, le participe passé ne s'accorde pas.)
Ex. : *Ils **les** ont retrouv**és**.* (Le COD est placé avant le verbe, le participe passé s'accorde.)

- le pronom relatif **que**

Ex. : *Les ancêtres **qu'**ils ont retrouv**és** vivaient en Italie.*

L'accord des verbes pronominaux

Rappel : Les verbes pronominaux se construisent avec un pronom personnel réfléchi (**me**, **te**, **se**, **nous** et **vous**) de la même personne que le sujet et placé avant le verbe.
Ex. : *Je **me** lève, tu **te** douches, il **se** couche, nous **nous** lavons, vous **vous** coiffez, elles **s'**habillent.*

Au passé composé, les verbes pronominaux se conjuguent avec **être**. Le participe passé s'accorde avec le sujet quand le pronom réfléchi est COD ou quand les verbes sont essentiellement pronominaux.
Ex. : *Nous **nous** sommes réun**is** pour créer une association.*

L'imparfait — PAGE 19

L'imparfait est un temps du passé. Il ne précise pas les bornes temporelles de l'action ou de l'état dont on parle. Il permet de décrire une situation passée.
Ex. : *Avant, les gens n'**allaient** pas au cinéma.*

Pour former l'imparfait, on ajoute les terminaisons **-ais**, **-ais**, **-ait**, **-ions**, **-iez**, **-aient** à la base du verbe conjugué au présent de l'indicatif et à la première personne du pluriel (nous). La base est identique pour toutes les personnes.
Ex. : *Nous visitons → Je visit**ais**, tu visit**ais**, il/elle/on visit**ait**, nous visit**ions**, vous visit**iez**, ils/elles visit**aient***

⚠ La base du verbe **être** à l'imparfait est **ét-** : *j'**étais**, tu **étais**, il/elle/on **était**, nous **étions**, vous **étiez**, ils/elles **étaient***

L'imparfait perd sa valeur de temps du passé et peut être utilisé pour :
- faire une proposition avec (**Et**) **si** + phrase à l'imparfait.

Ex. : *Et si on **allait** visiter le Louvre cet après-midi ?*

- faire une hypothèse (qui ne peut pas se réaliser dans le moment présent) avec **si** + imparfait. La conséquence de cette hypothèse imaginaire est exprimée au conditionnel présent, car elle ne peut pas non plus se réaliser dans le moment présent.

Ex. : *Si tout le monde **parlait** la même langue, il y **aurait** moins de malentendus.*

L'alternance imparfait / passé composé — PAGE 19

On utilise très souvent l'imparfait et le passé composé pour raconter, évoquer le passé. Les deux temps forment un contraste dans le récit :
- Les verbes à l'imparfait constituent l'arrière-plan du récit. On utilise l'imparfait pour décrire la situation.
- Les verbes au passé composé font avancer le récit. On emploie le passé composé pour rapporter les actions.

Pour exprimer l'idée de rupture, de changement brusque dans le récit, on peut utiliser **soudain**, **lorsque**, **alors**, **quand** + verbe au passé composé.
Ex. : *Elle ne **savait** ni lire ni écrire (description), alors elle **a pris** des cours (action/rupture).*

Le plus-que-parfait — PAGE 67

Le plus-que-parfait est un temps composé du passé. Il est formé de deux éléments : l'auxiliaire **avoir** ou **être** à l'imparfait + le participe passé du verbe conjugué. Il exprime l'idée qu'une action ou un fait est achevé/e dans le passé. Il marque l'antériorité d'une action ou d'un fait par rapport à un/e autre.

On l'emploie par rapport à un fait passé exprimé avec :
- l'imparfait

Ex. : *En 2010, Catherine Deneuve **était** très drôle dans le film Potiche mais elle **avait été** remarquable dans 8 femmes.*

- le passé composé

Ex. : *Michel Fau **a repris** à Paris Fleur de Cactus, la comédie légère qu'il **avait jouée** à Paris en 2016.*

Quand le plus-que-parfait est employé par rapport à un fait présent, c'est pour éloigner fortement le fait passé du présent.
Ex. : *Julien Desforges **annonce** à Antonia qu'il veut l'épouser. Mais auparavant, il lui **avait affirmé** qu'il était marié.*

Le futur — PAGE 27

Le futur permet d'exprimer la réalisation d'un fait, d'un état dans l'avenir proche ou lointain. Il indique une idée de certitude.
Ex. : *Je suis sûre que dans une semaine tout **ira** mieux.*

La base du verbe conjugué au futur est en général l'infinitif de ce verbe. On ajoute les terminaisons **-ai**, **-as**, **-a**, **-ons**, **-ez**, **-ont** à la base verbale (identique pour toutes les personnes).

Les verbes qui se terminent par un **-e** à l'infinitif (**dire**, **prendre**, etc.) perdent ce **-e** final au futur.
Ex. : *J'espère que la ville **prendra** l'initiative d'ouvrir un grand complexe sportif.*

Le conditionnel présent — PAGE 125

La base du verbe conjugué au conditionnel est identique à celle du futur. Pour former le conditionnel, on ajoute les terminaisons de l'imparfait **-ais**, **-ais**, **-ait**, **-ions**, **-iez**, **-aient** à la base verbale qui est la même pour toutes les personnes.

On emploie le conditionnel pour :
- donner un conseil ou suggérer quelque chose

Ex. : *Tu **devrais** faire du yoga pour ton mal de dos.*

cent cinquante et un **151**

PRÉCIS DE GRAMMAIRE

- évoquer une hypothèse, faire une supposition

Ex. : *Ce **serait** à cause de la pollution.*

- formuler une demande polie (souvent avec **vouloir**)

Ex. : *Je **voudrais** un kilo de carottes, s'il vous plaît.*

- faire une proposition (souvent avec **pouvoir**)

Ex. : *On **pourrait** visiter une expo samedi prochain.*

Le conditionnel passé

Le conditionnel passé est un temps composé du passé. Il est formé de deux éléments : l'auxiliaire **avoir** ou **être** conjugué au conditionnel présent + le participe passé du verbe conjugué.

On emploie le conditionnel passé pour exprimer un sentiment ou un jugement négatif sur un fait passé comme :

- le regret

Ex. : *J'**aurais dû** aller jusqu'au bout de mon projet.*

- le reproche (souvent avec **devoir** ou **pouvoir**)

Ex. : *Ils **auraient pu** être plus indulgents.*

Le conditionnel passé permet également de donner une information dont on n'est pas sûr. C'est un procédé souvent utilisé par les journalistes.

Ex. : *On **aurait refusé** sa candidature parce que c'est une femme.*

Pour faire des hypothèses dans le passé, on utilise :
Si + plus-que-parfait (hypothèse imaginaire dans le passé), suivi du conditionnel passé (conséquence imaginaire).

Ex. : *Si j'**avais été** un garçon, j'**aurais travaillé** dans le bâtiment.*

L'impératif

Le mode impératif se conjugue avec **tu**, **nous** et **vous**. Pour le former, on prend le verbe conjugué au présent de l'indicatif et on supprime les pronoms personnels.

Ex. : *Nous réduisons le gaspillage.* → ***Réduisons** le gaspillage !*

❗ Pour les verbes qui se terminent en –**er** à l'infinitif, le –**s** de la deuxième personne du singulier disparaît.

Ex. : *Tu mang**es**.* → *Mange.*

À la forme négative, le verbe à l'impératif est encadré par **ne** et **pas**.

Ex. : ***Ne** regarde **pas** ça.*

La place des pronoms en et y à l'impératif

Les pronoms **en** et **y** se placent après le verbe. Le verbe à l'impératif et le pronom sont reliés par un trait d'union.

Ex. : *Prends-**en**. Prenez-**en**.*

On rétablit le -**s** à la 2ᵉ personne du singulier des verbes en –**er**.

Ex. : *Va* → *Vas-y. Mange !* → *Manges-en !*

Les verbes pronominaux à l'impératif

À la forme affirmative, le pronom réfléchi se transforme en pronom tonique et se place après le verbe. Le verbe et le pronom sont reliés par un trait d'union.

Ex. : *Repose-**toi** ! Reposez-**vous** !* (infinitif : se reposer)

À la forme négative, le pronom réfléchi est placé juste avant le verbe.

Ex. : *Ne **te** fatigue pas trop. Ne **vous** fatiguez pas trop.* (infinitif : se fatiguer)

Le subjonctif présent   PAGE 33

Le subjonctif présent se forme sur la même base verbale que celle du verbe conjugué à la troisième personne du pluriel au présent de l'indicatif. On ajoute à cette base verbale les terminaisons : -**e**, -**es**, -**e**, -**ions**, -**iez**, -**ent**.

Ex. : *Ils part**ent*** → *(que) je part**e***

Partir
que je part**e**
que tu part**es**
qu'il / elle / on part**e**
que nous part**ions**
que vous part**iez**
qu'ils / elles part**ent**

Il existe cependant quelques verbes irréguliers courants (voir les tableaux de conjugaison) :

Avoir → (que) j'**aie**, nous **ayons**, vous **ayez**

Être → (que) je **sois**, nous **soyons**, vous **soyez**

Faire → (que) je **fasse**, nous **fassions**, vous **fassiez**

Aller → (que) j'**aille**, nous **allions**, vous **alliez**

Pouvoir → (que) je **puisse**, nous **puissions**, vous **puissiez**

Vouloir → (que) je **veuille**, nous **voulions**, vous **vouliez**

Savoir → (que) je **sache**, nous **sachions**, vous **sachiez**

Dans le cas des verbes en –**er**, les formes sont identiques à l'indicatif présent et au subjonctif présent pour **je**, **tu**, **il/elle/on**, **ils/elles**.

En général, la base verbale reste identique à toutes les personnes. Cependant, pour **nous** et **vous**, elle peut parfois subir des changements, et les formes sont généralement les mêmes que celles de l'imparfait.

Voir → (que) je **voie**, nous **voyions**, vous **voyiez**

Prendre → (que) je **prenne**, nous **prenions**, vous **preniez**

Venir → (que) je **vienne**, nous **venions**, vous **veniez**

Le subjonctif est un des six modes du français. Il se conjugue au présent et à trois temps du passé (l'imparfait, le passé, le plus-que-parfait). Il indique que le locuteur a un rapport subjectif à la réalité.

Il s'emploie notamment pour exprimer :

- un sentiment, une émotion

Ex. : *Je suis contente que tu **viennes** !*

- un désir, un souhait

Ex. : *Nous voudrions tellement qu'il **soit** là, avec nous.*

- une volonté

Ex. : *Je veux que tu **partes** avec moi en voyage.*

- une nécessité, l'obligation

Ex. : *Il faut que tu **remplisses** ce formulaire.*

PRÉCIS DE GRAMMAIRE

- la concession

Ex. : *Bien que cette loi **soit** essentielle, il y a encore beaucoup à faire.*

- une opinion

Ex. : *Je trouve fantastique que la Tunisie **adopte** cette loi.*

- le doute

Ex. : *Je doute que ce **soit** facile de prouver...*

- la condition

Ex. : *La loi sera efficace à condition que la police **prenne** en compte les plaintes des victimes.*

- l'antériorité

Ex. : *Avant que l'assemblée **vote** cette loi, on ne pouvait pas porter plainte.*

- le but

Ex. : *Pour que la lutte antiraciste **soit** efficace dans notre pays, il faudrait agir dès l'école.*

Les verbes d'opinion avec indicatif / subjonctif 49

Les verbes d'opinion introduisent le point de vue personnel du locuteur.

À la forme affirmative, les verbes d'opinion sont suivis du pronom relatif **que** et d'un verbe conjugué à l'indicatif. L'indicatif indique un certain degré de certitude, de probabilité dans l'avis du locuteur.

Ex. : *Je **trouve** que les activités proposées **sont** très intéressantes.*

À la forme négative et à la forme interrogative, on peut choisir entre l'indicatif et le subjonctif.

- L'emploi de l'indicatif exprime une certitude du locuteur.

Ex. : *Je ne pense pas que le latin et le grec **disparaîtront** de l'école.* (= Je suis sûr que le latin et le grec ne disparaîtront pas.)

- L'emploi du subjonctif introduit l'idée de doute.

Ex. : *Je **ne pense pas** que le latin et le grec **disparaissent** de l'école.* (= Je doute que le latin et le grec disparaissent, mais je n'en suis pas sûr.)

C'est la même chose à la forme interrogative.

Ex. : ***Pensez-vous** que le latin et le grec **disparaîtront** ?*
***Pensez-vous** que le latin et le grec **disparaissent** de l'école ?*

Quelques verbes et expressions pour exprimer son opinion : **penser, croire, trouver, estimer, avoir l'impression, supposer, imaginer, se douter, affirmer, être sûr/e, être certain/e, être persuadé/e, être convaincu/e.**

Le subjonctif passé PAGE 83

Le subjonctif passé est un temps composé. Il est formé de l'auxiliaire **avoir** ou **être** au subjonctif présent + le participe passé du verbe conjugué.

Avoir		*Être*	
Subjonctif présent	**Subjonctif passé**	**Subjonctif présent**	**Subjonctif passé**
j'aie	j'aie eu	je sois	j'aie été
tu aies	tu aies eu	tu sois	tu aies été
il/elle ait	il/elle ait eu	il/elle soit	il/elle ait été
nous ayons	nous ayons eu	nous soyons	nous ayons été
vous ayez	vous ayez eu	vous soyez	vous ayez été
ils aient	ils aient eu	ils soient	ils aient été

Le subjonctif s'emploie très souvent dans une phrase subordonnée, c'est-à-dire qui dépend d'un autre verbe. On emploie le subjonctif passé pour parler d'un fait passé par rapport au temps du verbe principal.

Ex. : *Je suis fière (1) que les femmes **aient pris** des initiatives (2).*
(1) moment présent – (2) moment passé

Le participe présent 61

Le verbe au participe présent ne se conjugue pas. Il est invariable. Sa base verbale est identique à celle du verbe conjugué à la première personne du pluriel du présent de l'indicatif, à laquelle on ajoute –**ant**.

Ex. : *Nous **rêv**ons (indicatif présent) → rêv**ant** (participe présent)*

⚠ Avoir → *nous **avons** → **ayant*** (participe présent)
Être → *nous **sommes** → **étant*** (participe présent)
Savoir → *nous **savons** → **sachant*** (participe présent)

Le participe présent donne des informations sur un nom. Il peut être accompagné par :

- un COD ou un COI

Ex. : *Le cirque recherche des artistes **parlant bien anglais**.*

- un adverbe

Ex. : *Les artistes **chantant mal** ont peu de chance de trouver un emploi au cirque.*

Il peut être à la forme négative.

Ex. : *Les artistes **ne parlant pas** bien anglais ne seront pas sélectionnés pour le prochain spectacle.*

On peut remplacer le participe présent par une proposition relative introduite par le pronom **qui** + le verbe conjugué.

Ex. : *Le cirque recherche des artistes **qui parlent** bien anglais.*
(= parlant bien anglais)

Le participe passé composé 123

Le participe a également une forme au passé composé. Il est formé de avoir (**ayant**) ou être (**étant**) au participe présent + le participe passé du verbe conjugué.
On emploie le participe passé composé pour indiquer l'antériorité d'une action par rapport à une autre.

Ex. : *N'**ayant** pas **constaté** de changement dans vos habitudes, je me vois dans l'obligation de porter plainte.*

cent cinquante-trois **153**

PRÉCIS DE GRAMMAIRE

Le gérondif — PAGE 69

Le verbe au mode gérondif ne se conjugue pas. Il est invariable. Le gérondif a la même forme que le participe présent, mais il se construit avec la préposition **en** placé devant le verbe.

Le gérondif s'emploie pour donner des informations complémentaires sur le sujet. La personne qui fait l'action du verbe conjugué et l'action du verbe au gérondif est identique. Les informations sont l'équivalent d'un complément circonstanciel de temps (quand ?) ou de manière (comment ?).
Ex. : *J'ai appris à connaître la Norvège **en préparant** mon voyage.* (comment j'ai appris ? en préparant)
Ex. : ***En arrivant** à Paris, j'ai été surpris par l'architecture.* (quand j'ai été surpris ? en arrivant)

LA FORME PASSIVE — PAGE 89

Dans une phrase à la voix active, le sujet effectue l'action. La voix active se présente ainsi : sujet (celui qui fait l'action) + verbe + complément.
Ex. : *Les internautes adaptent, manipulent ou inventent les informations.*

Une phrase avec un verbe suivi d'un COD à la voix active peut être transformée à la voix passive. La voix passive se présente ainsi : sujet (le COD de la voix active) + auxiliaire **être** + participe passé du verbe conjugué + complément d'agent.
Ex. : *Les informations sont adaptées, manipulées ou inventées par les internautes.*

Le sujet de la phrase à la voix active devient complément d'agent dans la phrase transformée à la voix passive. Le complément d'agent est introduit par les prépositions :
- **par** (le plus souvent), surtout quand il s'agit d'une action concrète

Ex. : *Une nouvelle rubrique a été lancée **par** les journalistes du Monde.*
- **de / du / de la / des** quand il s'agit de sentiments

Ex. : *Le site Décodex est très apprécié **des** professeurs.*

Toutes les phrases construites avec **être** + participe passé ne sont pas à la voix passive. Une phrase est à la voix passive quand on peut reconstituer une phrase à la voix active à partir de celle-ci.
Ex. : *Le public est bien informé.* (C'est un état, il n'y a pas de complément d'agent.)
Ex. : *Le public est bien informé **par** les journalistes.* (voix passive) → *Les journalistes informent bien le public.* (voix active)

La voix passive est surtout utilisée dans le style journalistique pour :
- ne pas mentionner celui qui fait l'action (l'agent)

Ex. : *Le site a été piraté cette nuit.*
- placer celui qui subit l'action (le patient) en position d'information principale

Ex. : *L'article a été lu par des milliers d'internautes.* (Au lieu de : *Des milliers d'internautes ont lu l'article.*)

Pour exprimer une action subie par le sujet, on utilise aussi :
- certaines constructions pronominales (quand le sujet n'est pas une personne)

Ex. : *Les fausses informations **se diffusent** vite.*
- les verbes **se faire, se laisser, se voir, s'entendre** + infinitif

Ex. : *Le journal **s'est fait pirater**.*

LES PRONOMS

Les pronoms remplacent un groupe de mots. En général, ils permettent d'éviter les répétitions.

Les pronoms toniques — PAGE 41

Un pronom tonique correspond à chaque pronom personnel sujet. Certaines formes du pronom tonique sont identiques aux pronoms personnels sujets.

Pronoms personnels sujets	Pronoms toniques
je	moi
tu	toi
il	lui
elle	elle
nous	nous
vous	vous
ils	eux
elles	elles

Les pronoms toniques s'emploient également après les prépositions (**à, de, pour, contre, sans, avec, par, en, sous, sur, après, avant, devant, derrière**, etc.).
Ex. : *La famille compte **sur lui**.* (compter **sur** qqn)
*Il est parti **après nous**.*

Pour les verbes qui se construisent avec la préposition **à**, on emploie généralement le pronom personnel COI (**me, te, lui, nous, vous, leur**).
Ex. : *Elle **lui** téléphone tous les jours.* (parler **à** quelqu'un)

Par contre, quand la préposition **à** est exprimée, on emploie le pronom tonique. C'est le cas notamment des verbes pronominaux.
Ex. : *Il s'intéresse **à toi**.* (s'intérerser **à** quelqu'un)

Il existe également plusieurs verbes courants avec lesquels on emploie un pronom tonique : **être à, penser à, faire attention à, tenir à, parvenir à, avoir affaire à**.
Ex. : *Cette bague est **à moi**.*

⚠️ Les pronoms personnels COI **lui, nous, vous** ont des formes identiques à celles des pronoms toniques mais ils n'ont ni la même nature, ni la même place dans la phrase.
Ex. : *Il **vous** ressemble beaucoup.* (pronom personnel COI)
*Le magasin est juste derrière **vous**.* (pronom tonique)

154 cent cinquante-quatre

PRÉCIS DE GRAMMAIRE

Les pronoms démonstratifs

Les formes simples

	Masculin	Féminin	Neutre
Singulier	celui	celle	ce / c'
Pluriel	ceux	celles	ce

Celui, **celle**, **ceux** et **celles** ne peuvent pas s'employer seuls. En général, ils sont complétés par une proposition relative introduite par **qui** ou **que**.
Ex. : *Tu voudrais **celui qui** est plus original ou **celui que** tout le monde porte ?*

Les formes composées

	Masculin	Féminin	Neutre
Singulier	celui-ci celui-là	celle-ci celle-là	ceci, cela ça
Pluriel	ceux-ci ceux-là	celles-ci celles-là	

À l'oral, les pronoms démonstratifs représentent un ou des objet(s) que le locuteur désigne à son interlocuteur. La parole peut être accompagnée d'un geste (par exemple, la main ou le doigt pointé sur la chose désignée).

Dans un texte, ils sont utilisés pour reprendre un groupe de mots déjà évoqué ou qui va être évoqué.

Les pronoms démonstratifs prennent le genre et le nombre du groupe de mots qu'ils remplacent.
Ex. : *Je n'aime pas les chaussures noires qui sont en promotion, je préfère **celles-ci**.*

❗ Avant, les adverbes **-ci** et **-là** permettaient de distinguer un objet proche du locuteur d'un objet plus éloigné. Mais aujourd'hui, on a tendance à utiliser l'adverbe **-là** pour désigner tout objet proche ou éloigné du locuteur.

Les pronoms possessifs   PAGE 27

Les pronoms possessifs remplacent un groupe nominal. Ils prennent le genre et le nombre du nom qu'ils représentent. Les pronoms possessifs expriment une idée d'appartenance.

	Le nom représenté est			
	singulier		**pluriel**	
	masculin	féminin	masculin	féminin
À moi	le mien	la mienne	les miens	les miennes
À toi	le tien	la tienne	les tiens	les tiennes
À lui / À elle	le sien	la sienne	les siens	les siennes
À nous	le nôtre	la nôtre	les nôtres	
À vous	le vôtre	la vôtre	les vôtres	
À eux / À elles	le leur	la leur	les leurs	

Ex. : *C'est mon choix, ce n'est pas **le tien**.*

Les pronoms personnels COD et COI   PAGE 41

Le complément qui suit le verbe construit sans préposition s'appelle le complément d'objet direct (COD). On peut remplacer ce COD par un pronom personnel qui possède le même genre et le même nombre.
Ex. : ***Mon amie Jodie*** *habite à Toronto. Je **la** connais depuis dix ans.*

	Pronom COD		Pronom COI	
	Masculin	Féminin	Masculin	Féminin
Singulier	me	me	me	me
	te	te	te	te
	le / l'	la	lui	lui
Pluriel	nous	nous	nous	nous
	vous	vous	vous	vous
	les	les	leur	leur

❗ **Me**, **te**, **nous**, **vous** remplacent toujours des personnes.
Le, **la**, **l'**, **les** peuvent remplacer des personnes ou des choses.

Le pronom personnel COD se place entre le sujet et le verbe conjugué.
Ex. : ***Le tram**, je **le** prends tous les jours pour me déplacer.*

❗ On utilise **lui** et **leur** pour remplacer aussi bien une personne de sexe féminin qu'une personne de sexe masculin.
Ex. : *Je téléphonerai au médecin demain.* → *Je **lui** téléphonerai demain.*
Je téléphonerai à ma meilleure amie demain. → *Je **lui** téléphonerai demain.*

Place des pronoms COD et COI

Les pronoms COI sont placés avant les pronoms COD, sauf à la troisième personne du singulier et du pluriel.
Ex. : *Il offre le séjour en Thaïlande à moi* → *Il **me** l'offre.*
*Il offre **le séjour en Thaïlande** à elle* → *Il **le lui** offre.*

Place des pronoms en et y avec les pronoms COI

Les pronoms **en** et **y** se placent entre le pronom COI et le verbe aux temps simples.
Ex. : *Il leur donne des bonbons.* → *Il **leur en** donne.*

Les pronoms relatifs *qui, que, où, dont*

Les pronoms relatifs simples **qui**, **que**, **où**, **dont** remplacent un mot ou un groupe de mots. On les utilise pour relier deux phrases et éviter les répétitions. Ils introduisent des informations complémentaires sur le(s) mot(s) qu'ils remplacent. Avec ces informations complémentaires, ils forment une proposition relative qui comporte un verbe.

• **Qui** est le sujet du verbe de la proposition relative. Le verbe s'accorde en genre, en nombre et en personne avec le mot représenté.
Ex. : *J'utilise Notteco, un site **qui** permet de faire du covoiturage.*
(Mot représenté + **qui** + verbe.)

cent cinquante-cinq **155**

PRÉCIS DE GRAMMAIRE

- **Que** est le COD du verbe de la proposition relative.
Ex. : *La robe **que** je dois recoudre sera prête pour demain.* (Mot représenté + **que** + sujet + verbe)

Devant un mot commencé par une voyelle ou un **h** muet, **que** → **qu'**.

- **Où** permet d'introduire des informations complémentaires sur un lieu, un moment.
Ex. : *Les endroits **où** on gaspille le plus au monde sont l'Amérique du Nord et l'Océanie.*

- **Dont** a plusieurs fonctions grammaticales. Il peut être :

 – complément du nom
Ex. : *Les enfants font du cirque. Les familles de ces enfants ont vécu la guerre civile.*
→ *Les enfants **dont** les familles ont vécu la guerre civile font du cirque.*

 – complément d'un verbe qui se construit avec la préposition **de**
Ex. : *Le cirque Phare présente des spectacles originaux. On se souvient longtemps du cirque Phare.* (se souvenir **de** quelque chose) → *Le cirque Phare **dont** on se souvient longtemps présente des spectacles originaux.*

 – complément d'un adjectif qui se construit avec la préposition **de**
Ex. : *Ils sont fiers de leur spectacle. Leur spectacle est composé de danse et d'acrobaties.* (être fier **de** quelque chose) → *Le spectacle dont ils sont fiers est composé de danse et d'acrobaties.*

Les pronoms relatifs composés — PAGE 47

Les pronoms relatifs composés reprennent souvent un nom et le complètent. Ils sont formés de l'article défini (**le**, **la**, **les**) et du déterminant interrogatif (**quel**, **quelle**, **quels**, **quelles**). Ils prennent le genre et le nombre du nom qu'ils représentent.

	Masculin	Féminin
Singulier	lequel	laquelle
Pluriel	lesquels	lesquelles

Les pronoms relatifs composés s'emploient souvent quand le nom qu'ils représentent est suivi d'une préposition.
Ex. : *Le sujet **pour lequel** je me passionne est l'empire romain.*

Quand le nom qu'ils représentent est suivi de la préposition **à** ou **de**, les pronoms relatifs composés se contractent avec celle-ci.

	Avec la préposition *à*		Avec la préposition *de*	
	Masculin	Féminin	Masculin	Féminin
Singulier	auquel	à laquelle	duquel	de laquelle
Pluriel	auxquels	auxquelles	desquels	desquelles

Ex. : *L'empire **au sujet duquel** on a beaucoup écrit est l'empire romain.*
*Le film **auquel** je pense s'intitule Astérix et Cléopâtre.*

Les pronoms interrogatifs

Les formes simples
Qui permet de demander des informations sur une personne.
Ex. : ***Qui** est végétarien ?*

Que et **quoi** permettent de demander des informations sur un objet ou une chose.
Ex. : *Qu'est-ce que tu cuisines ? Tu cuisines **quoi** ?*

Les formes composées

	Masculin	Féminin
Singulier	lequel	laquelle
Pluriel	lesquels	lesquelles

Ces pronoms interrogatifs reprennent un mot désignant quelqu'un ou quelque chose déjà connu par les interlocuteurs. Ils s'accordent en genre et en nombre avec le mot qu'ils représentent.
Ex. : ***Laquelle** préfères-tu, la cuisine japonaise ou la cuisine indienne ?*

Les pronoms indéfinis — PAGE 77

On peut établir des correspondances entre les pronoms et les déterminants indéfinis.

	Pronoms indéfinis	Déterminants indéfinis
Singulier	aucun / aucune	aucun / aucune
	quelqu'un	quelque/s
	chacun / chacune	chaque
Pluriel	certains / certaines	certains / certaines
	plusieurs	plusieurs
	quelques-uns / quelques-unes	quelque/s
	la plupart	la plupart de
Singulier ou pluriel	tout / tous / toutes	tout le / toute la / tous les / toutes les
	les uns	un / une
	les autres / d'autres	les autres / d'autres
Invariable	rien	
	personne	

❗ **Aucun/e**, **rien** et **personne** sont toujours utilisés dans une phrase négative.
Ex. : ***Rien** n'est laissé au hasard.*

Les pronoms indéfinis représentent (ils ont un antécédent) ou désignent (ils n'ont pas d'antécédent) :
– des personnes : **quelqu'un**, **personne**, **les uns**, **les autres**
– des choses : **rien**
– des personnes ou des choses : **quelques-uns**, **aucun**, **certains**, **plusieurs**, **tout**, **chacun**

156 cent cinquante-six

PRÉCIS DE GRAMMAIRE

Dans la phrase, ils occupent la même place qu'un groupe nominal.

Ils expriment une quantité non chiffrée correspondant à :
- zéro : **aucun**, **rien**, **personne**
- un petit nombre : **quelques-uns**
- un grand nombre : **plusieurs, la plupart**
- la totalité : **tout** (dans son ensemble), **chacun** (par unité)

Ils expriment une identité vague :
- en désignant une personne : **quelqu'un**
- en marquant une opposition ou une distribution entre deux groupes : **certains**... / **d'autres**... ; **les uns**... / **les autres**...
- en distinguant un groupe par rapport un ensemble : **certains**

Le pronom *en* — PAGE 41

Le pronom **en** remplace toujours une chose :
- un groupe de mots complément d'un verbe et introduit par la préposition **de**

Ex. : *Il parle toujours de ses souvenirs.* → *Il en parle toujours.*

Quelques verbes courants qui se construisent avec **de** : **avoir besoin de, avoir envie de, avoir peur de, manquer de, parler de, rêver de, se servir de, se souvenir de, s'occuper de, sortir de, venir de, parler de**...

- un groupe de mots exprimant une quantité précise ou imprécise

Ex. : *Il mange des pommes tous les jours.* → *Il en mange tous les jours.* (quantité imprécise)

Ex. : *Il mange deux pommes tous les jours.* → *Il en mange deux tous les jours.* (quantité précise)

Le pronom *y* — PAGE 41

Le pronom **y** remplace un groupe nominal introduit par la préposition **à**. Il s'agit toujours d'une chose ou d'un lieu.
Ex. : *On va souvent au restaurant.* → *On y va souvent.*

La place des pronoms *en* et *y*

	Phrase affirmative	Phrase négative
Temps simple	J'**en** bois souvent. J'**y** vais.	Je n'**en** bois pas souvent. Je n'**y** vais pas.
Temps composé	J'**en** ai bu souvent. J'**y** suis allé.	Je n'**en** ai pas bu souvent. Je n'**y** suis pas allé.
Verbe conjugué suivi d'un infinitif	Tu peux **en** boire souvent. Tu peux **y** aller.	Tu ne peux pas **en** boire souvent. Tu ne peux pas **y** aller.

❗ Quand le COI est une personne, on emploie un pronom tonique après **à** et **de**.
Ex. : *Il parle toujours de lui.* (parler **de** quelqu'un)
Je pense souvent à toi. (penser **à** quelqu'un)

N'importe quoi / qui / où... — PAGE 137

On emploie **n'importe** + mot interrogatif pour exprimer le peu d'importance :
- d'une personne : **n'importe qui**

Ex. : *N'importe qui peut comprendre.* (Toute personne peut comprendre, sa spécificité n'a pas d'importance.)

- d'une chose : **n'importe quoi**

Ex. : *Je dois faire quelque chose pour aider, n'importe quoi.* (La chose que je fais n'a pas d'importance, l'important c'est d'aider les autres.)

N'importe quoi s'emploie également pour exprimer un jugement négatif sur une chose.

Ex. : *Ils font n'importe quoi !* (Ils font mal les choses.)

N'importe quoi s'emploie aussi seul pour qualifier des propos ou des actions stupides.

Ex. : *N'importe quoi !*

- d'un moment : **n'importe quand**

Ex. : *Tu peux me téléphoner n'importe quand.* (Le moment n'a pas d'importance.)

- d'un lieu : **n'importe où**

Ex. : *Les migrants dorment n'importe où.* (Le lieu n'a pas d'importance.)

- d'une manière : **n'importe comment**

Ex. : *Je ferai n'importe comment mais j'y arriverai.* (La manière n'a pas d'importance.)

N'importe comment s'emploie également pour exprimer un jugement négatif sur une manière de faire.

Ex. : *Tu t'y prends n'importe comment pour ouvrir ce sac.* (Tu le fais mal.)

LES PRÉPOSITIONS

La préposition est un mot invariable. Le choix de la préposition dépend de sa signification et du verbe auquel elle est attachée.

Les prépositions pour situer dans le temps

dès	Je t'appelle **dès** que j'arrive.
en + mois / année / saison	**En** été, je lis un livre par semaine.
jusqu'à / jusqu'en	Je lis toujours un livre **jusqu'à** la fin.

Les prépositions pour exprimer la durée

depuis + durée	J'étudie en France **depuis** 2 ans.
depuis + repère temporel	J'étudie en France **depuis** le mois de septembre 2018.
en + durée	J'ai fini mes études **en** 4 ans.
De... à...	Je suis restée aux États-Unis **de** 2014 **à** 2016.
Pendant	**Pendant** les années 1980, les jeunes ne partaient pas étudier à l'étranger.

PRÉCIS DE GRAMMAIRE

LES ADVERBES

Les adverbes sont des mots invariables qui permettent de modifier le sens d'autres mots de la phrase.

Les adverbes en -ment

Ces adverbes se forment généralement à partir d'un adjectif au féminin auquel on ajoute **-ment**.
Ex. : *heureuse* → **heureusement**

Mais pour les adjectifs se terminant par **-ai**, **-é**, **-i** et **-u** au masculin, on ajoute **-ment** à la forme masculine.
Ex. : *vrai* → **vraiment**

Pour les adjectifs qui se terminent par **-ant** ou par **-ent**, on forme l'adverbe de manière en ajoutant **-emment** ou **-amment** (prononcés tous les deux [amã]).
Ex. : *prudent* → **prudemment**
  courant → **couramment**

❗ La formation d'un adverbe de manière à partir d'un adjectif n'est pas systématique. Par exemple **content** et **beau** ne permettent pas de former d'adverbe.

Les adverbes *encore* et *toujours*

Les adverbes **encore** et **toujours** permettent d'exprimer la continuité. Ils se placent en général tout de suite après le verbe.
Ex. : *Il travaille* **encore** / **toujours**. (Il n'a pas fini son travail. Ou : Il n'a pas perdu son travail.)

LA COMPARAISON

Quand on compare deux éléments, on détermine l'infériorité, l'égalité ou la supériorité de l'un par rapport à l'autre (en qualité ou en quantité).
Ex. : *Il a* **plus de** *stylos* **que** *moi.* (quantité)
  Les gâteaux de cette pâtisserie sont **plus** *beaux* **que** *les miens.* (qualité)

Infériorité	Égalité	Supériorité
moins + adj./adv. + **que**	**aussi** + adj./adv. + **que**	**plus** + adj./adv. + **que**
moins de + nom + **que (de)**	**autant de** + nom + **que (de)**	**plus de** + nom + **que (de)**
verbe + **moins que**	verbe + **autant que**	verbe + **plus que**

Ex. : *On possède* **plus de** *choses qu'avant. Et maintenant on a* **moins de** *temps* **que** *d'objets ! En tout cas, mon mari garde* **autant de** *choses inutiles* **que** *moi.*

❗ Les comparatifs de supériorité de **bon**, **bien** et **mauvais** sont irréguliers :
  bon → **meilleur**
  bien → **mieux**
  mauvais → **pire**

LE SUPERLATIF

Le superlatif exprime le plus haut degré d'un adjectif ou d'un adverbe et la plus grande quantité ou intensité d'un nom ou d'un verbe.

Infériorité	Supériorité
le moins + adjectif / adverbe	**le plus** + adjectif / adverbe
Ex. : *Ce vaccin est* **le moins** *dangereux.*	Ex. : *Ce vaccin est* **le plus** *efficace.*
le moins de + nom	**le plus de** + nom
Ex. : *C'est le pays où il y a* **le moins de** *vaccination.*	Ex. : *C'est le pays où il y a* **le plus de** *méfiance sur les vaccins.*
verbe + **le moins**	verbe + **le plus**
Ex. : *C'est le pays où on vaccine* **le moins**.	Ex. : *C'est le pays où on vaccine* **le plus**.

❗ bon → **le meilleur / la meilleure / les meilleurs / les meilleures**
  bien → **le / la / les mieux**
  mauvais → **le / la pire / les pires**

Ex. : *Se laver les mains est* **le meilleur** *moyen de ne pas tomber malade.*

LE DISCOURS RAPPORTÉ

Pour rapporter les paroles de quelqu'un, on peut :
- restituer les mots prononcés de manière directe

À l'écrit, on encadre par des guillemets les paroles rapportées directement.
Ex. : *Monsieur Freiha* **dit :** « *La qualité des projets m'a impressionné.* »

On utilise un verbe indiquant que l'on rapporte des paroles : **dire, remarquer, souligner, insister, affirmer, répéter**, suivi de deux-points et de guillemets.

À l'oral, on marque une légère pause avant de rapporter les paroles directement. On utilise un verbe indiquant que l'on rapporte des paroles.

- restituer les mots prononcés de manière indirecte. On utilise un verbe introducteur suivi de **que**
Ex. : *Monsieur Freiha* **affirme que** *la qualité des projets l'a impressionné.*

Cela entraîne certains changements pour les pronoms personnels sujets, COD et COI ainsi que pour les déterminants possessifs et les indicateurs temporels.

Paroles prononcées	Paroles rapportées indirectement
« *La francophonie est une chance.* » « *La qualité des projets m'a impressionné.* »	*Il* **dit que** *la francophonie est une chance.* *Joseph Freiha* **affirme que** *la qualité des projets l'a impressionné.*

PRÉCIS DE GRAMMAIRE

Les indicateurs temporels   PAGE 39 et 95

Les indicateurs temporels permettent de préciser de quel moment on parle. Ils changent au discours indirect et ils varient suivant le moment où se situe le locuteur.

Discours direct	Discours rapporté
aujourd'hui	un jour, ce jour-là
hier	la veille le jour d'avant / précédent
demain	le lendemain le jour d'après / suivant
avant-hier	l'avant-veille deux jours avant / plus tôt
après-demain	le surlendemain deux jours après / plus tard
la semaine / l'année dernière le mois dernier	la semaine / l'année d'avant / précédente le mois d'avant / précédent
la semaine / l'année prochaine le mois prochain	la semaine / l'année d'après / suivante le mois d'après / suivant
cette semaine / année ce mois	cette semaine-là

Le discours rapporté interrogatif

Lorsqu'on rapporte une question de manière indirecte, on utilise un verbe introducteur suivi d'un mot interrogatif ou de **si** (dans le cas d'une interrogation qui a pour réponse *oui* ou *non*). Dans le discours indirect, on n'utilise jamais l'inversion verbe-sujet, ni la forme **est-ce que**, ni le point d'interrogation final. **Quoi, que, qu'** deviennent **ce que** (COD du verbe) et **ce qui** (sujet du verbe).

Questions au discours direct	Questions au discours indirect
Qui est le candidat ?	Elle demande **qui** est le candidat.
Que fait-il pendant son temps libre ?	Elle demande **ce qu**'il fait pendant son temps libre.
Qu'est-ce qui le motive ?	Il demande **ce qui** le motive.
Quelle est sa formation ?	Il demande **quelle** est sa formation.
Où a-t-il suivi sa formation ?	Il demande **où** il a suivi sa formation.
Quand a-t-il eu son bac ?	Il demande **quand** il a eu son bac.
Comment ses amis le voient-ils ?	Il demande **comment** ses amis le voient.
Combien de temps sa formation a-t-elle duré ? Savez-vous dire non ?	Elle demande **combien de** temps sa formation a duré. Il demande **si** vous savez dire non.

Le discours rapporté au passé   PAGE 95

Quand le verbe introducteur du discours rapporté est au passé, on applique la concordance des temps.

Temps des verbes des paroles prononcées	Temps des verbes des paroles rapportées au passé
Présent *Les enfants **sont** souvent devant la télévision pendant les repas.*	Imparfait *Il a précisé que les enfants **étaient** souvent devant la télévision pendant les repas.*
Passé composé *La mairie **a lancé** une campagne publicitaire.*	Plus-que-parfait *Elle a souligné que la mairie **avait lancé** une campagne publicitaire.*
Futur simple *Ils **prendront** bientôt des mesures.*	Conditionnel *Il a indiqué qu'ils **prendraient** bientôt des mesures.*

Il n'y a pas de changement pour les autres temps de l'indicatif.

Les verbes introducteurs   PAGE 95

Les verbes qui introduisent le discours rapporté renseignent sur les intentions du locuteur et sur la manière dont il s'exprime. Mais le choix du verbe introducteur renseigne surtout sur la réception du discours par celui qui le rapporte.

- Verbes renseignant sur la manière de dire : **ajouter, annoncer, déclarer, dire, préciser, raconter, répéter, répondre**
- Verbes renseignant sur la manière de penser : **affirmer, avouer, considérer, croire, estimer, juger, penser, prétendre**

SE SITUER DANS LE TEMPS

Exprimer l'antériorité et la postériorité   PAGE 67 et 137

Pour indiquer l'antériorité d'un fait ou d'une action par rapport à un/e autre, on utilise **avant**.
Ex. : ***Avant** je détestais l'opéra.*

Pour indiquer la postériorité d'un fait ou d'une action par rapport à un/e autre, on utilise **après**.
Ex. : *J'ai vu un opéra. **Après**, j'ai adoré l'opéra.*

	Fait antérieur	Fait postérieur
Les sujets des deux verbes sont identiques ou différents	**Avant** + nom / date *Avant le film, il y a eu la pièce de théâtre.*	**Après** + nom / date *Après la pièce, il y a eu le film.*
Les sujets des deux verbes sont identiques.	**Avant de** + infinitif *Avant d'être un film, Le Prénom a été une pièce de théâtre.*	**Après** + infinitif passé *Après s'être levé, il est parti au travail.*
Les sujets des deux verbes sont différents.	**Avant que** + phrase au subjonctif *Avant qu'il fasse ce film, personne ne le connaissait.*	**Après que** + phrase à l'indicatif *Après qu'il a fait ce film, tout le monde le connaissait.*

cent cinquante-neuf **159**

PRÉCIS DE GRAMMAIRE

Exprimer la simultanéité — PAGE 69

Quand deux actions sont faites en même temps, on dit qu'elles sont simultanées.
Quand le sujet des deux actions est identique, on emploie :
- **tout** + gérondif. Cette tournure permet de souligner une opposition entre les deux actions.

Ex. : **Tout en pleurant**, elle souriait.
- **en même temps**

Ex. : Il étudie et, **en même temps**, il travaille.
- **à la fois**

Ex. : Il est **à la fois** acteur, danseur, chanteur et équilibriste !

Quand le sujet des deux actions est différent, on emploie :
- **pendant que** + indicatif

Ex. : Elisabeth va à la piscine **pendant que** son mari cuisine.

Les moments d'une action

On indique les phases temporelles d'un fait en fonction d'un point de repère temporel.
- **Être sur le point de** + infinitif indique que l'action va commencer juste après le point de repère temporel.

Ex. : On **est sur le point** de lancer un nouveau Mooc.
- **Être en train de** + infinitif indique que l'action en cours coïncide avec le repère temporel.

Ex. : On **est en train de** réfléchir à un meilleur accès informatique.
- **Venir de** + infinitif indique que l'action s'est terminée juste avant le point de repère temporel.

Ex. : On **vient d'**inventer une technologie plus écologique.

EXPRIMER L'INCLUSION ET L'EXCLUSION — PAGE 103

L'inclusion

Pour exprimer l'idée qu'un élément est contenu dans un ensemble, on emploie :
- **y compris** (invariable) + nom

Ex. : L'acier ou l'aluminium sont recyclables **y compris** les capsules de café.
- nom + **inclus** (variable)

Ex. : L'acier ou l'aluminium sont recyclables, les capsules de café **incluses**.

L'exclusion

Pour exprimer l'idée d'écarter un élément d'un ensemble, on emploie :
- **sauf si / à part si / excepté si** (invariable) + phrase à l'indicatif

Ex. : On peut jeter les bouteilles avec leurs bouchons **à part si** les bouchons sont en métal.
- **sauf / à part / excepté** (invariable) + nom

Ex. : Les papiers sont presque tous recyclés **sauf** les papiers photos qui sont plastifiés.
- **à l'exception de** + nom

Ex. : On peut jeter toutes les bouteilles **à l'exception des** bouteilles de produits dangereux.
- **sans** + infinitif ou infinitif passé qui sert à écarter une circonstance

Ex. : On peut jeter les emballages en plastique **sans** les avoir lavés avant.
- nom + **exclu** (variable)

Ex. : Dans les containers de verre on peut jeter toutes les bouteilles, les bouteilles de produits dangereux **exclues**.

LA CAUSE, LA CONSÉQUENCE, LE BUT

Quand on explique une situation, on peut faire apparaître une relation de cause et de conséquence entre deux faits. Il existe des nuances dans l'expression de cette relation.

Exprimer la cause — PAGE 109

- **parce que** + phrase (toujours placé dans la deuxième partie de la phrase)

Ex. : Je suis en forme **parce que** je fais du sport. → Indique une cause objective.
- **car** + phrase (toujours placé dans la deuxième partie de la phrase)

Ex. : On parle d'effet papillon **car** un changement de quelques dixièmes de degrés peut conduire à l'extinction d'une espèce.
- **comme** + phrase à l'indicatif (de préférence dans la première partie de la phrase)

Ex. : **Comme** nous dépendons de l'équilibre des écosystèmes, nous subissons les impacts de tous ces changements.
- **en raison de** + nom (introduit une justification)

Ex. : **En raison du** réchauffement climatique, des animaux sont obligés de quitter leur environnement naturel.
- **grâce à** + nom (indique une cause jugée positive)

Ex. : Je me sens bien **grâce au** sport.
- **à cause de** + nom (introduit une cause dont la conséquence est négative)

Ex. : Les mammifères sont menacés de disparition **à cause de** la chasse et de la pêche intensive.
- **puisque, étant donné que** + phrase à l'indicatif (introduit une cause évidente pour le locuteur)

Ex. : **Étant donné que** le vivant forme une grande chaîne, la disparition d'une espèce peut bouleverser tout l'équilibre.

Exprimer la conséquence — PAGE 109

- **donc** + phrase

Ex. : Le continent de plastique s'agrandit de plus en plus, **donc** il faut se mobiliser.
- **alors** + phrase

Ex. : Tout le monde a le droit de faire du sport, **alors** mobilisons-nous.
- **c'est pour ça / cela que** + phrase (indique une relation étroite entre la cause et la conséquence)

Ex. : J'aime cet artiste, **c'est pour ça que** je le suis sur Instagram.
- **tellement** + adjectif ou adverbe + **que** + phrase exprimant la conséquence

Ex. : La planète est **tellement** polluée **que** le climat est en train de changer.

PRÉCIS DE GRAMMAIRE

- **d'où** + nom (placé en deuxième partie de phrase)

Ex. : *Les espèces animales et végétales sont menacées, d'où l'importance de les sauvegarder.*

- **par conséquent** + phrase

Ex. : *Les espèces animales et végétales sont menacées, par conséquent il est important de les protéger.*

Pour exprimer la relation de la cause à la conséquence, on emploie :

- **causer, entraîner, provoquer**

Ex. : *La grande quantité de plastique entraîne la formation d'un continent de plastique.*

Pour exprimer la relation de la conséquence à la cause, on emploie :

- **être dû (due) à** + nom

Ex. : *Le dérèglement climatique est dû à l'activité humaine.*

Exprimer le but — PAGE 81

- **pour** + infinitif

Ex. : *Il poste des vidéos sur les maths pour aider les élèves en difficulté.*

- **afin de** + infinitif (plus soutenu)

Ex. : *Il explique des théories scientifiques sur YouTube afin de partager sa passion pour les sciences.*

- **pour que** / **afin que** + phrase au subjonctif (quand les sujets des deux verbes de la phrase sont différents).

Ex. : *Il poste des vidéos afin que les mathématiques ne soient plus le cauchemar des élèves.*

EXPRIMER LA NÉCESSITÉ — PAGE 133

Quand la nécessité ne concerne pas une personne en particulier, on emploie :

- **il est** + adjectif exprimant la nécessité + **de** + infinitif

Ex. : *Il est nécessaire de donner la parole aux femmes.*

Quand la nécessité concerne une personne en particulier, on emploie :

- **il est** + adjectif exprimant la nécessité + **que** + phrase au subjonctif

Ex. : *Aujourd'hui, il est primordial que les femmes aient accès au pouvoir politique.*

Les adjectifs exprimant la nécessité : **nécessaire, essentiel, indispensable, inévitable, obligatoire, primordial, important**.

Il faut / Il ne faut pas — PAGE 33

Il faut est une expression impersonnelle qui permet d'exprimer la nécessité, le besoin, voire l'obligation.
Il ne faut pas exprime la non-nécessité ou l'interdiction.
Quand l'expression ne s'applique pas à une personne en particulier, **il faut** / **il ne faut pas** est suivi de l'infinitif.
Ex. : *Il faut attendre son tour pour entrer.*
Il ne faut pas faire de bruit pendant la cérémonie.
Quand elle s'applique à une personne en particulier, **il faut** / **il ne faut** pas est suivi de **que** + subjonctif.
Ex. : *Il faut que tu voies la danse du dragon !*
Il ne faut pas que vous manquiez le Nouvel An chinois !

EXPRIMER UNE VOLONTÉ — PAGE 119

Pour exprimer la volonté et le souhait, on peut employer **vouloir, désirer, souhaiter, aimer** (au conditionnel).
Pour exprimer qu'on veut quelque chose, on emploie **demander, réclamer, exiger**.

Ces verbes peuvent être suivis d'un nom.
Ex. : *Nous réclamons les mêmes droits pour tous.*

Il peuvent être suivis d'un verbe à l'infinitif quand le sujet du verbe principal et du verbe subordonné est le même.
Ex. : *Nous voulons être mieux représentées.*

Il peuvent aussi être suivis d'une phrase au subjonctif quand le sujet du verbe principal et celui du verbe subordonné sont différents.
Ex. : *Nous souhaitons que les femmes gagnent autant que les hommes.*

Certains verbes ont des constructions particulières :
demander à + infinitif ; **réclamer de** + infinitif ; **exiger de** + infinitif.

EXPRIMER DES ÉMOTIONS ET DES SENTIMENTS

Pour exprimer un état émotionnel, on utilise :

- **être** + adjectif

Ex. : *Es-tu anxieux le dimanche soir ?*

- **se sentir** + adjectif (pour insister sur le fait que l'on ressent une émotion)

Ex. : *Te sens-tu anxieux le dimanche soir ?*

- des expressions avec le verbe **avoir** : **avoir envie de, avoir peur de, en avoir marre de**

Ex. : *J'ai envie de pleurer quand j'écoute cette musique.*

- des verbes d'émotion : **stresser, motiver, ennuyer, passionner, épuiser**...

Ex. : *Votre travail vous stresse.*

- la structure **ça** + pronom COD + verbe

Ex : *Le travail, ça me stresse.*

- **rendre** + adjectif (la personne qui éprouve l'émotion ou le sentiment est traduite par un pronom personnel COD)

Ex. : *Le soleil me rend joyeux.*
Ça me rend joyeux.

EXPRIMER UNE OPINION — PAGE 49 et 83

Quand on exprime une opinion, on porte un jugement qui se traduit souvent par un adjectif. Dans les constructions avec un adjectif qui exprime un sentiment ou une émotion, on emploie le subjonctif après **que**, comme dans les expressions suivantes :

- **c'est** + adjectif + **que** + subjonctif
- **je trouve ça** + adjectif + **que** + subjonctif

Ex. : *C'est / Je trouve ça formidable que les gens aient spontanément donné leur sang.*

On peut également traduire son opinion par l'effet qu'elle produit sur nous :

- **ça me rend** + adjectif + **que** + subjonctif

Ex. : *Ça me rend dingue que les gens ne comprennent pas la situation.*

cent soixante et un **161**

PRÉCIS DE GRAMMAIRE

EXPRIMER LE DOUTE — PAGE 91

Douter, c'est exprimer une incertitude auprès de son interlocuteur.
On peut douter de manière directe ou avec assurance en utilisant des expressions à la forme affirmative.

- **douter de** + nom

Ex. : *J'utilise ce moyen contre l'addiction aux réseaux sociaux mais je **doute de** son efficacité.*

- **douter que** + subjonctif

Ex. : *Je **doute que** ce moyen contre l'addiction aux réseaux sociaux soit efficace.*

- **avoir des doutes sur** + nom

Ex. : *J'**ai des doutes sur** l'efficacité de ce moyen contre l'addiction aux réseaux sociaux.*

On peut également douter de manière indirecte ou avec moins ou peu d'assurance en utilisant des expressions à la forme négative.

- **ne pas être pas sûr / certain de** + nom

Ex. : *Je **ne suis pas sûre de** son efficacité.*

- **ne pas être pas sûr / certain que** + subjonctif

Ex. : *Je **ne suis pas certain que** ce moyen soit efficace.*

- **ne pas trop savoir si** + indicatif

Ex. : *Je **ne sais pas trop si** ce moyen est efficace.*

⚠ Ne pas confondre **douter** et **se douter** + indicatif qui signifie **deviner, imaginer**.
Ex. : *Je **me doute** qu'il viendra.* (Je suppose qu'il viendra.)

EXPRIMER LA CERTITUDE — PAGE 91

On peut exprimer une certitude de manière subjective en employant :

- **être certain/e / sûr/e / convaincu/e que** + phrase à l'indicatif

Ex. : *Elle **est convaincue** que ce n'est pas une infox.*

- **être certain/e / sûr/e / convaincu/e de** + nom ou infinitif

Ex. : *Il **est convaincu de** son innocence.*
*Elle **est sûre de** finir son article à temps.*

- **savoir avec certitude que** + indicatif

Ex. : *Nous **savons avec certitude que** cette information est fausse.*

On peut également exprimer une certitude de manière plus objective en employant :

- **il est certain / sûr / évident / clair que** + indicatif

Ex. : *Il **est clair que** c'est une infox.*

On peut augmenter le degré de certitude en ajoutant **tout à fait, complètement, absolument**.
Ex. : *Je suis **absolument** certaine que c'est un photomontage.*

EXPRIMER L'INQUIÉTUDE, LA PEUR — PAGE 111

Pour exprimer l'inquiétude, l'angoisse, la peur, on emploie :

- **craindre que / avoir peur que** + phrase au subjonctif (quand le sujet de la phrase principale et celui de la phrase subordonnée sont différents)

Ex. : *Je **crains que** les lecteurs associent le réchauffement climatique aux délires d'un voyant de la Renaissance.*

- **craindre de / avoir peur de** + infinitif (quand le sujet de la phrase principale et celui de la phrase subordonnée sont identiques)

Ex. : *Ils **ont peur de** perdre leur maison.*

- **craindre / avoir peur de** + nom

Ex. : *Nous **craignons** la montée des eaux.*

- **se faire du souci pour** + nom

Ex. : *Je **me fais du souci pour** les habitants de l'île.*

- **s'inquiéter de** + nom

Ex. : *Je **m'inquiète des** conséquences du réchauffement climatique.*

EXPRIMER L'OPPOSITION — PAGE 27

Pour exprimer une idée contraire à celle de l'interlocuteur ou un contraste entre deux idées, on peut utiliser des mots ou expressions isolés qui se placent en général au début de la phrase et qui expriment l'opposition : **mais, cependant, par contre, en revanche, au contraire**.
Ex. : *On peut faire des recherches généalogiques, **par contre** on ne sait pas ce qu'on va trouver.*

On peut aussi utiliser des expressions qui se construisent avec un complément qui exprime l'opposition :

- **contrairement à** + nom

Ex. : ***Contrairement à** mon cousin, j'adore la science-fiction.*

- **contrairement à ce que / qui** + phrase

Ex. : ***Contrairement à ce que** tout le monde imagine, cette BD est très scientifique.*

- **alors que** + phrase

Ex. : *Je n'ai pas lu Mars Horizon **alors que** j'adore la BD.*

EXPRIMER LA CONCESSION — PAGE 75

La concession met en relation deux faits qui ne présentent pas de lien logique entre eux. Pour exprimer la concession, on peut employer :

- **pourtant, cependant, néanmoins** qui se placent en tout début de phrase ou juste après le verbe conjugué

Ex. : *Les Français déclarent adorer leur famille. **Pourtant** ils sont des millions à télécharger Fake Caller !*

- **quand même**

À l'écrit, **quand même** se place généralement après le verbe conjugué.
Ex. : *Les Français déclarent adorer leur famille. Ils sont **quand même** des millions à télécharger Fake Caller !*

À l'oral, **(mais) quand même** se place généralement en début de phrase.
Ex. : *Les Français déclarent adorer leur famille. **Mais quand même**, ils sont des millions à télécharger Fake Caller !*

- **malgré** + nom

Ex. : ***Malgré** les déclarations des Français sur leur famille, ils sont quand même des millions à télécharger Fake Caller !*

EXPRIMER LA CONDITION — PAGE 75

La condition s'exprime en deux temps : une phrase principale qui exprime le fait soumis à la condition + une phrase subordonnée qui exprime la condition. Quand un fait est nécessaire à la réalisation d'un autre fait, on emploie :

- **à condition de** + infinitif indiquant la condition (les sujets des deux phrases sont identiques)

Ex. : *On peut jeter les bouteilles plastique **à condition de** les compresser.*

- **à condition que** + phrase au subjonctif indiquant la condition (le sujet des deux phrases est différent)

Ex. : *On peut jeter les cartons **à condition qu**'ils soient propres.*

- **seulement si** + phrase à l'indicatif

Ex. : *On peut jeter les bouteilles en verre **seulement si** on les a lavés avant.*

- **devoir / falloir** (indique la condition) + **pour** (indique la conséquence)

Ex. : *Un objet **doit** présenter certaines caractéristiques **pour** être recyclé.*

- **si** + phrase à l'indicatif indiquant la condition

Ex. : *On peut aussi y déposer des chaussures **si** elles sont attachées par paires.*

Quand la condition ne se réalise pas, on emploie **sinon** + phrase à l'indicatif pour introduire la conséquence.
Ex. : *Il ne faut pas jeter les huiles alimentaires dans ses canalisations **sinon** ça les bouche.*

LA MISE EN RELIEF

La mise en relief s'emploie couramment à l'oral. Elle met en évidence l'élément sur lequel va porter l'information. Le procédé le plus courant consiste à placer cet élément en début de phrase à l'aide de la structure **c'est / ce sont** + nom / pronom + **qui / que**.
Ex. : ***C'est** un personnage **qu**'il a créé pour le quotidien* Le Soir.
***Ce sont** eux **qui** organisent le voyage à la Réunion.*

On peut aussi faire une double mise en relief en utilisant **ce qui / ce que / ce dont** dans la première proposition et **c'est / ce sont** dans la deuxième proposition.

- **ce qui** + verbe, **c'est / ce sont** + nom (sujet mis en évidence)

Ex. : *La variété des sensibilités politiques est un phénomène nouveau.* → ***Ce qui** est nouveau, **c'est** la variété des sensibilités politiques.*

- **ce qui** + verbe, **c'est (de)** + infinitif (sujet mis en évidence)

Ex. : *Ne rien lâcher est important.* → ***Ce qui** est important, **c'est de** ne rien lâcher.*

- **ce que** + sujet + verbe, **c'est / ce sont** + nom (COD mis en évidence)

Ex. : *Le reste du monde a vu en boucle les images des voitures brûlées.* → ***Ce que** le reste du monde a vu en boucle, **ce sont** les images des voitures brûlées.*

- **ce que** + sujet + verbe, **c'est (de)** + infinitif (COD mis en évidence)

- **ce dont** + sujet + verbe, **c'est / ce sont** + nom (quand l'élément mis en évidence est introduit par la préposition **de**)

Ex. : *Les politiques doivent se méfier de la colère des gens.* → ***Ce dont** les politiques doivent se méfier, **c'est** la colère des gens.*

- **ce dont** + sujet + verbe, **c'est** + infinitif

Ex. : ***Ce dont** je rêve, **c'est** changer la société.*

Pour mettre quelque chose ou quelqu'un en évidence en le désignant, on utilise :

- **celui qui** + verbe, **c'est** + nom

Ex. : *Le leader de la manif parle aux journalistes.* → ***Celui qui** parle aux journalistes, **c'est** le leader de la manif.*

- **celui que** + sujet + verbe, **c'est** + nom

Ex. : *On n'entend jamais les plus pauvres.* → ***Ceux qu**'on n'entend jamais, **ce sont** les plus pauvres.*

- **celui dont** + sujet + verbe, **c'est** + nom

Ex. : *On parle le plus des manifestations du samedi.* → ***Celles dont** on parle le plus, **ce sont** les manifestations du samedi.*

On peut également mettre en relief un élément en le répétant sous la forme d'un pronom tonique.
Ex. : *Tu aimes les fêtes traditionnelles, **toi**.*

PARLER DE SES PROJETS

On peut parler d'un projet quand on commence à y penser mais aussi quand il est décidé.

Quand le projet est en cours de réflexion, on emploie :
- **envisager de** + infinitif
- **penser à** + infinitif
- **avoir envie de** + infinitif

Quand le projet est arrêté, on utilise :
- **décider de** + infinitif
- **être prêt/e à** + infinitif
- **vouloir** + infinitif

EXPRIMER LA RESTRICTION

Ne … que n'est pas une négation, c'est une autre façon de dire **seulement**. **Ne** se place avant le verbe, et **que** se place devant le mot sur lequel porte l'exclusivité.
Ex. : *Avant, on **ne** faisait ça **qu**'avec des pochettes de disques. (Avant, on faisait ça **seulement** avec des pochettes de disques.)*

PRÉCIS DE GRAMMAIRE

EXPRIMER LA PROGRESSION

Pour exprimer l'évolution dans le sens d'une diminution, on utilise **de moins en moins**.

Pour exprimer l'évolution dans le sens d'une augmentation, on utilise **de plus en plus**.

- **de plus en plus de** / **de moins en moins de** + nom

Ex. : *Je mange **de moins en moins de** viande.*

- verbe + **de plus en plus** / **de moins en moins**

Ex. : *Je dors **de plus en plus**.*

- **de plus en plus** / **de moins en moins** + adjectif / adverbe

Ex. : *Les recettes de cuisine sont **de plus en plus** mondialisées.*

PRÉSENTER DES DONNÉES CHIFFRÉES

Le symbole % se lit : pour cent.

Ex. : *40 % (quarante pour cent) des Français ne partent pas en vacances chaque année.*

100 % : la totalité	1/4 : un / le quart
90 % : la majorité	1/2 : un demi / la moitié
10 % : la minorité	3/4 : (les) trois quarts
	1/3 : un / le tiers
	2/3 : (les) deux tiers

Après un pourcentage ou **le quart**, **la moitié**, **le tiers** suivi d'un nom, on peut mettre le verbe au singulier ou au pluriel. Tout dépend de ce sur quoi on veut insister.

Ex. : *La moitié des Français **veut** ramener de jolies photos de vacances.*

Après **les trois quarts** et **les deux tiers**, le verbe est toujours au pluriel.

Ex. : *Les trois quarts des 18-24 ans **sont** prêts à découvrir de nouvelles activités.*

CONJUGAISON

CONJUGAISON

ÊTRE (été)

PRÉSENT	PASSÉ COMPOSÉ	IMPARFAIT	PLUS-QUE-PARFAIT	FUTUR SIMPLE
je suis	j'ai été	j'étais	j'avais mangé	je serai
tu es	tu as été	tu étais	tu avais mangé	tu seras
il/elle/on est	il/elle/on a été	il/elle/on était	il/elle/on avait mangé	il/elle/on sera
nous sommes	nous avons été	nous étions	nous avions mangé	nous serons
vous êtes	vous avez été	vous étiez	vous aviez mangé	vous serez
ils/elles sont	ils/elles ont été	ils/elles étaient	ils/elles avaient mangé	ils/elles seront

❗ **Être** est le verbe auxiliaire aux temps composés de tous les verbes pronominaux : *se lever, se taire*, etc. et de certains autres verbes : **venir, arriver, partir**, etc.

AVOIR (eu)

PRÉSENT	PASSÉ COMPOSÉ	IMPARFAIT	PLUS-QUE-PARFAIT	FUTUR SIMPLE
j'ai	j'ai eu	j'avais	j'avais eu	j'aurai
tu as	tu as eu	tu avais	tu avais eu	tu auras
il/elle/on a	il/elle/on a eu	il/elle/on avait	il/elle/on avait eu	il/elle/on aura
nous avons	nous avons eu	nous avions	nous avions eu	nous aurons
vous avez	vous avez eu	vous aviez	vous aviez eu	vous aurez
ils/elles ont	ils/elles ont eu	ils/elles avaient	ils/elles avaient eu	ils/elles auront

❗ **Avoir** indique la possession. C'est aussi le principal verbe auxiliaire aux temps composés : *j'ai parlé, j'ai été, j'ai fait...*

SE LEVER* (levé)

PRÉSENT	PASSÉ COMPOSÉ	IMPARFAIT	PLUS-QUE-PARFAIT	FUTUR SIMPLE
je me lève	je me suis levé(e)	je me levais	je m'étais levé(e)	je me lèverai
tu te lèves	tu t'es levé(e)	tu te levais	tu t'étais levé(e)	tu te lèveras
il/elle/on se lève	il/elle/on s'est levé(e)	il/elle/on se levait	il/elle/on s'était levé(e)	il/elle/on se lèvera
nous nous levons	nous nous sommes levé(e)s	nous nous levions	nous nous étions levé(e)s	nous nous lèverons
vous vous levez	vous vous êtes levé(e)(s)	vous vous leviez	vous vous étiez levé(e)s	vous vous lèverez
ils/elles se lèvent	ils/elles se sont levé(e)s	ils/elles se levaient	ils/elles s'étaient levé(e)s	ils/elles se lèveront

Ces verbes ne se conjuguent qu'à la troisième personne du singulier et avec le pronom sujet **il**.

FALLOIR (fallu)

PRÉSENT	PASSÉ COMPOSÉ	IMPARFAIT	PLUS-QUE-PARFAIT	FUTUR SIMPLE
il faut	il a fallu	il fallait	il avait fallu	il faudra

PARLER (parlé)

PRÉSENT	PASSÉ COMPOSÉ	IMPARFAIT	PLUS-QUE-PARFAIT	FUTUR SIMPLE
je parle	j'ai parlé	je parlais	j'avais parlé	je parlerai
tu parles	tu as parlé	tu parlais	tu avais parlé	tu parleras
il/elle/on parle	il/elle/on a parlé	il/elle/on parlait	il/elle/on avait parlé	il/elle/on parlera
nous parlons	nous avons parlé	nous parlions	nous avions parlé	nous parlerons
vous parlez	vous avez parlé	vous parliez	vous aviez parlé	vous parlerez
ils/elles parlent	ils/elles ont parlé	ils/elles parlaient	ils/elles avaient parlé	ils/elles parleront

❗ Les verbes en **-er** sont en général réguliers : au présent de l'indicatif, les trois personnes du singulier et la 3ᵉ personne du pluriel se prononcent de la même manière. **Aller** est le seul verbe en **-er** qui ne suit pas ce modèle.

Les participes passés figurent entre parenthèses à côté de l'infinitif.
L'astérisque* à côté de l'infinitif indique que ce verbe se conjugue avec l'auxiliaire **être**.

CONJUGAISON

ÊTRE (été)

CONDITIONNEL PRÉSENT	CONDITIONNEL PASSÉ	SUBJONCTIF PRÉSENT	SUBJONCTIF PASSÉ	IMPÉRATIF
je serais	j'aurais été	que je sois	que j'aie été	
tu serais	tu aurais été	que tu sois	que tu aies été	sois
il/elle/on serait	il/elle/on aurait été	qu'il/elle/on soit	qu'il/elle/on ait été	
nous serions	nous aurions été	que nous soyons	que nous ayons été	soyons
vous seriez	vous auriez été	que vous soyez	que vous ayez été	soyez
ils/elles seraient	ils/elles auraient été	qu'ils/elles soient	qu'ils/elles aient été	

AVOIR (eu)

CONDITIONNEL PRÉSENT	CONDITIONNEL PASSÉ	SUBJONCTIF PRÉSENT	SUBJONCTIF PASSÉ	IMPÉRATIF
j'aurais	j'aurais eu	que j'aie	que j'aie eu	
tu aurais	tu aurais eu	que tu aies	que tu aies eu	aie
il/elle/on aurait	il/elle/on aurait eu	qu'il/elle/on ait	qu'il/elle/on ait eu	
nous aurions	nous aurions eu	que nous ayons	que nous ayons eu	ayons
vous auriez	vous auriez eu	que vous ayez	que vous ayez eu	ayez
ils/elles auraient	ils/elles auraient eu	qu'ils/elles aient	qu'ils/elles aient eu	

SE LEVER* (levé)

CONDITIONNEL PRÉSENT	CONDITIONNEL PASSÉ	SUBJONCTIF PRÉSENT	SUBJONCTIF PASSÉ	IMPÉRATIF
je me lèverais	je me serais levé(e)	que je me lève	que je me sois levé(e)	
tu te lèverais	tu te serais levé(e)	que tu te lèves	que tu te sois levé(e)	lève-toi
il/elle/on se lèverait	il/elle/on se serait levé(e)	qu'il/elle/on se lève	qu'il/elle/on se soit levé(e)	
nous nous lèverions	nous nous serions levé(e)s	que nous nous levions	que nous nous soyons levé(e)s	levons-nous
vous vous lèveriez	vous vous seriez levé(e)s	que vous vous leviez	que vous vous soyez levé(e)s	levez-vous
ils/elles se lèveraient	ils/elles se seraient levé(e)s	qu'ils/elles se lèvent	qu'ils/elles se soient levé(e)s	

FALLOIR (fallu)

CONDITIONNEL PRÉSENT	CONDITIONNEL PASSÉ	SUBJONCTIF PRÉSENT	SUBJONCTIF PASSÉ	IMPÉRATIF
il faudrait	il aurait fallu	qu'il faille	qu'il ait fallu	–

PARLER (parlé)

CONDITIONNEL PRÉSENT	CONDITIONNEL PASSÉ	SUBJONCTIF PRÉSENT	SUBJONCTIF PASSÉ	IMPÉRATIF
je parlerais	j'aurais parlé	que je parle	que j'aie parlé	
tu parlerais	tu aurais parlé	que tu parles	que tu aies parlé	parle
il/elle/on parlerait	il/elle/on aurait parlé	qu'il/elle/on parle	qu'il/elle/on ait parlé	
nous parlerions	nous aurions parlé	que nous parlions	que nous ayons parlé	parlons
vous parleriez	vous auriez parlé	que vous parliez	que vous ayez parlé	parlez
ils/elles parleraient	ils/elles auraient parlé	qu'ils/elles parlent	qu'ils/elles aient parlé	

cent soixante-sept

CONJUGAISON

ALLER* (allé)

PRÉSENT	PASSÉ COMPOSÉ	IMPARFAIT	PLUS-QUE-PARFAIT	FUTUR SIMPLE
je vais	je suis allé(e)	j'allais	j'étais allé(e)	j'irai
tu vas	tu es allé(e)	tu allais	tu étais allé(e)	tu iras
il/elle/on va	il/elle/on est allé(e)	il/elle/on allait	il/elle/on était allé(e)	il/elle/on ira
nous allons	nous sommes allé(e)s	nous allions	nous étions allé(e)s	nous irons
vous allez	vous êtes allé(e)(s)	vous alliez	vous étiez allé(e)s	vous irez
ils/elles vont	ils/elles sont allé(e)s	ils/elles allaient	ils/elles étaient allé(e)s	ils/elles iront

❗ Dans sa fonction de semi-auxiliaire, **aller** + infinitif permet d'exprimer un futur proche.

COMMENCER (commencé)

PRÉSENT	PASSÉ COMPOSÉ	IMPARFAIT	PLUS-QUE-PARFAIT	FUTUR SIMPLE
je commence	j'ai commencé	je commençais	j' avais commencé	je commencerai
tu commences	tu as commencé	tu commençais	tu avais commencé	tu commenceras
il/elle/on commence	il/elle/on a commencé	il/elle/on commençait	il/elle/on avait commencé	il/elle/on commencera
nous commençons	nous avons commencé	nous commencions	nous avions commencé	nous commencerons vous commencerez
vous commencez	vous avez commencé	vous commenciez	vous aviez commencé	
ils/elles commencent	ils/elles ont commencé	ils/elles commençaient	ils/elles avaient commencé	ils/elles commenceront

❗ Le **c** de tous les verbes en **-cer** devient **ç** devant **a** et **o** pour maintenir la prononciation [s].

MANGER (mangé)

PRÉSENT	PASSÉ COMPOSÉ	IMPARFAIT	PLUS-QUE-PARFAIT	FUTUR SIMPLE
je mange	j'ai mangé	je mangeais	j'avais mangé	je mangerai
tu manges	tu as mangé	tu mangeais	tu avais mangé	tu mangeras
il/elle/on mange	il/elle/on a mangé	il/elle/on mangeait	il/elle/on avait mangé	il/elle/on mangera
nous mangeons	nous avons mangé	nous mangions	nous avions mangé	nous mangerons
vous mangez	vous avez mangé	vous mangiez	vous aviez mangé	vous mangerez
ils/elles mangent	ils/elles ont mangé	ils/elles mangeaient	ils/elles avaient mangé	ils/elles mangeront

❗ Devant **a** et **o**, on place un **e** pour maintenir la prononciation [ʒ] dans tous les verbes en **-ger**.

PRÉFÉRER (préféré)

PRÉSENT	PASSÉ COMPOSÉ	IMPARFAIT	PLUS-QUE-PARFAIT	FUTUR SIMPLE
je préfère	j'ai préféré	je préférais	j'avais préféré	je préférerai
tu préfères	tu as préféré	tu préférais	tu avais préféré	tu préféreras
il/elle/on préfère	il/elle/on a préféré	il/elle/on préférait	il/elle/on avait préféré	il/elle/on préférera
nous préférons	nous avons préféré	nous préférions	nous avions préféré	nous préférerons
vous préférez	vous avez préféré	vous préfériez	vous aviez préféré	vous préférerez
ils/elles préfèrent	ils/elles ont préféré	ils/elles préféraient	ils/elles avaient préféré	ils/elles préféreront

CHOISIR (choisi)

PRÉSENT	PASSÉ COMPOSÉ	IMPARFAIT	PLUS-QUE-PARFAIT	FUTUR SIMPLE
je choisis	j'ai choisi	je choisissais	j'avais choisi	je choisirai
tu choisis	tu as choisi	tu choisissais	tu avais choisi	tu choisiras
il/elle/on choisit	il/elle/on a choisi	il/elle/on choisissait	il/elle/on avait choisi	il/elle/on choisira
nous choisissons	nous avons choisi	nous choisissions	nous avions choisi	nous choisirons
vous choisissez	vous avez choisi	vous choisissiez	vous aviez choisi	vous choisirez
ils/elles choisissent	ils/elles ont choisi	ils/elles choisissaient	ils/elles avaient choisi	ils/elles choisiront

❗ Les verbes **finir**, **grandir**, **maigrir** se conjuguent sur ce modèle.

CROIRE (cru)

PRÉSENT	PASSÉ COMPOSÉ	IMPARFAIT	PLUS-QUE-PARFAIT	FUTUR SIMPLE
je crois	j'ai cru	je croyais	j'avais cru	je croirai
tu crois	tu as cru	tu croyais	tu avais cru	tu croiras
il/elle/on croit	il/elle/on a cru	il/elle/on croyait	il/elle/on avait cru	il/elle/on croira
nous croyons	nous avons cru	nous croyions	nous avions cru	nous croirons
vous croyez	vous avez cru	vous croyiez	vous aviez cru	vous croirez
ils/elles croient	ils/elles ont cru	ils/elles croyaient	ils/elles avaient cru	ils/elles croiront

CONJUGAISON

ALLER* (allé)

CONDITIONNEL PRÉSENT	CONDITIONNEL PASSÉ	SUBJONCTIF PRÉSENT	SUBJONCTIF PASSÉ	IMPÉRATIF
j'irais	je serais allé(e)	que j'aille	que je sois allé(e)	va
tu irais	tu serais allé(e)	que tu ailles	que tu sois allé(e)	
il/elle/on irait	il/elle/on serait allé(e)	qu'il/elle/on aille	qu'il/elle/on soit allé(e)	
nous irions	nous serions allé(e)s	que nous allions	que nous soyons allé(e)s	allons
vous iriez	vous seriez allé(e)s	que vous alliez	que vous soyez allé(e)s	allez
ils/elles iraient	ils/elles seraient allé(e)s	qu'ils/elles aillent	qu'ils/elles soient allé(e)s	

COMMENCER (commencé)

CONDITIONNEL PRÉSENT	CONDITIONNEL PASSÉ	SUBJONCTIF PRÉSENT	SUBJONCTIF PASSÉ	IMPÉRATIF
je commencerais	j'aurais commencé	que je commence	que j'aie commencé	
tu commencerais	tu aurais commencé	que tu commences	que tu aies commencé	commence
il/elle/on commencerait	il/elle/on aurait commencé	qu'il/elle/on commence	qu'il/elle/on ait commencé	
nous commencerions	nous aurions commencé	que nous commencions	que nous ayons commencé	commençons
vous commenceriez	vous auriez commencé	que vous commenciez	que vous ayez commencé	commencez
ils/elles commenceraient	ils/elles auraient commencé	qu'ils/elles commencent	qu'ils/elles aient commencé	

MANGER (mangé)

CONDITIONNEL PRÉSENT	CONDITIONNEL PASSÉ	SUBJONCTIF PRÉSENT	SUBJONCTIF PASSÉ	IMPÉRATIF
je mangerais	j'aurais mangé	que je mange	que j'aie mangé	
tu mangerais	tu aurais mangé	que tu manges	que tu aies mangé	mange
il/elle/on mangerait	il/elle/on aurait mangé	qu'il/elle/on mange	qu'il/elle/on ait mangé	
nous mangerions	nous aurions mangé	que nous mangions	que nous ayons mangé	mangeons
vous mangeriez	vous auriez mangé	que vous mangiez	que vous ayez mangé	mangez
ils/elles mangeraient	ils/elles auraient mangé	qu'ils/elles mangent	qu'ils/elles aient mangé	

PRÉFÉRER (préféré)

CONDITIONNEL PRÉSENT	CONDITIONNEL PASSÉ	SUBJONCTIF PRÉSENT	SUBJONCTIF PASSÉ	IMPÉRATIF
je préférerais	j'aurais préféré	que je préfère	que j'aie préféré	
tu préférerais	tu aurais préféré	que tu préfères	que tu aies préféré	préfère
il/elle/on préférerait	il/elle/on aurait préféré	qu'il/elle/on préfère	qu'il/elle/on ait préféré	
nous préférerions	nous aurions préféré	que nous préférions	que nous ayons préféré	préférons
vous préféreriez	vous auriez préféré	que vous préfériez	que vous ayez préféré	préférez
ils/elles préféreraient	ils/elles auraient préféré	qu'ils/elles préfèrent	qu'ils, qu'elles aient préféré	

CHOISIR (choisi)

CONDITIONNEL PRÉSENT	CONDITIONNEL PASSÉ	SUBJONCTIF PRÉSENT	SUBJONCTIF PASSÉ	IMPÉRATIF
je choisirais	j'aurais choisi	que je choisisse	que j'aie choisi	
tu choisirais	tu aurais choisi	que tu choisisses	que tu aies choisi	choisis
il/elle/on choisirait	il/elle/on aurait choisi	qu'il/elle/on choisisse	qu'il/elle/on ait choisi	
nous choisirions	nous aurions choisi	que nous choisissions	que nous ayons choisi	choisissons
vous choisiriez	vous auriez choisi	que vous choisissiez	que vous ayez choisi	choisissez
ils/elles choisiraient	ils/elles auraient choisi	qu'ils/elles choisissent	qu'ils, qu'elles aient choisi	

CROIRE (cru)

CONDITIONNEL PRÉSENT	CONDITIONNEL PASSÉ	SUBJONCTIF PRÉSENT	SUBJONCTIF PASSÉ	IMPÉRATIF
je croirais	j'aurais cru	que je croie	que j'aie cru	
tu croirais	tu aurais cru	que tu croies	que tu aies cru	crois
il/elle/on croirait	il/elle/on aurait cru	qu'il/elle/on croie	qu'il/elle/on ait cru	
nous croirions	nous aurions cru	que nous croyions	que nous ayons cru	croyons
vous croiriez	vous auriez cru	que vous croyiez	que vous ayez cru	croyez
ils/elles croiraient	ils/elles auraient cru	qu'ils/elles croient	qu'ils/elles aient cru	

CONJUGAISON

CONNAÎTRE (connu)

PRÉSENT	PASSÉ COMPOSÉ	IMPARFAIT	PLUS-QUE-PARFAIT	FUTUR SIMPLE
je connais	j'ai connu	je connaissais	j'avais connu	je connaîtrai
tu connais	tu as connu	tu connaissais	tu avais connu	tu connaîtras
il/elle/on connaît	il/elle/on a connu	il/elle/on connaissait	il/elle/on avait connu	il/elle/on connaîtra
nous connaissons	nous avons connu	nous connaissions	nous avions connu	nous connaîtrons
vous connaissez	vous avez connu	vous connaissiez	vous aviez connu	vous connaîtrez
ils/elles connaissent	ils/elles ont connu	ils/elles connaissaient	ils/elles avaient connu	ils/elles connaîtront

❗ Tous les verbes en **-aître** se conjuguent sur ce modèle.

DIRE (dit)

PRÉSENT	PASSÉ COMPOSÉ	IMPARFAIT	PLUS-QUE-PARFAIT	FUTUR SIMPLE
je dis	j'ai dit	je disais	j'avais dit	je dirai
tu dis	tu as dit	tu disais	tu avais dit	tu diras
il/elle/on dit	il/elle/on a dit	il/elle/on disait	il/elle/on avait dit	il/elle/on dira
nous disons	nous avons dit	nous disions	nous avions dit	nous dirons
vous dites	vous avez dit	vous disiez	vous aviez dit	vous direz
ils/elles disent	ils/elles ont dit	ils/elles disaient	ils/elles avaient dit	ils/elles diront

FAIRE (fait)

PRÉSENT	PASSÉ COMPOSÉ	IMPARFAIT	PLUS-QUE-PARFAIT	FUTUR SIMPLE
je fais	j'ai fait	je faisais	j'avais fait	je ferai
tu fais	tu as fait	tu faisais	tu avais fait	tu feras
il/elle/on fait	il/elle/on a fait	il/elle/on faisait	il/elle/on avait fait	il/elle/on fera
nous faisons	nous avons fait	nous faisions	nous avions fait	nous ferons
vous faites	vous avez fait	vous faisiez	vous aviez fait	vous ferez
ils/elles font	ils/elles ont fait	ils/elles faisaient	ils/elles avaient fait	ils/elles feront

ÉCRIRE (écrit)

PRÉSENT	PASSÉ COMPOSÉ	IMPARFAIT	PLUS-QUE-PARFAIT	FUTUR SIMPLE
j'écris	j'ai écrit	j'écrivais	j'avais écrit	j'écrirai
tu écris	tu as écrit	tu écrivais	tu avais écrit	tu écriras
il/elle/on écrit	il/elle/on a écrit	il/elle/on écrivait	il/elle/on avait écrit	il/elle/on écrira
nous écrivons	nous avons écrit	nous écrivions	nous avions écrit	nous écrirons
vous écrivez	vous avez écrit	vous écriviez	vous aviez écrit	vous écrirez
ils/elles écrivent	ils/elles ont écrit	ils/elles écrivaient	ils/elles avaient écrit	ils/elles écriront

SAVOIR (su)

PRÉSENT	PASSÉ COMPOSÉ	IMPARFAIT	PLUS-QUE-PARFAIT	FUTUR SIMPLE
je sais	j'ai su	je savais	j'avais su	je saurai
tu sais	tu as su	tu savais	tu avais su	tu sauras
il/elle/on sait	il/elle/on a su	il/elle/on savait	il/elle/on avait su	il/elle/on saura
nous savons	nous avons su	nous savions	nous avions su	nous saurons
vous savez	vous avez su	vous saviez	vous aviez su	vous saurez
ils/elles savent	ils/elles ont su	ils/elles savaient	ils/elles avaient su	ils/elles sauront

PARTIR* (parti)

PRÉSENT	PASSÉ COMPOSÉ	IMPARFAIT	PLUS-QUE-PARFAIT	FUTUR SIMPLE
je pars	je suis parti(e)	je partais	j'étais parti(e)	je partirai
tu pars	tu es parti(e)	tu partais	tu étais parti(e)	tu partiras
il/elle/on part	il/elle/on est parti(e)	il/elle/on partait	il/elle/on était parti(e)	il/elle/on partira
nous partons	nous sommes parti(e)s	nous partions	nous étions parti(e)s	nous partirons
vous partez	vous êtes parti(e)(s)	vous partiez	vous étiez parti(e)s	vous partirez
ils/elles partent	ils/elles sont parti(e)s	ils/elles partaient	ils/elles étaient parti(e)s	ils/elles partiront

CONNAÎTRE (connu)

CONDITIONNEL PRÉSENT	CONDITIONNEL PASSÉ	SUBJONCTIF PRÉSENT	SUBJONCTIF PASSÉ	IMPÉRATIF
je connaîtrais tu connaîtrais il/elle/on connaîtrait nous connaîtrions vous connaîtriez ils/elles connaîtraient	j'aurais connu tu aurais connu il/elle/on aurait connu nous aurions connu vous auriez connu ils/elles auraient connu	que je connaisse que tu connaisses qu'il/elle/on connaisse que nous connaissions que vous connaissiez qu'ils/elles connaissent	que j'aie connu que tu aies connu qu'il/elle/on ait connu que nous ayons connu que vous ayez connu qu'ils/elles aient connu	connais connaissons connaissez

DIRE (dit)

CONDITIONNEL PRÉSENT	CONDITIONNEL PASSÉ	SUBJONCTIF PRÉSENT	SUBJONCTIF PASSÉ	IMPÉRATIF
je dirais tu dirais il/elle/on dirait nous dirions vous diriez ils/elles diraient	j'aurais dit tu aurais dit il/elle/on aurait dit nous aurions dit vous auriez dit ils/elles auraient dit	que je dise que tu dises qu'il/elle/on dise que nous disions que vous disiez qu'ils/elles disent	que j'aie dit que tu aies dit qu'il/elle/on ait dit que nous ayons dit que vous ayez dit qu'ils/elles aient dit	dis disons dites

FAIRE (fait)

CONDITIONNEL PRÉSENT	CONDITIONNEL PASSÉ	SUBJONCTIF PRÉSENT	SUBJONCTIF PASSÉ	IMPÉRATIF
je ferais tu ferais il/elle/on ferait nous ferions vous feriez ils/elles feraient	j'aurais fait tu aurais fait il/elle/on aurait fait nous aurions fait vous auriez fait ils/elles auraient fait	que je fasse que tu fasses qu'il/elle/on fasse que nous fassions que vous fassiez qu'ils/elles fassent	que j'aie fait que tu aies fait qu'il/elle/on ait fait que nous ayons fait que vous ayez fait qu'ils/elles aient fait	fais faisons faites

ÉCRIRE (écrit)

CONDITIONNEL PRÉSENT	CONDITIONNEL PASSÉ	SUBJONCTIF PRÉSENT	SUBJONCTIF PASSÉ	IMPÉRATIF
j'écrirais tu écrirais il/elle/on écrirait nous écririons vous écririez ils/elles écriraient	j'aurais écrit tu aurais écrit il/elle/on aurait écrit nous aurions écrit vous auriez écrit ils/elles auraient écrit	que j'écrive que tu écrives qu'il/elle/on écrive que nous écrivions que vous écriviez qu'ils/elles écrivent	que j'aie écrit que tu aies écrit qu'il/elle/on ait écrit que nous ayons écrit que vous ayez écrit qu'ils/elles aient écrit	écris écrivons écrivez

SAVOIR (su)

CONDITIONNEL PRÉSENT	CONDITIONNEL PASSÉ	SUBJONCTIF PRÉSENT	SUBJONCTIF PASSÉ	IMPÉRATIF
je saurais tu saurais il/elle/on saurait nous saurions vous sauriez ils/elles sauraient	j'aurais su tu aurais su il/elle/on aurait su nous aurions su vous auriez su ils/elles auraient su	que je sache que tu saches qu'il/elle/on sache que nous sachions que vous sachiez qu'ils/elles sachent	que j'aie su que tu aies su qu'il/elle/on ait su que nous ayons su que vous ayez su qu'ils/elles aient su	sache sachons sachez

PARTIR* (parti)

CONDITIONNEL PRÉSENT	CONDITIONNEL PASSÉ	SUBJONCTIF PRÉSENT	SUBJONCTIF PASSÉ	IMPÉRATIF
je partirais tu partirais il/elle/on partirait nous partirions vous partiriez ils/elles partiraient	je serais parti(e) tu serais parti(e) il/elle/on serait parti(e) nous serions parti(e)s vous seriez parti(e)s ils/elles seraient parti(e)s	que je parte que tu partes qu'il/elle/on parte que nous partions que vous partiez qu'ils/elles partent	que je sois parti(e) que tu sois parti(e) qu'il/elle/on soit parti(e) que nous soyons parti(e)s que vous soyez parti(e)s qu'ils/elles soient parti(e)s	pars partons partez

CONJUGAISON

VIVRE (vécu)

PRÉSENT	PASSÉ COMPOSÉ	IMPARFAIT	PLUS-QUE-PARFAIT	FUTUR SIMPLE
je vis	j'ai vécu	je vivais	j'avais vécu	je vivrai
tu vis	tu as vécu	tu vivais	tu avais vécu	tu vivras
il/elle/on vit	il/elle/on a vécu	il/elle/on vivait	il/elle/on avait vécu	il/elle/on vivra
nous vivons	nous avons vécu	nous vivions	nous avions vécu	nous vivrons
vous vivez	vous avez vécu	vous viviez	vous aviez vécu	vous vivrez
ils/elles vivent	ils/elles ont vécu	ils/elles vivaient	ils/elles avaient vécu	ils/elles vivront

PRENDRE (pris)

PRÉSENT	PASSÉ COMPOSÉ	IMPARFAIT	PLUS-QUE-PARFAIT	FUTUR SIMPLE
je prends	j'ai pris	je prenais	j'avais pris	je prendrai
tu prends	tu as pris	tu prenais	tu avais pris	tu prendras
il/elle/on prend	il/elle/on a pris	il/elle/on prenait	il/elle/on avait pris	il/elle/on prendra
nous prenons	nous avons pris	nous prenions	nous avions pris	nous prendrons
vous prenez	vous avez pris	vous preniez	vous aviez pris	vous prendrez
ils/elles prennent	ils/elles ont pris	ils/elles prenaient	ils/elles avaient pris	ils/elles prendront

VENIR* (venu)

PRÉSENT	PASSÉ COMPOSÉ	IMPARFAIT	PLUS-QUE-PARFAIT	FUTUR SIMPLE
je viens	je suis venu(e)	je venais	j'étais venu(e)	je viendrai
tu viens	tu es venu(e)	tu venais	tu étais venu(e)	tu viendras
il/elle/on vient	il/elle/on est venu(e)	il/elle/on venait	il/elle/on était venu(e)	il/elle/on viendra
nous venons	nous sommes venu(e)s	nous venions	nous étions venu(e)s	nous viendrons
vous venez	vous êtes venu(e)(s)	vous veniez	vous étiez venu(e)s	vous viendrez
ils/elles viennent	ils/elles sont venu(e)s	ils/elles venaient	ils/elles étaient venu(e)s	ils/elles viendront

POUVOIR (pu)

PRÉSENT	PASSÉ COMPOSÉ	IMPARFAIT	PLUS-QUE-PARFAIT	FUTUR SIMPLE
je peux	j'ai pu	je pouvais	j'avais pu	je pourrai
tu peux	tu as pu	tu pouvais	tu avais pu	tu pourras
il/elle/on peut	il/elle/on a pu	il/elle/on pouvait	il/elle/on avait pu	il/elle/on pourra
nous pouvons	nous avons pu	nous pouvions	nous avions pu	nous pourrons
vous pouvez	vous avez pu	vous pouviez	vous aviez pu	vous pourrez
ils/elles peuvent	ils/elles ont pu	ils/elles pouvaient	ils/elles avaient pu	ils/elles pourront

❗ Dans les questions avec inversion verbe-sujet, on utilise la forme ancienne de la 1re personne du singulier :
Puis-je vous renseigner ?

VOULOIR (voulu)

PRÉSENT	PASSÉ COMPOSÉ	IMPARFAIT	PLUS-QUE-PARFAIT	FUTUR SIMPLE
je veux	j'ai voulu	je voulais	j'avais voulu	je voudrai
tu veux	tu as voulu	tu voulais	tu avais voulu	tu voudras
il/elle/on veut	il/elle/on a voulu	il/elle/on voulait	il/elle/on avait voulu	il/elle/on voudra
nous voulons	nous avons voulu	nous voulions	nous avions voulu	nous voudrons
vous voulez	vous avez voulu	vous vouliez	vous aviez voulu	vous voudrez
ils/elles veulent	ils/elles ont voulu	ils/elles voulaient	ils/elles avaient voulu	ils/elles voudront

DEVOIR (dû)

PRÉSENT	PASSÉ COMPOSÉ	IMPARFAIT	PLUS-QUE-PARFAIT	FUTUR SIMPLE
je dois	j'ai dû	je devais	j'avais dû	je devrai
tu dois	tu as dû	tu devais	tu avais dû	tu devras
il/elle/on doit	il/elle/on a dû	il/elle/on devait	il/elle/on avait dû	il/elle/on devra
nous devons	nous avons dû	nous devions	nous avions dû	nous devrons
vous devez	vous avez dû	vous deviez	vous aviez dû	vous devrez
ils/elles doivent	ils/elles ont dû	ils/elles devaient	ils/elles avaient dû	ils/elles devront

VIVRE (vécu)

CONDITIONNEL PRÉSENT	CONDITIONNEL PASSÉ	SUBJONCTIF PRÉSENT	SUBJONCTIF PASSÉ	IMPÉRATIF
je vivrais	j'aurais vécu	que je vive	que j'aie vécu	
tu vivrais	tu aurais vécu	que tu vives	que tu aies vécu	vis
il/elle/on vivrait	il/elle/on aurait vécu	qu'il/elle/on vive	qu'il/elle/on ait vécu	
nous vivrions	nous aurions vécu	que nous vivions	que nous ayons vécu	vivons
vous vivriez	vous auriez vécu	que vous viviez	que vous ayez vécu	vivez
ils/elles vivraient	ils/elles auraient vécu	qu'ils/elles vivent	qu'ils/elles aient vécu	

PRENDRE (pris)

CONDITIONNEL PRÉSENT	CONDITIONNEL PASSÉ	SUBJONCTIF PRÉSENT	SUBJONCTIF PASSÉ	IMPÉRATIF
je prendrais	j'aurais pris	que je prenne	que j'aie pris	
tu prendrais	tu aurais pris	que tu prennes	que tu aies pris	prends
il/elle/on prendrait	il/elle/on aurait pris	qu'il/elle/on prenne	qu'il/elle/on ait pris	
nous prendrions	nous aurions pris	que nous prenions	que nous ayons pris	prenons
vous prendriez	vous auriez pris	que vous preniez	que vous ayez pris	prenez
ils/elles prendraient	ils/elles auraient pris	qu'ils/elles prennent	qu'ils/elles aient pris	

VENIR* (venu)

CONDITIONNEL PRÉSENT	CONDITIONNEL PASSÉ	SUBJONCTIF PRÉSENT	SUBJONCTIF PASSÉ	IMPÉRATIF
je viendrais	je serais venu(e)	que je vienne	que je sois venu(e)	
tu viendrais	tu serais venu(e)	que tu viennes	que tu sois venu(e)	viens
il/elle/on viendrait	il/elle/on serait venu(e)	qu'il/elle/on vienne	qu'il/elle/on soit venu(e)	
nous viendrions	nous serions venu(e)s	que nous venions	que nous soyons venu(e)s	venons
vous viendriez	vous seriez venu(e)s	que vous veniez	que vous soyez venu(e)s	venez
ils/elles viendraient	ils/elles seraient venu(e)s	qu'ils/elles viennent	qu'ils/elles soient venu(e)s	

POUVOIR (pu)

CONDITIONNEL PRÉSENT	CONDITIONNEL PASSÉ	SUBJONCTIF PRÉSENT	SUBJONCTIF PASSÉ	IMPÉRATIF
je pourrais	j'aurais pu	que je puisse	que j'aie pu	
tu pourrais	tu aurais pu	que tu puisses	que tu aies pu	
il/elle/on pourrait	il/elle/on aurait pu	qu'il/elle/on puisse	qu'il/elle/on ait pu	
nous pourrions	nous aurions pu	que nous puissions	que nous ayons pu	
vous pourriez	vous auriez pu	que vous puissiez	que vous ayez pu	
ils/elles pourraient	ils/elles auraient pu	qu'ils/elles puissent	qu'ils/elles aient pu	

VOULOIR (voulu)

CONDITIONNEL PRÉSENT	CONDITIONNEL PASSÉ	SUBJONCTIF PRÉSENT	SUBJONCTIF PASSÉ	IMPÉRATIF
je voudrais	j'aurais voulu	que je veuille	que j'aie voulu	
tu voudrais	tu aurais voulu	que tu veuilles	que tu aies voulu	veuille / veux
il/elle/on voudrait	il/elle/on aurait voulu	qu'il/elle/on veuille	qu'il/elle/on ait voulu	
nous voudrions	nous aurions voulu	que nous voulions	que nous ayons voulu	veuillons / voulons
vous voudriez	vous auriez voulu	que vous vouliez	que vous ayez voulu	veuillez / voulez
ils/elles voudraient	ils/elles auraient voulu	qu'ils/elles veuillent	qu'ils/elles aient voulu	

DEVOIR (dû)

CONDITIONNEL PRÉSENT	CONDITIONNEL PASSÉ	SUBJONCTIF PRÉSENT	SUBJONCTIF PASSÉ	IMPÉRATIF
je devrais	j'aurais dû	que je doive	que j'aie dû	
tu devrais	tu aurais dû	que tu doives	que tu aies dû	dois
il/elle/on devrait	il/elle/on aurait dû	qu'il/elle/on doive	qu'il/elle/on ait dû	
nous devrions	nous aurions dû	que nous devions	que nous ayons dû	devons
vous devriez	vous auriez dû	que vous deviez	que vous ayez dû	devez
ils/elles devraient	ils/elles auraient dû	qu'ils/elles doivent	qu'ils/elles aient dû	

TRANSCRIPTIONS DES ENREGISTREMENTS

AUDIO - UNITÉ 1

Piste 1

- Vous écoutez radio Star. Nous venons d'entendre un spécialiste nous parler de la fabrication des souvenirs et de la madeleine de Proust. La parole est maintenant aux auditeurs. Écoutez les témoignages que nous avons enregistrés ce matin dans les rues de Paris.
- Je me reposais à la maison quand j'ai entendu la chanson *Hélène* à la radio... J'ai été directement transportée dans le passé ! C'était la chanson de mon premier slow. J'étais amoureuse d'un garçon, il s'appelait Michael, et j'avais 15 ans. Je me souviens qu'on était à une fête, j'étais assise, nerveuse, j'attendais qu'il m'invite. Et soudain, il est arrivé et il m'a demandé timidement : tu veux danser ? C'était comme un rêve. La chanson s'est finie et... il ne m'a pas embrassée, il est parti ! J'étais tellement déçue... Quand j'entends cette chanson, je revois la salle, les lumières, les vêtements de Michael, c'est fou ! J'en tremble encore !
- Moi, quand je sens le parfum des roses, je pense à ma grand-mère bulgare que j'aimais beaucoup. Elle habitait à Kazanlak, la ville où on cultive les roses, et nous à Plovdiv. J'allais chez ma grand-mère tous les week-ends. Chez elle, tout sentait la rose, le savon, les gâteaux, la limonade ! Ma grand-mère aussi se parfumait à la rose. Elle était très fière de sa terre natale. Mes parents ont décidé de partir pour aller travailler en France, mais ma grand-mère est restée. J'ai souffert de cette séparation, mais je suis retourné très souvent à Kazanlak.
- Moi, c'est quand je mange des oranges que je me rappelle mon enfance. Je revois les orangers de mon jardin en Algérie. Je me souviens qu'après l'école on cueillait les fruits avec mes frères et sœurs, il faisait beau, les couleurs étaient belles, les fruits sentaient bons. On chantait, on rigolait. Ce sont des souvenirs heureux ! Avec les figues qu'on ramassait, ma mère faisait des confitures. Plus tard, elle m'a donné la recette. La première fois que j'ai fait de la confiture de figues pour mes enfants, c'était merveilleux ! J'étais très ému. J'espère que mes enfants transmettront cette recette aux leurs !

Piste 2

- Bonjour à tous et bienvenue à la médiathèque. Et merci d'être venu ! Excusez-moi, je suis un peu nerveux, alors pour aller vite, ce projet est né parce qu'au collège les profs doivent parler des migrations, c'est dans le programme scolaire. Alors, bon, j'avais pas d'idées et puis j'ai vu un documentaire sur l'histoire d'une femme italienne. Son fils y raconte le parcours de sa mère, l'arrivée en France et la nostalgie du pays natal. Et voilà comment le projet est né. Ensuite, les élèves ont écrit des récits sur leurs origines et on a aussi voulu faire une exposition photographique, que vous allez voir aujourd'hui. Maintenant, je leur laisse la parole ! Hi Lane ! Tu veux bien nous raconter ton histoire ?
- Oui, alors mon père est français et ma mère est malgache, ils se sont rencontrés à Madagascar, parce que mon père était militaire là-bas. Et... ils sont tombés amoureux ! Après, ma mère a suivi mon père, ils déménageaient tous les deux ou trois ans à cause du travail, mais ma mère, elle s'adaptait partout ! Ça ne l'inquiétait pas de changer de pays, elle aimait bien voyager.
- Pourquoi ils sont venus en France ?
- Bah, ils en avaient quand même un peu marre de déménager tout le temps, alors mon père a demandé un poste en France.
- Et aujourd'hui, comment ça se passe pour ta mère ?
- Ma mère... elle est heureuse, elle travaille, et elle fait plein d'activités. Elle est épanouie, quoi ! Elle est pas nostalgique de Madagascar, et puis on y retourne souvent en vacances.
- Et toi, Valentin ? T'as aimé faire ce projet ?
- Oh oui, j'ai adoré ! Moi, je voulais connaître mes origines, on parlait pas de ça dans ma famille. Alors, pour moi, le projet, c'était vraiment une super excuse pour poser des questions ! Mon grand-père n'était pas très enthousiaste au début, il voulait pas répondre ! Mais, à la fin, il était content.
- Pourquoi ton grand-père est venu en France ?
- Il est venu pour le travail. Après quelques mois, il est reparti en Algérie chercher ma grand-mère.
- Comment elle a réagi ta grand-mère ?
- Oh, elle ne voulait pas venir à Marseille, mais elle a pas eu le choix, elle a suivi mon grand-père. Elle s'est occupée de ses enfants, mais elle n'était pas très heureuse. Aujourd'hui ça va mieux, mais elle rêve toujours de rentrer chez elle...

Piste 3

- C'est une passion française, peut-être la vôtre. Il y a une très belle émission d'ailleurs sur cette antenne de généalogie. La généalogie, qui a de plus en plus d'adeptes.
- Oui, ce serait même devenu le troisième loisir des français après le jardinage et le bricolage, un salon de la généalogie se tient jusqu'à ce soir à Paris, à la mairie du 15e arrondissement, reportage Europe 1, Victor Dhollande.
- Tous ces apprentis détectives ont tous le même objectif, retrouver l'histoire de leur famille, comprendre qui étaient vraiment leurs ancêtres. Avec l'essor des sites Internet et la numérisation des archives dans chaque département, reconstituer son arbre généalogique est beaucoup plus rapide. Dylan, 18 ans, a fait une drôle de découverte en fouillant dans son passé.
- Y'a un de mes arrière-grands-parents qui n'a pas reconnu mes grands-parents, c'était une situation un peu compliquée, je voulais creuser pour savoir d'où je venais parce que les membres de ma famille n'avaient jamais réussi à trouver, donc j'ai cherché, j'ai cherché et j'ai finalement réussi à trouver, c'est amusant, c'est comme un jeu de piste.
- Un jeu de piste très addictif, une découverte en entraînant une autre, on finit par en savoir beaucoup plus sur ses ancêtres, comme l'explique la généalogiste Laurence Abensur-Hazan.
- On a envie de chercher autre chose, de savoir un peu comment ils vivaient, quelles professions ils exerçaient, dans quelle ville ils habitaient, comment se passait la vie au quotidien, quelle était la situation des femmes, si les enfants allaient à l'école... C'est extrêmement vivant, c'est pas uniquement des noms et des dates.
- Les familles s'agrandissent au fil des découvertes et tous ces généalogistes en herbe sont de plus en plus nombreux à prendre la plume pour raconter l'histoire de leur famille.
- Reportage Europe 1 signé Victor Dhollande.

Piste 4

- Qui n'est pas à la recherche du bonheur ? Et pour l'atteindre, ce bonheur, de plus en plus d'Américains du Nord et d'Européens se mettent au développement personnel, un ensemble de techniques pour se poser les grandes questions, les bonnes questions sur sa vie ! Le but, c'est de s'épanouir en connaissant mieux ses désirs et en réalisant ses rêves. Alors, justement, aujourd'hui, notre chroniqueuse du bien-être, Alice Merveille, nous parle d'une technique de développement personnel : le vision board, ou en français, le tableau de vision... Alors, Alice, dites-nous ce que c'est !
- Oui, alors le tableau de vision, c'est un outil assez créatif. En pratique, sur un tableau, vous allez faire un collage avec des questions, des phrases que vous aimez, des dessins, des photos... Ce tableau matérialisera vos rêves et vos objectifs, et vous aidera à vous poser des questions. Qu'est-ce que j'ai envie de faire ? Ou qu'est-ce que j'envisage dans le futur ? Vous allez aussi réfléchir à vos insatisfactions : qu'est-ce qui ne me va pas ? Qu'est-ce qui ne me plaît pas dans ma vie personnelle, sociale ou professionnelle ? Qu'est-ce que j'aimerais changer ?
- Mais qu'est-ce qu'on en fait de ce tableau ?
- Ben, vous l'accrocherez dans votre bureau ou dans le salon ! Comme ça, à chaque fois que vous le verrez, vous penserez à vos objectifs ! Et à comment vous allez les réaliser...
- Mais je suppose qu'il faut un peu de temps pour faire son tableau de vision ?
- Eh oui, effectivement, ça demande du temps et de bonnes

conditions. Alors vous allez profiter d'une demi-journée libre, d'un dimanche de pluie, d'un jour où les enfants ne sont pas à la maison, vous allez vous retrouver chez vous, seul, quelques heures. Bien sûr, vous allez éteindre votre téléphone portable, peut-être allumer une bougie, écouter de la musique pour vous détendre, car ce que vous allez faire changera peut-être radicalement votre vie !

Piste 5
• Les « repats », nouveau phénomène migratoire, mais alors une question se pose : le retour est-il facile ? Notre journaliste est à Dakar, au Sénégal, et a interrogé deux repats !
◦ Vous êtes contente d'être rentrée, Hapsatou ?
▪ Très contente, oui, j'envisageais de rentrer depuis longtemps ! Ça ne me plaisait pas d'être loin de mon pays ! Et puis, j'en avais assez du froid et de la neige !
◦ Comment s'est passé votre retour ?
▪ Ça n'a pas été si facile ! En Suisse, j'étais africaine et étrangère alors que j'ai la nationalité suisse ! Au Sénégal, je suis européenne ! Oui, oui ! Les gens me voient comme une européenne, c'est assez bizarre... Je ne connais pas tous les codes, je ne sais pas toujours comment je dois me comporter, et en plus, je suis une jeune femme célibataire, c'est encore plus difficile ! Et puis, les gens trouvent que ma manière de parler est différente, bon de toutes façons le français, c'est pas suffisant pour le commerce. J'ai l'intention d'apprendre au moins une langue du pays, peut-être le wolof qui est la langue de ma famille !
◦ Pourquoi vous êtes rentré au Sénégal, Adam ?
♦ Je n'en pouvais plus de mon travail, ça ne me plaisait pas de vivre à Paris ! C'est pour ça que je suis rentré.
◦ Qu'est-ce qui change pour vous ici ?
♦ Ici, c'est très différent, le mode de vie et les habitudes locales sont parfois étranges pour quelqu'un qui a grandi en France. J'ai découvert en arrivant qu'on ne travaille pas les jours de pluie ! Au début, c'était difficile de s'adapter aux horaires, je suis un jeune salarié, habitué à un travail très intense, je ne comptais pas mes heures. À Paris, tout le monde est stressé, mais ici les gens sont tranquilles, ils prennent le temps, et ça, c'est vraiment super !
◦ Quelles difficultés vous rencontrez au quotidien ?
♦ Des problèmes avec l'administration, pas très réactive, les coupures d'électricité, des connexions Internet pas très rapides. Mais, les gens se débrouillent, ils font avec ce qu'ils ont ! J'aime beaucoup ça.
◦ Finalement, vous êtes content ?
♦ Oui, je suis heureux ici, je participe au développement de l'économie de mon pays d'origine ! Ça fait sept ans que je suis « repat » au Sénégal, ça marche bien pour moi, j'envisage même d'ouvrir un cabinet de recrutement !

AUDIO - UNITÉ 2

Piste 6
◦ Bonjour Odile.
• Bonjour Guillaume. Alors ce matin, vous avez envie de nous parler de chocolat et de traditions.
◦ En effet, c'est la période des repas de famille et des œufs en chocolat, c'est Pâques ! Un moment idéal pour se demander ce qu'on fait par traditions religieuses, culturelles, sociales ou familiales. La question du jour est : faut-il se libérer des traditions ou, au contraire, les conserver ?
• Pour moi, cela dépend de la tradition.
◦ Oui, et aussi qu'est-ce qu'une tradition ? Alors, une tradition, c'est quelque chose qui nous vient du passé et que nous transmettons aux générations suivantes. Quand on parle de tradition, on pense souvent au poids des traditions. On peut se sentir obligé de suivre une tradition pour faire plaisir à ses parents ou par respect pour ses ancêtres. Et puis, il y a des traditions plus faciles à respecter que d'autres. Par exemple, s'offrir du chocolat le jour de Pâques, ce n'est pas désagréable et ça ne remet pas en question un choix de vie. Par contre, la situation peut se compliquer pour un mariage.

Les croyances et les volontés de la famille peuvent peser lourd sur les mariés et les empêcher de faire librement leur choix.
• Mais, pourrions-nous vivre sans tradition ?
◦ Ce n'est pas souhaitable, parce qu'une tradition, c'est une pratique collective qui représente un lien social. Ça développe le vivre-ensemble, donc ça nous rapproche. Il faut avoir un rapport actif à la tradition : il faut respecter une tradition pour se faire plaisir et non pas pour faire plaisir aux autres.
• Merci Guillaume. À la semaine prochaine ?
◦ Avec plaisir, et joyeuses Pâques à nos auditrices et auditeurs !

Piste 7
• C'est ma mère qui me lisait des contes, c'était le rituel du soir avant d'aller dormir. J'adorais ce moment de partage avec elle. Je n'en avais pas conscience à l'époque, mais elle choisissait les contes pour m'aider à grandir. Par exemple, quand je me sentais rejetée, elle me racontait Le Vilain Petit Canard. Je crois que ce conte m'a aidée à avoir confiance en moi.
◦ Dans ma jeunesse, mes frères et moi passions le mercredi après-midi chez notre arrière-grand-mère. Elle était d'origine marocaine, alors elle nous racontait des contes de son pays. Nous nous asseyions autour d'elle après le goûter. Elle nous faisait voyager et découvrir le pays de son enfance que nous ne connaissions pas. Je me souviens de ses descriptions pleines de détails : les palais du roi, les couleurs du coucher du soleil dans le désert, les odeurs des champs d'orangers... Elle nous faisait rêver. Quand j'ai visité pour la première fois le Maroc à l'âge de 16 ans, je me suis souvenu de ces moments de bonheur auprès d'elle.
▪ Il y a un conte qui a marqué ma jeunesse, c'est celui de Cendrillon. Sans exagérer, j'ai dû le lire une cinquantaine de fois. Je lisais seule le soir dans mon lit. Quand j'y repense, il y a des passages vraiment durs. Par exemple, le moment où les demi-sœurs de Cendrillon se coupent un bout du pied pour pouvoir mettre la pantoufle. Rien à voir avec la version de Walt Disney ! Mais ça ne m'a pas choquée, au contraire ! Ça m'a rassurée de savoir que les méchants étaient punis.

Piste 8
Cric, crac, faites silence, faites silence, mon histoire commence. Il était une fois une très jolie enfant qui s'appelait Amna. Après la mort de sa mère, son père s'est remarié avec une belle femme qui, en réalité, était une sorcière. Mais ça, il ne le savait pas encore. Un jour, la belle-mère a demandé au soleil :
– Ô Soleil, toi qui gouvernes, dis-moi qui est la plus belle au monde ?
– Tu es belle et je suis beau, mais la plus belle dort.
Pendant ce temps-là, Amna était en train de dormir dans sa chambre.
Le lendemain, la belle-mère a interrogé à nouveau le soleil.
– Ô Soleil, toi qui gouvernes, dis-moi qui est la plus belle au monde ?
– Tu es belle et je suis beau, mais la plus belle est à la fontaine.
Pendant ce temps-là, Amna prenait de l'eau à la fontaine.
Le surlendemain, même question.
– Ô Soleil, toi qui gouvernes, dis-moi qui est la plus belle au monde ?
– Tu es belle et je suis beau, mais Amna est la plus belle.
Soudain, la marâtre est entrée dans une colère noire. Elle était jalouse de la beauté d'Amna.
À ce moment-là, son mari est rentré.
– Que se passe-t-il, ma douce ?
– Ta fille est impossible. C'est elle ou moi ! Si elle ne part pas, je retourne chez mes parents !
Le père a essayé de la faire changer d'avis, mais c'était impossible. La semaine suivante, le père a amené sa fille en haut d'une montagne où il l'a abandonnée. Amna avait peur. Elle est descendue dans la vallée. Par chance, elle a trouvé le palais merveilleux où vivaient sept frères djinns1. Elle y est entrée, ils n'étaient pas là. Elle a fait le ménage et a préparé le repas. Après ces travaux, elle a pris des habits d'homme dans une chambre et elle s'est changée avant de retourner dans la montagne.
Lorsque les sept frères sont revenus, ils étaient très étonnés :

cent soixante quinze **175**

TRANSCRIPTIONS DES ENREGISTREMENTS

– Qui est venu pendant notre absence ?
Ils ont cherché, mais ils n'ont trouvé personne.
– Demain l'un d'entre nous restera à la maison pour découvrir qui vient s'occuper du palais.
Le lendemain, l'aîné des sept frères est resté au palais. Amna est revenue et elle est passée devant lui, mais il a cru que c'était l'un de ses frères et il s'est endormi.
Le soir, les six autres frères sont rentrés.
– Alors, as-tu découvert qui venait s'occuper du palais ?
– Non.
Le jour d'après, le deuxième frère n'a rien vu non plus. Et ainsi de suite jusqu'au cadet.
– Pourquoi rentres-tu déjà mon frère ?
– Je ne suis pas ton frère, je suis Amna. Mon père m'a abandonnée et j'habite dans la montagne.
– Alors, reste avec nous et sois notre sœur. Tu t'occuperas de la maison et nous te protégerons.
Pendant ce temps-là, la marâtre était heureuse. Elle était à nouveau la plus belle du royaume. Un jour, elle a redemandé au soleil :
– Ô Soleil, toi qui gouvernes, dis-moi qui est la plus belle au monde ?
– Tu es belle et je suis beau, mais Amna qui habite au palais des djinns est la plus belle.
Les yeux de la marâtre brillaient de colère. Elle a pris sa bague magique pour se transformer en marchande de dattes. Puis, elle s'est rendue au palais des djinns.
– Qui veut mes dattes délicieuses ?
Amna s'est approchée de la marchande qui lui a offert une datte, puis elle est remontée dans sa chambre. Elle l'a mise dans sa bouche et, tout à coup, elle est tombée comme morte sur le divan.
Quand les frères sont rentrés, ils ont retrouvé leur sœur morte. Ils l'ont pleurée pendant trois jours et trois nuits. Ensuite, ils l'ont placée dans un coffre en or sur le dos d'un chameau. Le chameau a marché longtemps, très longtemps. Il est arrivé dans une grande ville. Il s'est arrêté devant le palais au moment où le jeune prince en sortait.
– Quel magnifique coffre ! Soldats, montez-le dans mes appartements.
Lorsque les sœurs du prince ont vu le coffre, la curiosité les a poussées à l'ouvrir.
– Oh, quelle belle princesse ! Elle semble dormir paisiblement.
– J'aimerais avoir ses beaux cheveux noirs.
– Et moi, ses lèvres rouges.
– Et moi, ses dents blanches. Mais, qu'a-t-elle dans la bouche ?
La cadette lui a retiré la datte. Soudain, la magie a disparu, et Amna s'est réveillée.
Vous pouvez imaginer le bonheur du prince quand il l'a vue.
– Belle Amna, veux-tu épouser ?
– Oui, je le veux. Mais je veux d'abord la mort de ma belle-mère. Attachez-la à un cheval sauvage et faites venir mon père à la cour. Je ne veux plus le voir souffrir.
Ainsi, la sorcière est morte dans de terribles douleurs, le père d'Amna est devenu grand vizir, et le prince a épousé la jeune fille.
Et cric, et crac, mon histoire est terminée.

Piste 9
- Bonjour Christine.
○ Bonjour.
- J'aimerais que tu nous parles un peu de ton métier. Et pour commencer, peux-tu te présenter en quelques mots ?
○ Je m'appelle Christine Andrien. Et ça fait une vingtaine d'années que je raconte maintenant. Je travaille dans une association qui s'appelle le Théâtre de la parole depuis dix-huit ans. Et mon activité principale, au sein de cette association, c'est la formation, la gestion administrative, la communication mais surtout je suis sur le terrain, je mène des ateliers et je raconte. Je crée aussi des spectacles et j'accompagne des conteurs dans leur travail. Et je suis devenue conteuse un peu par hasard et j'y ai pris goût.
- Tu dis souvent que les contes sont importants. Pourquoi ?
○ Oui, pour moi c'est une parole importante, c'est une parole politique, qui prend la défense du petit, qui dit que tout est possible, qu'il faut pas se décourager. Et ce n'est pas parce qu'on n'a rien qu'on ne peut pas réussir. Et ça, moi, j'aime bien cette idée-là. La parole du petit contre le puissant. Je trouve ça très contemporain. Quand on raconte aux enfants, on sent que ça leur donne du courage d'entendre qu'on peut combattre des méchants et que tout le monde peut devenir prince ou princesse. Le conte parle des rapports humains et, ça, ça reste très contemporain, ça n'a pas changé.
- Si je comprends bien, le conteur a un rôle à jouer dans notre société, c'est ça ?
○ Oui ! Pour moi, le conteur est un éveilleur de consciences. Il transmet des contes traditionnels, c'est vrai, mais aussi des récits de vie et des histoires de famille.
- Et toi, comment tu te sens quand tu contes ?
○ Ça me rend heureuse de voir le public éprouver différentes émotions : la peur, la joie, la tristesse, le soulagement... Et c'est la lumière qui brille dans les yeux des spectateurs qui me touche le plus. Surtout chez les adultes, on sent qu'ils redeviennent un peu des enfants, et qu'ils se laissent porter par l'histoire, par le conte, il n'y a plus de contrôle, ils sont dans l'histoire, dans une vraie relation et c'est ça qui est émouvant.
- Merci beaucoup Christine.
○ Avec plaisir.

AUDIO - UNITÉ 3
Piste 10
- France Info Junior, en partenariat avec « Un jour, une actu ».
◇ Bonjour ! Je m'appelle Nicky.
■ Bonjour, je m'appelle Raphaël, j'ai dix ans.
♦ Bonjour je m'appelle Nafy, j'ai neuf ans.
- Le thème du jour est...
○ La langue française !
- Eh oui, comment est né le français, comment la langue a-t-elle évolué. Nos juniors qui sont en CM2 à Lille, se posent des questions au micro d'Estelle Fort et pour le répondre, eh bien un linguiste est en studio. Alain Bentolila, bonjour.
◇ Bonjour.
- Journaliste : Et le français précisément ? On peut dire que le français vient du latin, en partie ?
◇ Alors, le français vient du latin avec pas mal de mots d'origine grecque aussi, biensûr, et qu'on va retrouver. Par exemple, est-ce que tu sais que « hippopotame » est composé de deux mots anciens, l'un qui est hippo et qui veut dire « le cheval » et potamos, c'est du grec, hein, potame qui veut dire « fleuve ». Donc hippopotame c'est le cheval du fleuve.
- Nicky.
○ Combien il y a de mots en français ?
◇ Dans les plus gros dictionnaires actuels, il y a 150 000 mots à peu près. Evidemment, ni toi ni moi n'utilisons tous ces mots-là. On n'a pas besoin de...
- On en utilise combien ?
◇ On en utilise environ 2 500 à 3 000 à peu près hein.
- Pourquoi dans chaque pays on est obligé d'avoir sa propre langue ?
- Pourquoi pas une langue commune à tout le monde ?
◇ Alors, ça c'est le rêve de ceux qui ont créé l'espéranto. L'espéranto en fait c'est une langue qui n'existait pas et on a pensé que si on avait tous une langue commune, on se comprendrait mieux, qu'on se ferait peut-être moins la guerre, qu'on se lirait plus facilement les uns les autres.
- Merci beaucoup pour vos explications Alain Bentolila. Je rappelle le titre de votre ouvrage, *L'école contre la barbarie*, publié aux éditions First, France Info Junior c'est à retrouver chaque jour sur franceinfo.fr. Il y a le podcast si vous voulez vous abonner.

TRANSCRIPTIONS DES ENREGISTREMENTS

Piste 11
- Tu as fait du latin, toi, quand tu étais jeune ?
- Oh oui, malheureusement !
- Pourquoi tu dis malheureusement ? T'as pas aimé ?
- J'ai détesté ! C'étaient les pires heures de la semaine. Le prof était nul, on s'ennuyait… On faisait tout le temps des traductions et des tableaux de grammaire, j'avais horreur de ça !
- Oh, c'est dommage. Moi, j'avais un prof génial ! Ses cours étaient passionnants. On faisait des activités vraiment chouettes. On étudiait l'archéologie !
- Et ça vous intéressait ?
- Tu plaisantes ? Ça nous passionnait ! On voulait savoir ce qu'il y avait écrit sur les temples et les pierres dans les musées, alors ça nous motivait. On a même fait un voyage en Italie, à Pompéi, j'en garde un souvenir extraordinaire !
- T'as eu de la chance. Nous, notre prof ne nous a jamais parlé de civilisation romaine. À part Astérix, je n'y connais rien en histoire antique !
- Et la langue ? Tu te souviens sans doute des déclinaisons, non ?
- Rien, à part rosa, rosam, rosarum… oh, je sais plus ! Et il y avait une histoire de complément d'objet direct ou indirect, mais je ne me souviens plus. Pff, une catastrophe !
- Eh ben dis donc… Moi, toutes les déclinaisons, ça m'a beaucoup aidé quand j'ai appris l'allemand plus tard.

Piste 12
- Salut, désolé, je suis en retard.
- Tu étais où ?
- Je viens de m'inscrire à un cours d'espéranto.
- Sérieux ?
- Oui ! Je trouve ça super intéressant !
- N'importe quoi ! Ça sert à rien d'apprendre une langue qui n'existe pas !
- Je ne trouve pas que ça serve à rien. Pour moi c'est une gymnastique mentale, c'est enrichissant.
- Peut-être, mais si tu veux mon avis, le chinois, l'arabe ou le russe seraient plus utiles !
- On est obligé de faire toujours des trucs utiles ? Moi, je trouve que c'est important, parfois, de faire des choses juste pour le plaisir !
- Ah oui, sur ça, on est d'accord ! Mais l'espéranto ! Pff, quelle drôle d'idée !
- En fait, je ne suis pas du tout d'accord avec toi sur l'inutilité. Tu sais qu'il y a environ 6 millions d'espérantophones dans le monde ?
- Six millions, mais c'est rien !
- Ça suffit pour se faire des amis partout, et voyager, et rencontrer des gens.
- Je suis curieux de savoir combien vous serez dans ton cours ! Une langue sans pays, sans littérature, c'est pas vraiment une langue !
- Bien sûr que si ! Il y a des mêmes des examens officiels, on peut avoir un diplôme avec les niveaux B1, B2, etc., comme les autres langues.
- Je ne crois pas que tu puisses me convaincre avec ce genre d'arguments.
- Non, mais toi, tu n'aimes pas les langues, alors c'est normal que tu voies pas l'intérêt. Moi, ça me passionne.

Piste 13
- Comment vont les langues régionales en France ? La France les considère comme une partie importante de son patrimoine culturel, alors qu'elles ne sont pas officiellement reconnues. Aujourd'hui qui les parle ? Est-ce qu'on les transmet encore de génération en génération ? Sont-elles en danger ? Quelle place ont-elles dans la vie de tous les jours ? C'est le débat du jour. Vous avez la parole !
- Bonjour Marion, d'où nous appelez-vous ?
- Bonjour ! Je vous appelle d'Aix-en-Provence.
- Et vous parlez provençal ?
- Pas du tout ! En fait, c'est une langue qui a disparu dans ma famille. Mes grands-parents le parlaient couramment entre eux, mon père connaît des expressions et en dit parfois, mais moi je ne le parle pas. Je comprends quelques mots, mais c'est tout.
- D'accord, mais c'est une langue qui fait partie de votre quotidien ?
- Oui, c'est pour ça que je voulais témoigner parce que, nous, les Provençaux, on est fiers de notre langue. Je crois que c'est peut-être grâce à Frédéric Mistral, il a gagné le Nobel de littérature avec une œuvre écrite en provençal… C'est une sacrée reconnaissance.
- Merci Marion pour votre témoignage. Nous avons un autre auditeur. Benoît, bonjour, d'où nous appelez-vous ?
- De Brest !
- Et vous parlez breton, j'imagine ?
- Exactement ! Kenavo !
- Vous l'avez appris à l'école ou en famille ?
- Dans une école, mais pas quand j'étais petit. En fait, j'ai commencé à m'y intéresser adulte, en revenant d'un long séjour à l'étranger où je parlais anglais toute la journée. Quand je suis rentré chez moi, j'ai eu envie de découvrir ma région natale. J'ai suivi des cours de breton avec d'autres passionnés. Je le pratique avec eux, on est en petit groupe, comme le village d'Astérix. On parle breton pour le plaisir.
- Merci Benoît pour votre appel, on se retrouve juste après une pause musicale.

AUDIO - UNITÉ 4
Piste 14
- Bonjour à toutes et à tous. Bienvenus dans cette émission *L'été en Pays de la Loire*. Aujourd'hui je vous emmène dans un des plus grands spectacles vivants qui existe en France, il s'agit de la Cinéscénie du Puy du Fou, et je vais tenter de vous la faire visiter pendant une soirée. Avec nous, pour nous accompagner, une bénévole qui connaît depuis le début cette institution qu'est la Cinéscénie du Puy du Fou. Véronique Bes, bonjour.
- Bonjour.
- Merci d'être avec nous. Alors là il est exactement dix heures moins quart, où est-ce que nous sommes déjà précisément ?
- Alors nous sommes dans le village d'acteurs de la Pêcherie, il y a cinq gros villages à la Cinéscénie, là nous sommes dans un des plus gros villages, la Pêcherie avec plus de 800 acteurs je crois et notamment beaucoup d'enfants qui se préparent parce que dans un quart d'heure… on les entend. Et dans un quart d'heure, ils seront sur scène, donc tout le monde se prépare dans la joie et la bonne humeur.
- Alors actuellement nous sommes face au château du Puy du Fou, nous sommes parmi les spectateurs.
- Oui c'est le final dans quelques secondes maintenant, et tous les acteurs qui ont participé au spectacle sont sur scène, la cavalerie va faire un passage également, et là c'est une scène assez magique parce que c'est la première fois pendant le spectacle que tous les acteurs sont ensemble. Donc… là ils sont statiques, dans des positions qu'ils choisissent eux-mêmes, ils peuvent changer tous les soirs, avec les jets d'eau, avec la cavalerie qui va passer, et puis bien sûr le feu d'artifice, plusieurs feux d'artifice et on voit sur notre gauche le marchand de quenouilles qui repasse, qui traverse la scène. Voilà… qui repart chez lui, si je puis dire.
- Eh bien, écoutez Véronique Bes, on arrive au terme de ce reportage de cette immersion dans les coulisses de la Cinéscénie, je voudrais vous remercier pour votre disponibilité et d'avoir été notre guide ce soir. Merci beaucoup !
- Merci à vous !

Piste 15
- Cinéma ou théâtre ? La pièce ou le film ? Nous avons interrogé des passants sur les comédies culte françaises. Écoutez leurs réponses.
- Moi, quand j'ai vu le film *Le Père Noël est une ordure*, j'avais déjà

cent soixante-dix-sept **177**

TRANSCRIPTIONS DES ENREGISTREMENTS

vu la pièce à la télé. Je suis fan de la pièce, je connais toutes les répliques par cœur, mais bizarrement, j'aime beaucoup moins le film. L'original est toujours mieux. Non ?
- J'ai vu Le Dîner de cons au théâtre après avoir vu le film. C'était une troupe amateur, c'était moins bien. Mais, bon, difficile de faire mieux que Jacques Villeret pour interpréter Pignon ! C'est un acteur génialissime !
- J'ai vu le film Le Prénom avant de savoir que c'était une pièce. Mais les dialogues sont tellement bien écrits qu'on voit que c'est du théâtre. Mais pour répondre à votre question, j'adore le film, euh… parce que j'ai pas vu la pièce !

Piste 16

- Certaines personnes qui vivent à Paris pensent que la capitale concentre toute l'énergie créatrice française. On oppose souvent la Ville Lumière à la province, mot typiquement parisien pour désigner l'ensemble de la France ! Mais le contraste Paris-province est-il si fort ? Nous en parlons avec nos trois invités, Magalie, Cyril et Mehdi, tous trois « montés à Paris » comme on dit. Alors, Magalie, bonjour. Est-ce que vous, vous voyez une différence entre Paris et la Province ?
- Oui et non. C'est vrai qu'en se promenant à Paris on a l'impression qu'il y a beaucoup de théâtres et que toute la vie culturelle se concentre dans la capitale. Mais en réalité, pas du tout ! Il y a plein de troupes professionnelles qui ont beaucoup de talent dans toute la France !
- Cyril, vous, vous avez la même expérience ?
- Je suis complètement d'accord avec Magalie. L'opposition Paris-province est totalement stupide. À Montpellier par exemple, nous avons le Printemps des comédiens. C'est un festival de théâtre et de spectacles vivants qui attire des milliers de spectateurs depuis des années ! Je crois que c'est l'événement artistique le plus important après le Festival d'Avignon !
- Justement, parlons du Festival d'Avignon. Vous, Mehdi, vous connaissez bien cette ville, m'a-t-on dit…
- Oui, j'y suis né, et j'y retourne chaque année. C'est un festival incontournable pour les amateurs de théâtre !
- Tout le monde dit ça mais, moi, je trouve que les mises en scène sont un peu trop intellectuelles parfois. Non ?
- Oui, c'est vrai que dans la programmation officielle les spectacles sont trop chers ou trop complexes, ou les deux à la fois, mais heureusement il y a le festival Off, qui a lieu en même temps dans toute la ville. On peut y voir des super spectacles, très créatifs, dans des espaces habituellement fermés au public. C'est là qu'il faut aller !
- Et depuis que vous vivez à Paris, comment vous vivez votre passion pour le théâtre ?
- Pour moi, voir une pièce à la Comédie-Française, c'est une expérience incomparable.
- Oh, ça oui !
- Vous semblez tous d'accord…
- C'est magique ! On en prend plein les yeux, même avant le lever du rideau.
- Tout à fait d'accord ! C'est une salle qui m'a toujours fait rêver ! En plus, le répertoire offre à la fois des vaudevilles et des classiques, à des prix assez abordables. Y en a pour tous les goûts.
- Je rappelle à nos auditeurs que la Comédie-Française filme de plus en plus ses productions pour les diffuser en direct dans certains cinémas de tout le pays. On continue d'en parler après une pause musicale…

AUDIO – UNITÉ 5

Piste 17

- Alors aujourd'hui, nous parlons des selfies, mode d'expression sociale devenu incontournable. Mais le selfie peut-il aussi être une œuvre d'art ? Élément de réponse avec notre chroniqueur, Daniel Lemay. Daniel ?
- Eh bien, chers auditeurs, la réponse serait oui ! D'abord, intéressons-nous à l'histoire. L'être humain n'a pas attendu l'invention du smartphone pour se prendre en photo lui-même. On considère que c'est l'américain Robert Cornelius, l'un des inventeurs de la photographie, qui a été le premier à se prendre en photo lui-même et donc à faire un selfie, vers 1839. Ensuite, c'est Anastasia, une duchesse russe, qui a été la première adolescente à se prendre en photo devant un miroir, elle avait treize ans, c'était en 1914, donc ça ne date pas d'hier ! Mais le selfie qu'on connaît aujourd'hui est né dans les années 2000. Bien avant Facebook, les utilisateurs de MySpace ont commencé à se prendre en photo dans leur miroir avec leur appareil photo numérique. Le mot « selfie » est apparu dans le langage en 2002, mais le phénomène selfie s'est amplifié quand les marques comme Samsung ou Apple ont ajouté l'option caméra frontale sur leur appareil intelligent. Ça, c'est pour l'histoire. Mais qu'est-ce qui fait qu'un selfie peut être une œuvre d'art ? On a tous en tête les autoportraits des peintres Rembrandt, Van Gogh. Eh bien, comme l'autoportrait, le selfie a sa propre structure, sa propre technique, on peut donc dire que c'est un nouveau genre visuel. L'auteur du selfie se met en scène, choisit sa lumière, son angle, il chorégraphie sa photo comme le ferait un peintre pour son tableau. La seule différence, c'est que le support a changé, mais l'intention reste la même. L'an passé à Londres, dix-neuf artistes de la scène internationale ont créé une petite vidéo sur le thème du selfie pour l'exposition National Selfie Gallery. Ils ont ainsi proposé une analyse de ce nouveau genre artistique et visuel. C'est dire si on prend le selfie artistique au sérieux ! Cela dit, nous n'en sommes qu'au début, et nous ne saurons que dans quelques dizaines d'années si le selfie a sa place dans l'histoire de l'art ! En attendant, sachez que, depuis avril 2018, vous pouvez visiter le premier Musée du selfie à Los Angeles !
- Merci Daniel. On vous retrouve la semaine prochaine.

Piste 18

- Bonjour à tous ! Aujourd'hui, on se demande comment seraient nos vies sans Internet. J'ai posé la question à des passants dans la rue. Écoutez leur réaction. Vous pourriez vivre sans Internet ?
- Vivre sans Internet ?! Non, ce ne serait pas possible !
- Ah bon, pourquoi ?
- Bon, surtout pour le travail, j'ai un magasin de fleurs qui marche bien, mais j'ai aussi créé une boutique en ligne pour que mes clients ne soient pas obligés de se déplacer. Et puis, pour faire de la pub, je poste des vidéos sympas qui donnent envie aux gens d'acheter !
- Vous imaginez votre vie sans Internet ?
- Oh là là non, pas du tout ! Comment je ferais ?! Surtout avec mes études ! Je suis en BTS tourisme, je fais pas mal de recherches sur Google, je lis des articles sur Wikipedia, j'utilise des dicos en ligne. Avec Internet, c'est aussi plus facile pour trouver des stages.
- Et à part pour vos études ?
- Quand j'étudie pas, je joue en ligne, je tchatte avec mes amis. Et puis, je poste des vidéos sur YouTube où je donne des conseils de lecture, je suis booktubeuse quoi !
- Et si Internet n'existait pas ?
- Euh… pour moi, ce serait la fin du monde s'il n'y avait pas Internet !
- La fin du monde, vraiment ?
- Ben ouais, le premier truc que je fais le matin, c'est d'aller sur Snapchat ! Après, je regarde mon Instagram. Et là… bah… je suis content que plein d'amis aient liké mes dernières photos ! Et sinon, je tchatte, je regarde des vidéos de chats, j'écoute de la musique, je fais même des clips sur TikTok. Même quand je suis au lycée !
- Vous imaginez vivre sans Internet ?
- Bah, j'ai connu la vie sans Internet, on faisait sans ! Mais faut regarder vers le futur ! Moi, je veux rester au top ! C'est pas parce que j'ai soixante-dix ans que je sais pas utiliser Internet !
- Ah bravo ! Et vous l'utilisez pour quoi ?
- Je fais plein de choses, j'envoie des mails, je fais des recherches, je regarde même des tutoriels de bricolage ! Mais bon, Internet, c'est surtout pour que je puisse communiquer avec mes petits-enfants qui sont au Canada ! Alors, on se skype toutes les semaines !

TRANSCRIPTIONS DES ENREGISTREMENTS

AUDIO - UNITÉ 6

Piste 19 / Piste 20

• Cette semaine Hashtag est consacré au thème suivant : comment je m'informe.
◦ 92 % des Français considèrent que le journalisme est un métier utile. La plupart des personnes interrogées disent avoir besoin des médias pour « s'instruire, apprendre des choses et se cultiver, notamment pour comprendre les enjeux internationaux ». Mais l'information est partout sur notre téléphone, notre ordinateur, à la radio, dans le bus et la télé, dans les cafés. Bonjour Lise Verbeke.
■ Bonjour.
◦ Nous sommes abreuvés d'infos accessibles partout et Lise, vous avez posé cette question : « Comment vous informez-vous ? »
♦ J'aime bien écouter la radio le matin, parce que voilà c'est plus facile, dans les transports… voilà. Après, il y a beaucoup les réseaux sociaux. J'écoute la radio et en même temps je suis sur Twitter ou sur certaines applications… *Le Monde* ou des choses comme ça et je défile et je lis les articles qui m'intéressent.
◦ Nous venons d'entendre Ulysse qui est en Terminal ES dans les Hauts-de-Seine.
■ Oui, comme lui, beaucoup de jeunes s'informent via les réseaux sociaux, en s'abonnant à des comptes de médias mais lit-il pour autant vraiment des articles en entier ?
♦ Ça dépend. Par exemple sur Twitter ça va beaucoup être le titre, jusqu'à ce qu'il y ait un truc qui m'interpelle et qui me donne vraiment envie, mais il y a tellement de quantité que je ne peux pas tout lire. Des fois je vais lire vraiment un article de fond, mais par exemple, *Le Monde*, si je veux lire un article, des fois il faut se concentrer. Alors qu'il y a des articles plus légers ou même *Libération* ça peut être plus facile à lire, c'est plus accessible, du coup je peux lire plus en diagonale.
■ En fait, les lecteurs passent en moyenne dix secondes par article et c'est justement pour toucher les jeunes que des médias ont investi le réseau social Snapchat et son portail Discover regardé par 10 millions de personnes chaque mois en France. *Le Monde* notamment, ils postent des formats spécifiques, ludiques avec des photos, des vidéos, des dessins ou encore de courts textes.

Piste 21

2. Arrêtez-la ! Stop ! Au nom de la loi, je vous arrête.
3. Suite à un problème technique, le vol AF1287 à destination de Berlin aura une heure de retard. Merci de votre compréhension.
4. Et nous avons un grand gagnant pour ce loto spécial Noël, bravo Jérémie !

Piste 22

1. • Tu as entendu la dernière à propos de la loi sur le travail ?
◦ Euh, non… je ne crois pas…
• Le ministre veut que tout le monde travaille gratuitement le week-end. C'est scandaleux !
◦ Hein ? T'as appris ça où ?
• J'ai lu un article sur un site…. *Le Gora* quelque chose…
◦ *Le Gorafi* ?
• Oui ! C'est ça !
◦ Kevin, c'est un journal satirique, ils ne publient que des fausses nouvelles pour faire rire… C'était un canular.
• Ah… Tu es sûr ?
2. • Écoute ! Tu ne devineras jamais qui était assis à côté de moi dans l'avion !
◦ Mmmmm…
• David Guetta ! Il m'a donné deux billets pour aller le voir en concert ce soir ! Tu m'accompagnes ?
3. • Dis donc, tu savais qu'il y a un musée du Louvre à Abu Dhabi ?
◦ Évidemment, je n'habite pas la planète Mars. Tous les médias en ont parlé !
4. • Marcus ! Il faut absolument que je te dise quelque chose.
◦ Je t'écoute.
• J'ai vu ta sœur en train de manger au restaurant avec un homme. Ils avaient l'air de vraiment bien s'entendre.
◦ Ah ? Il était comment ?

• Un grand brun, mince, la cinquantaine, plutôt bel homme.
◦ C'est notre oncle, il est de passage en ville. Il faut que tu arrêtes de raconter la vie privée des autres, et que tu t'occupes de la tienne !

Piste 23

• Comme chaque vendredi, voici le reportage de Franziska Sévanne. Cette semaine, on parle d'un tee-shirt jamais lavé et dont les traces de sueur valent de l'or ! Il sera mis en vente aux enchères ce samedi à Paris. La mise à prix se situe entre 20 000 et 40 000 euros. Et s'il vaut si cher, c'est parce qu'il s'agit du maillot numéro 10 porté par Zidedine Zidane pendant la finale de la Coupe du monde de 1998. C'est le maillot avec lequel Zizou a marqué deux buts, un doublé historique dans l'histoire du football ! Après cette victoire, un proche du joueur avait gardé le maillot, mais il a décidé de le vendre. Alors, qu'en pensent les vrais supporters comme Liliane et Olivier ? La réponse avec Franziska Sévanne.
◦ Qu'est-ce que vous pensez de cette vente aux enchères ?
■ C'est dommage. Vraiment !
♦ Ah complètement !
■ C'est triste de savoir que ce maillot mythique va être vendu aux enchères. On ne sait même pas où il sera, probablement chez un milliardaire qui s'en fout du foot. Les collectionneurs sont prêts à tout ! En 2002, le maillot porté par le brésilien Pelé en finale de la coupe du monde de 1970 s'est vendu 250.000 euros et le type qui l'a acheté n'était même pas fan de foot !
♦ Moi, si j'étais ministre des Sports, j'interviendrais pour annuler cette vente.
■ Tout à fait d'accord. On peut pas faire n'importe quoi ! C'est le maillot de Zizou avec lequel il a marqué deux buts. C'est plus qu'un maillot. Je ne sais pas comment l'expliquer. C'est… c'est…
♦ Le maillot de Zizou, c'est la Joconde du supporter ! Et ça n'a rien à faire chez un privé. Nous, les supporters, on rêverait tous de l'avoir ce maillot !
◦ Et alors, où devrait être ce maillot, selon vous ?
♦ Sa place, c'est au Musée du sport, ou au Musée du foot. C'est un symbole !
■ La France n'a jamais été aussi unie que le soir de la victoire.
◦ C'est fou, parce que vingt ans après vous en parlez encore avec émotion !
■ Oui, ça fait partie du patrimoine de la France. Qu'on aime le foot ou pas, tout le monde était fier de l'équipe des Bleus.
• Merci Franziska Sévanne et merci à Liliane et Olivier, membres du Club des supporters des Bleus. Pour les passionnés, le maillot de Zidane sera exposé vendredi, la veille de la vente aux enchères, à l'hôtel Drouot à Paris.

Piste 24

• Dans trois jours, c'est la rentrée des classes. Alors notre reporter, Franziska Sévanne, s'est intéressée à la dictée. L'orthographe, en général, c'est la bête noire des Français… Depuis cinq ans, Rachid Santaki, journaliste et romancier, rassemble des centaines de personnes de tout âge dans les quartiers populaires pour faire une dictée géante, mais qui n'est pas notée ! En avril dernier par exemple, la dictée a réuni mille cinq-cents participants au Stade de France. Franziska Sévanne y était.
◦ Plus d'un millier de personnes, des enfants, des parents, des grands-parents et surtout – c'est le plus étonnant – des adolescents ! Il y a tous les âges et toutes les couleurs ! Mais un point commun à tous : une feuille blanche devant eux. Madame, qu'est-ce que vous faites là ?
■ Je viens faire une dictée un samedi après-midi ! C'est original, non ?
◦ Vous aimiez la dictée quand vous étiez petite ?
■ Oh non ! Je détestais ça. Quand j'étais petite, ma mère m'a traumatisée avec l'orthographe.
◦ Et vous madame, qu'est-ce qui vous plaît dans cet événement ?

cent soixante-dix-neuf **179**

TRANSCRIPTIONS DES ENREGISTREMENTS

♦ Ça rassemble ! Ici, les gens viennent de différents horizons. Ce qui nous relie, c'est l'amour de la langue.
◦ Rachid Santaki, pourquoi avez-vous décidé d'organiser cette dictée ?
◊ J'aime bien l'idée qu'on se rassemble autour de la langue. Ici, on rencontre des gens qu'on ne pourrait pas rencontrer ailleurs. Et puis, vous savez, les dictées ne sont pas notées, on est là pour s'amuser, on compte les fautes, on rit de nos fautes, ça dédramatise.
• Aimer les mots M.O.T.S pour soigner des maux M.A.U.X.. C'était le reportage de Franziska Sévanne. Rendez-vous le 14 septembre prochain à la Basilique de Saint-Denis pour la prochaine dictée géante avec Rachid Santaki.

Piste 25
Je vais vous parler de l'influence de la publicité sur les enfants. D'abord, je résumerai les idées principales qui sont développées dans un article publié dans le quotidien 20 minutes. Ensuite, je donnerai mon opinion. Enfin, je m'intéresserai aux effets positifs de la publicité sur les enfants.

Piste 26
Dans son article du 18 octobre 2015 intitulé « Quelle est l'influence de la publicité sur les enfants ? », la journaliste Judith Bancaud cite trois arguments pour montrer les effets négatifs de celle-ci. Premièrement, elle explique que la publicité incite les enfants à acheter des produits mauvais pour la santé. Deuxièmement, elle précise que les enfants avant, sept ans, ne font pas la différence entre une information et une publicité. Troisièmement, la journaliste affirme que les enfants vont avoir tendance à surconsommer à cause des spots publicitaires. Je partage l'avis de la journaliste à propos des effets négatifs de la publicité sur les enfants. Tout le monde est conscient de son influence sur notre consommation. Les spots publicitaires nous donnent envie d'acheter des produits, comme des barres chocolatées ou des boissons sucrées, tout en nous faisant croire qu'ils sont bons pour notre santé. On peut prendre l'exemple de cette marque de céréales avec un tigre qui dit aux enfants : « Réveille le tigre qui est en toi. » Ainsi, l'enfant croit qu'en mangeant ces céréales pleines de sucre, il sera aussi fort qu'un tigre. C'est pourquoi, il est important de protéger les enfants qui ne font pas encore la différence entre une publicité et une information. Dans son dernier point, la journaliste considère que les enfants ont tendance à surconsommer. Je suis d'accord avec elle, c'est une tendance mondiale. Cependant, les empêcher de voir des publicités ne leur apprend pas à limiter leur consommation. Selon moi, on doit apprendre aux enfants à analyser les publicités pour mieux les préparer à notre société de consommation. Imaginons qu'un enfant voit une publicité pour une marque de biscuits qui lui fait croire qu'il va devenir un prince s'il en mange. Il faut que les parents l'aident à déconstruire cette croyance. Dans la troisième partie, je tiens à souligner les effets positifs de la publicité. Bien qu'elle participe au problème de l'obésité des enfants, il existe aussi des publicités qui leur apprennent à manger plus sainement. Par exemple, les publicités sur les produits laitiers et également celles qui conseillent de manger cinq fruits et légumes par jour. Les résultats sont positifs. En effet, les professionnels de la santé affirment que la consommation de lait a augmenté grâce à ces spots publicitaires. En conclusion, j'estime que la publicité n'a pas que des effets négatifs sur les enfants. Ainsi, c'est aux parents d'apprendre à leurs enfants à ne pas se faire piéger par la publicité. Comme dit Plaute, un écrivain de la Rome antique : « Pères et mères sont les architectes de l'éducation. » Il faut donc lees aider à comprendre le fonctionnement des publicités afin de ne plus être manipulés. Et n'oublions pas, l'Éducation nationale a aussi son rôle à jouer.

AUDIO - UNITÉ 7

Piste 27
• Excusez-moi, je peux vous poser une question ?
◦ Oui, bien sûr.
• Je viens d'emménager à Paris, je ne connais pas bien les règles pour le tri. Les bouteilles en plastique, je dois les mettre dans la poubelle blanche ou dans la poubelle verte ?
◦ Aucune des deux, jeune homme ! Les bouteilles en plastique, c'est dans la jaune, avec les cartons et les conserves.
• Ah bon ?
◦ Oui oui ! Le blanc c'est seulement pour le verre.
• Vous savez si je dois enlever les bouchons ?
◦ Non, c'est pas la peine. Vous pouvez jeter les bouteilles avec, mais à condition qu'ils soient bien vissés.
• Vous vous y connaissez en recyclage, dites-moi !
◦ J'ai appris par cœur les règles de toutes les poubelles. Le docteur m'a dit de faire travailler ma mémoire.
• Bravo !
◦ Dites donc jeune homme, votre carton de pizza, là, il est propre ?
• Euh, pas trop.
◦ S'il est sale, jetez-le dans la poubelle verte, sinon les employés du centre de tri, après, ils sont pas contents. Ils ont pas un métier rigolo, alors essayons de leur faciliter la tâche.
• Oui, vous avez raison. Alors, dernière question : mon sac poubelle normal, je peux le jeter à la poubelle verte ?
◦ Oui, sauf s'il contient des déchets qui pourraient aller dans la poubelle jaune ou blanche, et à condition que vous n'ayez pas mis dedans des médicaments ou des ampoules.
• Franchement, ça devient compliqué le tri sélectif ! Heureusement que vous êtes là. J'ai l'impression de faire tout mal.
◦ C'est une question d'habitude. Vous verrez, avec un peu de bon sens, ça vient tout seul.
• Merci, bonne journée !

Piste 28
• On parle beaucoup du réchauffement climatique et de ses conséquences futures à l'échelle de la planète. En Nouvelle-Calédonie, les effets de la hausse des températures sont déjà visibles depuis quelques années, comme nous l'explique notre correspondante locale, Éliette Bakanay.
◦ Dans la commune de Poum, à quatre-cents kilomètres de Nouméa, les habitants ont toujours vécu en harmonie avec la mer. Mais depuis quelques temps, les habitations sont menacées par la montée des eaux. Selon les habitants, la mer a avancé de dix mètres en trente ans. Mais, bien que la mer soit de plus en plus proche des maisons, les habitants n'envisagent pas de partir. Certains se sont déplacés un peu vers l'intérieur des terres, mais beaucoup refusent pour le moment d'aller vivre sur les montagnes. Des travaux ont commencé pour consolider la côte et limiter l'impact des vagues sur le littoral. Il est donc encore un peu tôt pour parler de réfugiés climatiques en Nouvelle-Calédonie, mais le réchauffement climatique est une réalité, et le constat des climatologues est alarmant dans tout le Pacifique où l'eau est de plus en plus chaude. Une augmentation de la température de la mer d'un degré et demi en cinquante ans a été relevée à plusieurs endroits de l'océan. À Nouméa, Nouvelle-Calédonie, Éliette Bakanay pour Radio Outre-mer.

AUDIO - UNITÉ 8

Piste 29
France Inter, le dix-huit vingt.
• Journaliste. Tout de suite, les inégalités économiques sur notre planète, état des lieux. Comment les réduire, ces inégalités ? Et quelles conséquences politiques si on ne le fait pas ?
Pierre Weil, Un jour dans le monde.
• C'est un rapport qui fait plus de cinq-cents pages, il est publié au Seuil, le Rapport 2018 sur les inégalités mondiales, ouvrage coordonné entre autres par Thomas Piketty et Lucas Chancel. Lucas Chancel est notre invité, Bonsoir.

TRANSCRIPTIONS DES ENREGISTREMENTS

○ Bonsoir.
• Lucas Chancel, la pauvreté recule dans le monde, près de trois milliards de personnes ont rejoint ce qu'on appelle la « classe moyenne mondiale », donc, les inégalités, elles reculent ?
○ Alors, en fait, il y a plusieurs faits, plusieurs idées reçues qu'on entend régulièrement dans le débat public ou dans le débat académique sur les liens entre la mondialisation et ses impacts sur l'inégalité. Et une première idée reçue, c'est de se dire que les inégalités sont en baisse dans le monde depuis les années 80, depuis la forte croissance qu'on observe en Chine ou en Inde ou dans d'autres pays émergents. Ce qui ressort de ce livre, donné à l'appui... donc c'est la première fois que ce travail est fait par des chercheurs de tous les pays et de manière totalement systématique et transparente. Ce qui ressort de ce livre c'est qu'on n'observe pas de baisse des inégalités dans le monde. Pourquoi ? On ne remet pas en question la forte croissance qu'il y a eu notamment chez les classes populaires chez les classes moyennes chinoises. Seulement, dans ces pays-là, en Inde, en Chine, en Russie, au Brésil, les 1 % les plus aisés ont bénéficié d'un taux de croissance extrêmement fort. En Europe, aux États-Unis, les 1 % les plus aisés ont également bénéficié de taux de croissance extrêmement fort. Donc même si les revenus moyens entre le monde riche et le monde émergent, même si les revenus moyens se sont rapprochés, les inégalités entre individus dans le monde, elles, ont progressé depuis 1980. C'est l'un des premiers résultats de cet ouvrage. Et juste pour vous donner un chiffre là-dessus : sur la période, les 1 % les plus riches du monde ont capté 27 % de la croissance totale, c'est-à-dire de tous les nouveaux euros, de tous les nouveaux yuan, de tous les nouveaux roupies qui ont été créés depuis 1980. Tandis que pendant cette période, les 50 % les plus pauvres, ont capté seulement 10 % de la croissance totale.

Piste 30
• Alors, on va parler de l'Europe. En Europe, les inégalités ont clairement augmenté, moins vite en Europe qu'ailleurs. Pour quelles raisons ?
○ Bien, pour le dire simplement, l'Europe a résisté finalement à cette tendance qu'on observe dans d'autres pays qui est de passer, de marchandiser tout un tas de secteurs de la société de l'économie. Donc l'Europe a réussi à davantage protéger les classes populaires et les classes moyennes grâce à un système d'accès à l'éducation, plus ou moins universel, mais on voit que ça s'est remis en question dans certains pays. Grâce à un système d'accès à la santé universel, mais on voit aussi qu'il y a des tensions là-dessus. Grâce à une fiscalité qui est plus progressive, en tous cas, dont la progressivité de la fiscalité a moins baissé en Europe qu'aux États-Unis, mais on voit ici encore que c'est un débat aujourd'hui en France. Donc l'Europe, jusque-là, a réussi à préserver un modèle social, plus protecteur qu'ailleurs, mais c'est évidemment l'enjeu du débat politique aujourd'hui. C'est de savoir : est-ce que l'Europe va continuer à préserver ce modèle-là ou alors va suivre finalement la voie qui est indiquée par les États-Unis, notamment ?

Piste 31
1. Média partout, info nulle part !
2. Étudiants en colère, y en a marre de cette galère !
3. Pas de nature, pas de futur !
4. Ni nucléaire ni effet de serre, changeons d'air !
5. À travail égal, salaire égal !

Piste 32
• J'arrive ! J'arrive ! Ah, c'est encore vous !
○ Monsieur Baras. Il est 22 heures 30. Vous dérangez tout l'immeuble.
• Moi ? Mais c'est vous qui arrêtez pas de me déranger. Vous pouvez pas laisser vivre les gens ?!
○ Non, mais je rêve ! C'est incroyable, c'est moi qui vous dérange ? Votre musique est tellement forte que mon plafond tremble. Je - n'en - peux - plus. Vous n'avez fait aucun effort depuis l'envoi de ma lettre. C'est la dernière fois que je monte. Si vous continuez, j'appelle la police.
• C'est ça, appelle les flics, espèce de folle ! T'as rien rien d'autre à faire que de pourrir la vie de ses voisins ?!
○ Vous arrêtez tout de suite de m'agresser et vous ne me tutoyez pas ! Je vous demande poliment de respecter vos voisins, c'est tout, alors du calme !
• Oh ça va ! Elle va me lâcher la voisine pas contente ? Je l'ai arrêtée la musique, alors maintenant tu dégages !
○ Vous êtes vraiment vulgaire !
• Fous-moi la paix !
○ C'est pas possible d'être aussi grossier...

Piste 33
1. Oh naaaaan, j'ai oublié mon portable !
2. Grrr, j'suis nul, j'ai renversé mon café !
3. Pff, il faut que je m'occupe de tous ces dossiers !
4. Argh, j'en ai marre de cette météo pourrie !
5. Oh ! Vous pouvez pas regarder où vous allez ?!
6. Roooh, c'est lent... Cet ordinateur, c'est une merde !
7. Avance, connard !
8. 'Tain, ça me saoule d'aller manger chez tes parents !

AUDIO – UNITÉ 9
Piste 34
France Info.
• C'est mon boulot. Le Défenseur des droits va publier ce matin les derniers chiffres des discriminations dans le monde du travail. Vous avez pu les consulter en exclusivité, Philippe. Ils révèlent qu'un tiers de la population a déjà été discriminé pour diverses raisons.
○ Alors, dans l'ordre, à cause de son âge ou de son sexe, en raison de son origine, de son handicap ou de son état de santé. À cause aussi de ses convictions religieuses, 34 % de la population active affirme avoir subi une discrimination au travail au cours des cinq dernières années. C'est presque deux fois plus souvent au travail, même au cours de sa carrière que lors d'une recherche d'emploi. Des discriminations qui frappent plus souvent les femmes que les hommes : 41 % de femmes ont subi de telles expériences contre seulement 28 % des hommes. Des discriminations qui peuvent porter sur un critère unique, mais qui le plus souvent se cumulent pour certaines catégories de la population.
• Et pour certaines situations en particulier il y a une accumulation de discriminations.
○ Alors, oui, il y a un sous-groupe qui est particulièrement inquiétant, c'est celui des femmes âgées de dix-huit à quarante-quatre ans, perçues comme noires, arabes ou asiatiques. Elles ont une probabilité d'être confrontées à une discrimination deux fois et demie plus élevée que les femmes du même âge vues comme blanches. Et même en mettant de côté les origines, les femmes payent un lourd tribut à cause de la maternité, qu'elles aient été enceintes ou mères d'un enfant en bas âge, elles sont deux fois plus victimes de discriminations que les autres. Cas typique, relevé par le Défenseur des droits, une infirmière dont le CDD n'est pas renouvelé tout simplement parce qu'elle est enceinte.
• Mais dans la population masculine aussi il y a des situations difficiles.
○ Alors il ne fait pas bon être jeune et d'origine extra-européenne. Le dixième baromètre du Défenseur des droits le confirme, les chiffres sont alarmants. Par rapport aux hommes blancs de trente-cinq à soixante-cinq ans, les hommes du même âge vus comme d'origine extra-européenne ont une probabilité trois fois plus élevée d'être discriminés, mais les jeunes de dix-huit à trente-quatre ans ont, eux, un risque de discrimination six fois plus élevée. À noter enfin que les personnes atteintes d'un handicap sont aussi lourdement touchées, près d'un handicapé sur deux déclare avoir été discriminé contre seulement 31 % des non concernés par le handicap.

TRANSCRIPTIONS DES ENREGISTREMENTS

Piste 35
Le Carillon, c'est un réseau solidaire local entre habitants, commerçants et personnes sans domicile, qui vise à améliorer le quotidien des personnes à la rue et à lutter contre leur isolement grâce à des micro-engagements de chacun. Concrètement les commerçants offrent des services aux personnes à la rue, donc l'accès aux toilettes, le verre d'eau, avoir un bout de pain, réchauffer un plat au micro-ondes, recharger un téléphone portable qui est très utilisé, appeler les secours... Ça peut être poster un courrier. Ce sont vraiment des prétextes à la création de lien social plutôt pour que la personne à la rue se sente considérée, retrouve une estime de soi, même en ayant une conversation simple ou en s'attablant ou en mangeant avec des couverts, ce qui peut paraître très simple et dérisoire pour beaucoup mais qui pour une personne à la rue est déjà énorme. La création de lien social c'est important parce que 83 % des personnes à la rue souffrent d'un sentiment d'isolement et de rejet de la part des passants. Certains disent «on meurt encore certainement de faim et de froid à la rue, mais on peut surtout souffrir d'isolement». Et c'est là que nous on intervient pour être un petit peu cette première pierre à l'édifice d'une sortie de rue. La cloche en fait vient de la cloche qui était sonnée au XIIe siècle lors des marchés aux Halles notamment, à Paris. Il y avait une première cloche qui sonnait pour annoncer le début du marché, et une dernière à la fin. Et c'est à ce moment-là que les personnes sans le sou venaient récupérer les invendus au moment où sonnait la deuxième cloche. Et c'est de là que vient aussi le nom de notre association et le mot «clochard». Et le mot «carillon», donc ce sont trois cloches qui représentent les personnes à la rue, les commerçants et les habitants, et qui, quand elles résonnent ensemble, forment une harmonie et, en l'occurrence, une harmonie sociale.

Piste 36
- Porte de la Chapelle, à Paris, il y a par exemple Boubakar, vingt ans, jeune guinéen arrivé il y a deux mois. Après un mois passé dans la rue, trois familles l'ont pris en charge.
- J'ai eu la chance de rencontrer des familles qui s'occupent bien de moi et qui me traitent comme leurs enfants.
- Boubakar déposera sa demande d'asile dans dix jours. Hassen, lui, vient de Côte d'Ivoire, dix-sept ans, mineur, il a aussi trouvé un toit, enfin deux, chez une Parisienne et chez une habitante de Saint-Denis.
- Les gens très très gentils. Dès que je me réveille, mon petit-déjeuner est déjà prêt, à midi mon déjeuner est prêt, ça fait vraiment plaisir, ça soulage.
- Et si les deux migrants sont hébergés c'est par le bouche-à-oreille des initiatives individuelles comme celle de Marion et de sa famille. Cette membre d'Utopia 56 a accueilli deux mineurs chez elle il y a quelques mois pour dix jours.
- C'est un vrai engagement, c'est du temps, c'est aussi parfois des jeunes qui sont traumatisés. Pour nous, ça a été totalement naturel... C'est héberger deux personnes chez soi comme on héberge n'importe qui, en fait.
- Alors pour rendre la démarche encore plus évidente, Utopia 56 lance ce réseau, explique Justine, une membre de l'association.
- C'est de mettre un cadre et vraiment un cadre rassurant pour les hébergeurs, des personnes sur qui se reposer en cas de question ou quoi que ce soit.
- Et notamment les questions juridiques, Utopia 56 assure que dans la plupart des cas les hébergeurs ne risquent rien. Pour tous les autres, ils sont informés et soutenus par l'association.

Piste 37
J'ai fait plus d'un mois dans la rue, j'étais venu ici à la Chapelle, j'ai essayé de renter. Vous savez à La Chapelle, c'est un camp. Une famille, madame Catherine, et son compagnon, Monsieur Christophe, est venue me rencontrer et du coup ils ont mobilisé tous leurs amis, ils ont consulté trois familles d'accueil. Ça fait trois semaines maintenant que, voilà, ils m'ont accueilli, je suis à l'abri, voilà. C'est comme si tu quittes l'enfer et tu rentres dans le paradis parce que j'avoue, lorsque j'étais dans la rue ma santé s'est dégradée, j'étais enrhumé, j'avais peur, j'avais la psychose et ça m'a changé beaucoup. Déjà, ils m'ont soigné, d'abord, parce qu'ils m'ont amené à l'hôpital. Je me sens maintenant en sécurité. C'est normal d'avoir peur d'une personne qu'on ne connait pas. Mais moi, en tous cas, les familles qui m'ont accueilli m'ont prouvé qu'il y a l'humanisme en France au-delà de tous ces clichés. Et les particuliers, je les appelle à faire autant, partager cette fraternité et de l'appliquer aussi.

Piste 38
Alors, j'étais sur scène en train de faire mon spectacle et j'entends «sale Noire!». Sur le moment, je pense que c'est une blague et donc je continue. Mais le mec continue : «sale Noire!». Là, je m'arrête, je cherche dans la salle d'où ça vient et je dis : «Pardon ?» Le gars continue : «Sale Noire». Bon là, je suis un peu perdue parce que je me dis, c'est pas possible, on est au XXIe siècle, on est en France, on est dans un spectacle d'humour, c'est pas possible, j'ai pas entendu ça. C'est pour ça que je redemande «Pardon ?», pour lui laisser une chance de dire : «Mais non, je rigole.» Et là j'entends une voix ferme et sans équivoque qui dit : «J'ai dit sale Noire». Là, je sens la colère monter, j'ai même des idées de violence, j'ai envie de descendre dans la salle, d'aller le voir, que ça finisse aux mains. Mais j'ai un sursaut de... je sais pas, de lucidité ou de sensibilité, de fragilité. J'ai pas à répondre à la violence par la violence. Moi, dans mon spectacle, je prône la tolérance, le vivre-ensemble, je prône l'amour... en tant qu'artiste mais aussi qu'en tant que femme. Donc je décide de mettre cette personne face à sa propre bêtise et je lui dis : «Tu devrais fermer ta gueule en fait, parce que là tu crées un gros malaise qui n'apporte rien au spectacle. À part de la gêne pour toi, et pour tout le monde d'ailleurs.» Les gens ont ri, peut-être qu'ils pensaient que c'était un complice tellement c'était gros ! C'est inimaginable qu'aujourd'hui quelqu'un puisse se lever et dire «sale Noire» devant tout le monde. Après le spectacle, quand j'ai vu tous les témoignages de soutien que j'ai reçus, ça m'a réconforté. Tout le monde m'a dit : «Tu ne peux pas laisser passer ça, c'est dégueulasse !» Donc oui, je ne peux pas laisser passer ça, et je vais porter plainte. Il y a beaucoup de racisme en France, on ne peut pas le nier, et il faut le combattre tous ensemble, en fait. Le racisme n'est pas une question qui doit intéresser que les Noirs ou que les gens victimes de racisme. C'est une question qui doit intéresser tout le monde, c'est une question d'ordre public, ça touche toute la France. Le racisme, c'est la peur ou la bêtise ou le manque d'éducation, et on ne combat pas ça par la violence. Un raciste, c'est souvent quelqu'un d'ignorant ou qui répète ce qu'il a entendu dans sa famille ou dans son environnement. Donc c'est vraiment un travail qu'on doit faire tous ensemble, qui passe par la pédagogie, par les profs, les éducateurs, qui passe aussi par l'État et les institutions de la République. On est tous Français. Souvent j'entends «rentre chez toi», mais chez moi, c'est en France ! C'est un pays multiculturel, c'est sa force. Le vivre-ensemble, c'est chacun qui vient avec sa différence. Il y a des gros, des maigres, il y a des Blancs, des Noirs, des femmes, des hommes... Pour moi le vivre-ensemble, c'est d'accepter toute ces différences et de vivre avec ça. Il y a beaucoup plus de Français qui veulent vivre en harmonie avec tout le monde que de racistes. Donc ils ne gagneront jamais.

VIDÉO - UNITÉ 1
Vidéo 1
- Salut à tous, maintenant vous êtes habitués, sur Citypost.fr chaque vendredi on vous fait découvrir un nouvel artisan local dans le cadre de la route «Art et Gourmandise» et comme on aime que nos artisans soient de saison, l'été c'est la saison des glaces, donc on vous fait découvrir un glacier, le «Glacier du Roi» qui se trouve juste derrière moi.
- Je suis d'origine italienne et donc toute mon enfance je l'ai passée en Italie à faire mes vacances avec mes parents, et donc la glace c'est un souvenir, c'est ma madeleine de Proust ! Et à Marseille,

quand je suis arrivée en 99, depuis 99 j'ai été à droite, à gauche, etc., je n'ai jamais trouvé la glace de mon enfance. Donc quand j'ai été licenciée en 2007, je me suis dit, la seule chose à faire, c'est de la faire. Je me suis retrouvée en enfance, je me suis retrouvée avec ces yeux pétillants, je me suis retrouvée avec ce bonheur, je me suis retrouvée avec ce plaisir parce qu'on mange quand même beaucoup de choses qui n'ont pas de goût ou qui sont très, très uniformisées, et donc en fait on est là pour faire retrouver le goût des choses aux gens, malgré tout ce qui peut se vendre tout autour. Et là c'est... ça c'est un vrai bonheur.

VIDÉO - UNITÉ 2
Vidéo 2
- En tous cas ça fait super plaisir de vous voir comme ça.
- Oh bah, tout le monde nous avait prévenus mais c'est vrai qu'un bébé ça change la vie !
- On ne vous a pas montré de photos ? Bah Antoine, montre-leur une photo du bébé !
- Vous allez craquer !
- Il est tellement beau...
- Regarde la photo du bébé.
- Oh, quel amour ! Hugo, regarde comme il est beau.
- Non, c'est bon.
- Ben Hugo, regarde la photo du bébé.
- Non, non, c'est gentil.
- Tu ne veux pas regarder la photo du bébé ?
- Regarde la photo du bébé, Hugo !
- Hugo, il faut que tu regardes la photo du bébé.
- Non, merci...
- Il veut pas voir la photo du bébé ?
- Pourquoi tu veux pas voir la photo du bébé, Hugo ?
- Alors, premièrement, là tout de suite je ne suis pas très à l'aise, parce que je sens beaucoup de pression sur mes épaules pour regarder la photo du bébé. C'est limite malpoli. Et deuxièmement, si je regarde la photo du bébé je vais me sentir obligé de dire que c'est un beau bébé, même s'il est laid et ça, je ne suis pas très à l'aise avec ça.
- Hugo, arrête de dire n'importe quoi, c'est un beau bébé, regarde la photo du bébé.
- Il est beau, notre bébé.
- Ah, mais je vous crois sur parole, c'est juste que je ne veux pas regarder cette photo si vous n'êtes pas prêts à affronter un débat franc et honnête sur l'apparence de votre bébé. Il est peut-être très mignon, peut-être qu'il a une face de cul.
- Hugo, arrête de déconner, tu vas le trouver beau, il est beau, c'est un beau bébé.
- Sérieux mec, regarde la photo du bébé.
- Vous ne pouvez pas exiger que la société fasse semblant que votre bébé n'est pas laid si c'est un bébé laid, d'accord ! C'est à cause de votre génétique, c'est pas la mienne !
- T'aimes pas ça les bébés, ou...
- Mais si, il aime les bébés ! Hugo, dis-leur que tu aimes les bébés ! Tout le monde aime les bébés.
- Franchement, je suis un mec de vingt-six ans, donc les bébés je m'en tape un peu.
- Non, il plaisante, il est super beau votre bébé.
- Mais quoi ? Tu leur dirais si leur bébé était dégueulasse ?
- Mais... il n'est pas dégueulasse notre bébé ! Antoine, il n'est pas dégueulasse notre bébé.
- Hugo, merde ! Regarde la photo du bébé, quand quelqu'un te montre une photo de bébé, tu regardes la photo du bébé et tu dis qu'il est beau, voilà. C'est un code universel.
- Tout le monde dit qu'il est beau notre bébé.
- Justement ! Vous trouvez pas ça bizarre que 100 % du monde le trouve beau, votre bébé ? Hein ? Il y a zéro pourcentage d'indécis, aucune marge d'erreur, ça, tout le monde est d'accord. Donc depuis le début de l'humanité, la seule question qui fait 100 % d'unanimité à tous les sondages c'est : « Est-ce que Antoine et Sarah ont un beau bébé ? » Ben statistiquement, je suis désolé, c'est impossible. Voilà, c'est tout ! 60 %, ok. 75 %, allez je veux bien. 95 %, même si vous voulez ! Mais 100 %, je suis désolé, je vous le dis, moi j'y crois pas !
- Hugo, regarde la photo du bébé, s'il te plaît.
- Regarde la photo de mon bébé ! Dis-moi que j'ai un beau bébé, j'ai besoin que tu me dises que j'ai un beau bébé.
- Regarde la photo de notre putain de bébé !
- Hugo, je t'en supplie ! Je t'en supplie ! Regarde la photo du bébé. Sinon, je te quitte !
- Alors ?
- Il est très mignon votre bébé.
- Tu le trouves vraiment beau ?
- Vous le saurez jamais. Échec et mat.
- Et sinon tu allaites ou... ?

Vidéo 3
- C'est un produit millénaire, indissociable de nos repas de fêtes de fin d'année. Le foie gras a ses nombreux adeptes mais aussi ses détracteurs. Plus d'un Français sur trois le boycotterait à cause du gavage.
- On a l'impression qu'ils font du mal aux animaux. Enfin, aux canards ou aux oies.
- C'est quelque chose qui me bloque, oui. Le gavage c'est... voilà. Je l'associe au foie gras, en fait.
- La solution pour ces consommateurs se trouve peut-être en Ariège, dans cette ferme expérimentale. Ses cent-cinquante oies sont élevées pour produire du foie gras. Pourtant, ici aucun oiseau n'est gavé. Leur alimentation est classique, principalement à base de maïs, mais peu après leur naissance des bactéries leur sont administrées pour favoriser l'engraissement de leur foie. Cette technique a été imaginée ici, à Toulouse, dans ce laboratoire. Rémy Burcelin travaille d'habitude sur le diabète humain, c'est par hasard qu'il a trouvé le secret de ce nouveau foie gras.
- On a ici, par exemple, une culture de bactérie intestinale qui va servir à coloniser les oiseaux à la naissance et induire la programmation, donc spontanée et naturelle, du développement du foie enrichi en gras.
- Ces bactéries accentuent un phénomène déjà existant. Pour préparer leur migration et survivre au voyage, les oies accumulent naturellement des réserves de gras dans leur foie. Le résultat de cette nouvelle méthode sans gavage, le voilà. Un foie dont le goût est assez proche du produit original, mais plus petit. Il pourrait coûter jusqu'à six fois plus cher.

VIDÉO - UNITÉ 3
Vidéo 4
Selon le dernier recensement de la population, il y aurait à l'heure actuelle plus d'une soixantaine de langues autochtones en usage au pays, regroupées en douze familles linguistiques. Plus de 213 000 personnes ont déclaré avoir une langue autochtone comme langue maternelle. Si on considère le nombre absolu de locuteurs, l'inuktitut compte près de 35 000 utilisateurs qui sont concentrés au Nunavut et au Québec. Mais c'est la famille des langues algonquiennes qui remportent la palme... ou la plume, avec plus de 144 000 locuteurs. Parmi ceux-ci, quelques 83 000 parlent des langues cries, principalement en Alberta, en Saskatchewan, au Manitoba et au Québec. L'ojibwé est populaire en Ontario et au Manitoba, avec près de 20 000 locuteurs. Et dans l'est du pays, quelques milliers de personnes ont également pour langue maternelle des langues appartenant à la famille algonquienne, telles que l'innu et le mi'kmaq. Dans les territoires du nord-ouest, on fait plutôt la conversation en langue athapascane, qui porte des noms étonnants comme le tlicho, aussi appelée « flanc-de-chien ». Tandis qu'au Yukon on jase en tlingit, mais dans un cercle très réduit d'une centaine de personnes seulement. Enfin, la Colombie-Britannique a de quoi ériger un totem au

TRANSCRIPTIONS DES ENREGISTREMENTS

nom de la diversité linguistique puisqu'on y retrouve six des douze familles linguistiques autochtones. Mais là encore, c'est un très petit nombre de locuteurs. Morale de l'histoire : oui, la quantité et la variété de langues autochtones ont de quoi nous faire perdre notre latin. Mais c'est d'abord de la perte des langues autochtones qu'on devrait s'inquiéter, parce qu'au dernier recensement, 14 000 autochtones ont déclaré ne plus être capables de converser dans leur langue maternelle.

VIDÉO - UNITÉ 4
Vidéo 5
Il est venu le temps des Cathédrales...
- On se demande dès la première chanson, *Le temps des Cathédrales*, si on va réussir à nous faire oublier la version originale de *Notre-Dame de Paris*. La réponse est oui. Richard Charest campe le rôle du poète Gringoire admirablement. *Nous l'emprisonnerons dans une tourelle. Et nous lui montrerons...*
- Daniel Lavoie, seul membre de la première mouture de *Notre-Dame de Paris*, nous séduit toujours autant avec un Frollo affermi. Il semble d'ailleurs être le coup de cœur du public.
- Avec Daniel Lavoie... mon chanteur préféré, alors c'est parfait.
- Daniel Lavoie.
- La même voix, la même performance, parfaitement. *Toi qui m'as protégé, contre le monde entier...*
- L'italien Angelo del Vecchio livre un Quasimodo juste et attachant. Il est une des révélations du spectacle. L'envoûtante Esméralda, la libanaise Hiba Tawaji, tout comme le reste de la distribution, complète bien la nouvelle mouture.
- Notre Dame de Paris est un enchaînement de succès dans une mise en scène de Gilles Maheu, resserrée et dynamique. Les danseurs et acrobates sont épatants.
- Le décor, les artistes, tout... J'ai aimé à 100 %.
- Ah, c'était magnifique. Superbe.
- On perd pas grand-chose de ceux qui ne sont pas là mais on s'en souvient.
- C'est incroyable !
- Production grandiose. Vraiment, à voir.
- Après vingt ans, l'œuvre de Luc Lamendon et Richard Cocciante vieillit en beauté et nous fait passer une très belle soirée. Ici Claudia Genelle, Radio Canada, Québec.

Vidéo 6
Tout ce qui chante résonne
Et soupir tour à tour
Émeut son coeur qui frissonne
Qui frissonne
Émeut son coeur qui frissonne
Qui frissonne d'amour
Frissonne d'amour
Voilà la chanson mignonne
La chanson d'Olympia
D'Olympia

Vidéo 7
- L'invitée de ce 19/20 est l'immense Catherine Frot, couronnée l'année dernière d'un césar, d'un molière de la comédienne. Le molière c'est pour *Fleur de Cactus* qui est de retour au théâtre Antoine à Paris pour terminer la saison dans la bonne humeur. Catherine Frot, bonjour, bonsoir, merci d'être avec nous. Alors, quelle histoire que ce *Fleur de cactus* puisque vous reprenez jusqu'au premier juillet mais vous avez déjà tourné dans toute la France.
- Oui, on a fait un grand voyage, là, toute la France avec *Fleur de Cactus*. On a joué dans soixante-seize villes, soixante-dix villes disons, parfois on jouait plusieurs fois dans la même, et ça a été magnifique. Un beau triomphe.
- Plus Paris avant...
- Paris l'année d'avant, pendant six mois, et là on reprend, pas longtemps, un mois et demi, mais franchement... et je pense qu'on va finir là-dessus, et ça va être... Je suis contente.
- Alors, une histoire très touchante parce que cette femme elle est très moderne. Au début, elle est un peu coincée, puis elle va se révéler tout au long de la pièce. C'est une pièce féministe ?
- Oh, c'est une pièce assez féministe c'est clair. Écrite en 64, un peu avant 68, où tout est... la femme est entre la soumission et la rébellion. C'est un magnifique personnage. C'est pas un hasard si les américains s'y sont intéressés et que Lauren Bacall l'a jouée en premier à Broadway. Et franchement, et pendant que c'était Sophie Desmarets, à Paris, et Jean Poiret. Et donc pour moi, là, faire redécouvrir ce personnage... c'est merveilleux.

VIDÉO - UNITÉ 5
Vidéo 8
- Elles ont quinze secondes. Quinze secondes, c'est le temps pour réaliser leur vidéo grâce à l'application TikTok.
- Ah, vous êtes hyper synchro...
- Et avec environ 500 millions d'utilisateurs, c'est la plateforme préférée des douze seize ans. Des chorégraphies, des play-backs, le concept est simple : créer et partager des vidéos musicales en y ajoutant des effets visuels, des accélérations ou encore des filtres. L'application permet de faire appel à sa créativité.
- Mets en fois deux pour que ce soit plus ralenti.
- Et ce qui plaît surtout aux adolescents...
- On s'amuse tous dessus d'une manière différente, et voilà, et puis c'est sympa. On est tous ensemble, on partage un bon moment, on rigole...
- On peut se défouler, on gagne des like et on aime bien...
- Gagner des like ou des commentaires, le but est toujours le même : une guerre d'egos de plus en plus précoce.
- C'est une période normalement fragile narcissiquement. Les ados osent finalement utiliser ce type d'applications. Là on est vraiment dans quelque chose où on peut être liké, pour le coup, parce qu'on a du talent, ce qui n'est pas toujours le cas sur d'autres réseaux sociaux où il suffit simplement de se prendre en photo.
- Au premier trimestre 2018, TikTok était l'application la plus téléchargée dans le monde. Après Whatsapp, Snapchat et Instagram, elle a rejoint les réseaux sociaux préférés des collégiens français.

Vidéo 9
- Sécurité sociale, chômage, impôts, retraite, billets de train. Aujourd'hui la plupart des démarches se font sur Internet. Du coup, certains se trouvent très seuls devant leur ordinateur. Comme Marie-Josette Guibaud, à soixante-sept ans, elle a une bête noire, les mots de passe obligatoires pour accéder à ses données personnelles.
- « Merci de saisir le code que vous avez reçu », mais j'en ai pas reçu. Oui, mais là, vous voyez, ça y est, je suis perdue. Mille quatre-vingts quatorze, soixante-six, vingt-six. Ça, ça me fait paniquer. Parce que bon, ben j'arrive pas à comprendre leur système, là. Pourtant, là j'ai fait ce qu'ils me demandaient, hein.
- Elle a des difficultés avec Internet, comme 40 % des Français. Parmi eux, 7 % se sont exclus du monde numérique, parce qu'ils n'ont pas d'accès, pas les compétences, ou parce qu'ils sont en incapacité d'apprendre. On appelle ça « l'illectronisme ». Or, le gouvernement a annoncé que 100 % des services publics seront accessibles en ligne d'ici 2022. Comment aider ceux qui en ont le plus besoin ? À Saint-Denis, l'association Emmaüs Connect donne des cours d'informatique gratuits tous les jours. Des bénévoles transmettent les bases comme ouvrir une boîte mail.
- Celui qui est en gras, c'est le mail que vous avez pas du tout ouvert.
- Ici, tous sont venus pour apprendre à faire leurs démarches obligatoires pour percevoir les allocations auxquelles ils ont droit.
- Comment on fait pour revenir à l'accueil de la CAF ? Et ben essayez de chercher... Je vous laisse chercher deux minutes, si vous y arrivez pas on regarde ensemble, ok ?
- J'ai pas les moyens de me payer un ordinateur ! C'est malheureusement... Ça coûte plus de quatre-cents à cinq-cents

TRANSCRIPTIONS DES ENREGISTREMENTS

euros. Je surfe vaguement sur Internet hein, mais sans ça…je ne sais vraiment pas hein.
◊ Le pire, c'est le sentiment d'exclusion, voir de rejet. Et le fait d'être accompagné comme ça, d'avoir un parcours de suivi ça permet un peu de retrouver un peu sa place, si on peut dire, dans la société.
• Alors qu'ils sont déjà dans une situation précaire, leur difficulté à manier Internet les fragilise encore plus, surtout pour trouver un emploi.
◊ L'inscription au Pôle Emploi est 100 % en ligne et on se doute bien qu'une personne qui n'a pas de CV en ligne ou qui ne sait pas l'envoyer via un mail avec une pièce-jointe, ça va vraiment être problématique pour elle.
• Cette association a déjà formé trente-deux mille personnes depuis 2013. Mais les besoins sont immenses. Treize millions de Français, ont des difficultés avec Internet.

Vidéo 10
• Julie Beckrich, décidément, il se passe beaucoup de choses sur Internet, on observe notamment de plus en plus d'internautes qui donnent des conseils d'achat dans leurs vidéos.
◦ Exactement, sauf que là pas de présentateur vedette, ce sont des inconnus qui détaillent leur dernière session de shopping devant leur caméra dans leur salon. Ça s'appelle des « hauls », cette femme, par exemple, détaille tous les ingrédients qu'elle vient d'acheter. Manifestement elle s'apprête à faire des pâtes bolognaises. Ça paraît fou, mais ça fait plus de 100 000 vues ! Ça se fait beaucoup pour la mode, le maquillage, la déco, et puis les littéraires s'y mettent. On les appelle des « booktubeurs » : des amateurs de lecture qui parlent de leur dernier coup de cœur devant leur bibliothèque. Eux, ce qu'ils aiment, c'est jouer les critiques littéraires.
• Bon, certains de ces amateurs sont devenus très populaires.
◦ Eh oui, ces inconnus ont parfois beaucoup de succès et deviennent des stars d'Internet. En France, quatre-vingt-cinq chaînes YouTube dépassent le million d'abonnés, et le recordman, de loin, c'est Cyprien, un humoriste qui a commencé par poster des sketches sur Internet. Aujourd'hui, il a aussi une chaîne où il parle de jeux vidéo, il a franchi le cap des dix millions d'abonnés, c'est colossal !
• Bon, et faire des vidéos sur Internet alors, ça peut rapporter gros ?
◦ Alors, pour que ça rapporte, il faut vraiment être populaire puisqu'il faut atteindre mille vues avant que YouTube ne vous reverse un euro. Ça, c'est pour les revenus reversés par le site ; mais ce qui rapporte le plus, ce sont les partenariats avec les marques : elles payent pour que les produits apparaissent dans les vidéos. Pour commencer à faire des partenariats rémunérés, il faut généralement avoir plus de cent mille abonnés. Il faut noter que les youtubeurs, lorsqu'ils sont sponsorisés par une marque, doivent le mentionner dans leur vidéo, sinon c'est de la publicité déguisée.
• Merci beaucoup Julie Beckrich !

Vidéo 11
• Des marseillais en colère. Sur Internet, des habitants postent des images de leur logement ou école avec le hashtag « Balance ton taudis ». Ici un volet tombé au sol, là des immeubles complètement fissurés. Une manière pour eux de tordre le cou aux discours de la ville, qui dit faire son possible pour lutter contre les logements insalubres. À l'origine, le quotidien La Marseillaise, qui a lancé après le drame de la rue d'Aubagne, une enquête citoyenne. Objectif : localiser les zones d'habitat indigne. Dans les quartiers au nord de Marseille, ils sont nombreux. Hassan Abdallah paye 650 euros de loyer pour ce quatre-pièces très dégradé.
◦ Ils utilisent l'eau, ça tombe chez vous. Même les pompiers sont venus pour nous aider.
• À Marseille, quarante mille logements présentent un risque pour la santé ou la sécurité.

VIDÉO - UNITÉ 6
Vidéo 12
Vidéo 13
• On reçoit à peu près deux mille messages publicitaires par jour, huit-cent mille par an. C'est du matraquage en bonne et due forme qui profite à seulement cinq-cents cinquante annonceurs qui détiennent tout le marché de la pub. Il y a trois millions d'entreprises en France. En comparaison, cinq-cents cinquante, c'est rien ! Et la pub est sexiste, patriarcale avec une grosse différence entre les hommes et les femmes qui sont tout le temps montrées comme écervelées consommatrices inactives. Mais il y a une évolution dans la publicité de nos villes et elle a pas dû t'échapper. Heureusement, je suis avec Khaled, qui fait partie du RAP, Résistance à l'agression publicitaire. Est-ce que tu peux nous parler un petit peu de ces écrans-là ?
◦ Alors le problème avec ces écrans c'est que ça consomme énormément d'énergie, ça consomme en fait treize fois plus qu'un panneau publicitaire normal. En équivalent, ça représente à peu près d'un ou deux foyers.
• Une famille ! Une autre famille !
◦ Et leur objectif finalement c'est qu'ils attirent inconsciemment notre œil avec notre réflexe de chasseur, parce que, quand il y a quelque chose qui bouge, hop, on regarde, et ça marche beaucoup mieux que les publicités traditionnelles justement.
• Et en plus ça te crée une sorte de stress et de stimulation qui fait que tu retiens mieux le message aussi, c'est ça ?
◦ Tout à fait, oui.
• Et Khaled, pourquoi est-ce qu'on fait cette vidéo aujourd'hui ?
◦ JCDecaux, qui est le leader mondial de l'affichage publicitaire, va faire en sorte que d'ici 2050 il y ait plein de panneaux de pub, écrans vidéo partout, partout, partout dans le monde.
• Pas seulement dans les transports en commun, mais aussi dans la ville, c'est ça ?
◦ Oui, dans la ville.
• Est-ce qu'il y a un moyen d'empêcher que ce genre d'écrans se retrouve partout dans nos rues ?
◦ Il y a un moyen assez simple, en fait, c'est de se mobiliser localement où on habite, parce qu'en fait les mairies peuvent mettre en place ce qu'on appelle des règlements locaux de publicité. C'est une sorte de document d'urbanisme local qui peut empêcher les écrans numériques, mais ça peut aussi les légaliser.
• Donc il faut faire pression sur nos municipalités pendant des processus de consultation.
• Dans ma belle ville de Lyon, je me retrouve avec un groupe Résistance à l'agression publicitaire » qui mène une opération « Réallumer les étoiles ». En éteignant les enseignes d'un petit geste d'interrupteur parfaitement légal. Ça, par exemple, ça devrait être éteint ! Alors ? Eh bien voilà, là c'est éteint.
▪ Bravo ! Ouais !
• La sobriété énergétique c'est éteindre la lumière derrière toi ! C'est pas Versailles dans les rues tous les soirs ! « Des performances en harmonie avec l'écologie », c'est une blague ! C'est une blague. Faut arrêter le bon truc frais, local et bio mais en même temps qui est encore allumé à minuit. Un peu de cohérence, quoi ! Voilà !

VIDÉO - UNITÉ 7
Vidéo 14
À quoi ça sert ? Ça veut dire quoi ça ? Pourquoi c'est comme ? C'est où ? C'est qui, lui ? Un jour, une question. « C'est quoi le huitième continent ? » C'est un continent très différent de l'Afrique, l'Amérique, l'Antarctique, l'Asie, l'Europe ou l'Océanie. Il ne s'est pas formé il y a des millions d'années… mais seulement des dizaines d'années. Comment ? À cause de déchets produits par l'activité humaine. Eh oui, c'est un continent de déchets flottants qui pollue les océans. Ces ordures arrivent par les

TRANSCRIPTIONS DES ENREGISTREMENTS

cours d'eau, ou viennent des plages, et des bateaux. Elles sont tenues ensemble par des courants tourbillonnants, appelés gyre. Dans le Pacifique Nord, le Pacifique Sud, l'Atlantique Nord, l'Atlantique Sud et l'océan Indien. Le huitième continent est donc formé de cinq poubelles géantes au nom appétissant de « soupe de plastique ». En 1997, le navigateur Charles Moore a découvert par hasard celle du Pacifique Nord. Depuis, il est devenu urgent de mesurer les effets de cette pollution. Poison mortel pour les animaux, poissons et oiseaux, qui avalent du plastique. Alors, peut-on rayer de la carte cet encombrant continent ? Il faut déjà le surveiller. C'est le projet de l'expédition Septième continent qui explore les cinq gyres de la planète. Puis, nettoyer les océans, par exemple avec l'aspirateur géant du jeune Boyan Slat prêt à fonctionner en 2016. Mais selon Charles Moore, l'important dans le futur est de réserver le plastique aux objets qui durent. Car, pour la planète, le plastique ce n'est pas fantastique. Une bouteille mettrait 450 ans à disparaître. Alors, dis « non merci » aux sacs jetables et dégaine ton panier durable. Tu te poses des questions ? Nous on y répond.

Vidéo 15
- Malgré les apparences, cette vaisselle jetable ne contient pas un gramme de plastique. À base de feuille de palmier, de canne à sucre ou même d'amidon de maïs, ces couverts sont 100 % écologiques, et entièrement compostables.
- On va retrouver des produits en fibre de canne, donc comme ces assiettes, ces plateaux-repas. Ici, on va retrouver de la feuille de palmier. Vous avez pas une assiette qui se ressemble, donc on est que sur des exemplaires uniques, si je puis dire. Et ensuite une nouvelle matière qu'est le CPLA, on garde une excellente solidité du produit, on n'est plus sur des fourchettes plastique comme on avait à l'époque qui se cassaient. Là, on est sur un produit très solide mais par contre qui garde ses propriétés de compostage ou de recyclage.
- Il y a dix ans, l'entreprise Thouy lançait ses premiers articles de vaisselle jetable écologique. Depuis, la gamme s'est enrichie, les couverts à base de végétaux présente aujourd'hui 50 % du catalogue. Et pour que cette proportion continue d'augmenter, les vendeurs n'hésitent pas à sensibiliser les clients.
- Vous avez là, si vous voulez, une gamme, comme vous pouvez le toucher, en fibre de canne, voilà... c'est de la fibre de canne, si vous voulez.
- Avec des liquides chauds, ça, ça ne bouge pas...
- Ça ne bougera pas.
- Face à l'augmentation de la demande, la société ne cesse de s'agrandir. L'an dernier, l'entrepôt a doublé de volume, passant de 2 000 à 4 000 mètre carrés de stockage. Car en magasin comme sur Internet, les commandes s'accumulent, le marché est en plein essor.
- Aujourd'hui, il y a des projets de loi qui vont interdire le plastique très prochainement, en 2020, et il y a une grosse sensibilité, une grosse demande de la part de nos clients consommateurs, professionnels et particuliers sur ce type de vaisselle jetable.
- Une prise de conscience devenue nécessaire quand on sait qu'en France, les déchets plastiques représentent plus de quatre millions de tonne chaque année.

Vidéo 16
La Terre. Notre belle planète bleue. Dans les films, elle est toujours sauvée par un super héros. Dans la vraie vie... on l'attend encore. Mais le péril, lui, il existe bien : c'est le changement climatique. Explications. À l'origine du changement climatique, il y a les gaz à effet de serre. Ces gaz forment une couche qui se concentre dans le haut de l'atmosphère. Les gaz à effet de serre sont naturellement présents dans l'atmosphère depuis toujours. Ces gaz ont un rôle de régulateur pour notre planète. Ils gardent la chaleur du soleil et maintiennent la Terre à une température moyenne de quinze degrés. Sans eux, il ferait très froid, environ moins dix-huit degrés. Depuis la révolution industrielle, les activités humaines ont provoqué l'augmentation artificielle des gaz à effet de serre. Le filtre s'est transformé en une couche de plus en plus dense qui forme comme un manteau autour de la Terre et retient plus de chaleur. C'est ce qui provoque le réchauffement de la planète. D'après les scientifiques, la température moyenne de la Terre devrait augmenter de un à cinq degrés d'ici 2100. Cinq degrés, ce n'est pas énorme, me direz-vous. Détrompez-vous. Depuis la fin de la dernière ère glaciaire, il y a dix mille ans, et aujourd'hui, la Terre s'est justement réchauffée de cinq degrés.

Vidéo 17
Le réchauffement de la planète modifie les équilibres naturels. Température, régime des vents et des pluies, biodiversité, acidité de l'océan. Dans l'hypothèse la plus pessimiste, les océans auront grimpé de quatre-vingt-deux centimètres d'ici la fin du siècle. Sept-cent millions de personnes devront quitter leur logement et trouver refuge ailleurs. L'augmentation de la température moyenne de la Terre accentue l'évaporation de l'eau. Le cycle de l'eau se modifie avec pour conséquence plus de pluie au nord et de sécheresse au sud, et des événements climatiques extrêmes plus fréquents. Le réchauffement de la planète va aussi avoir des effets sur notre santé. Certains insectes, comme le moustique tigre, apparaissent dans des régions où on ne les avait jamais vus. Des maladies tropicales se développent dans plusieurs pays du monde, c'est le cas du chikungunya, ou de la dengue. Les déserts gagnent du terrain, comme au Kenya ou en Tanzanie, la biodiversité est menacée. Vingt à trente pour cent des espèces végétales et animales de la planète, risquent de disparaître à court terme. Soit environ vingt mille espèces par an. Et il n'y aura pas de super héros pour nous sauver. Pour éviter ce mauvais scénario, chacun de nous peut et doit agir.

VIDÉO - UNITÉ 8

Vidéo 18
Nous voilà ensemble au rendez-vous de notre pays et de notre avenir. Les événements de ces dernières semaines dans l'Hexagone et les Outre-mer ont profondément troublé la nation. Ils ont mêlé des revendications légitimes et un enchaînement de violences inadmissibles et je veux vous le dire d'emblée : ces violences ne bénéficieront d'aucune indulgence. Nous avons tous vu le jeu des opportunistes qui ont essayé de profiter des colères sincères pour les dévoyer. Nous avons tous vu les irresponsables politiques dont le seul projet était de bousculer la République, cherchant le désordre et l'anarchie. Aucune colère ne justifie qu'on s'attaque à un policier, à un gendarme, qu'on dégrade un commerce ou des bâtiments publics. Notre liberté n'existe que parce que chacun peut exprimer ses opinions, que d'autres peuvent ne pas les partager sans que personne n'ait à avoir peur de ces désaccords. Quand la violence se déchaîne, la liberté cesse. C'est donc désormais le calme et l'ordre républicain qui doivent régner. Nous y mettrons tous les moyens car rien ne se construira de durable tant qu'on aura des craintes pour la paix civile. J'ai donné en ce sens au gouvernement les instructions les plus rigoureuses. Mais au début de tout cela, je n'oublie pas qu'il y a une colère, une indignation et cette indignation, beaucoup d'entre nous, beaucoup de Français peuvent la partager et, celle-là, je ne veux pas la réduire aux comportements inacceptables que je viens de dénoncer. Ce fut d'abord la colère contre une taxe et le Premier ministre a apporté une réponse en annulant et en supprimant toutes les augmentations prévues pour le début d'année prochaine mais cette colère est plus profonde, je la ressens comme juste à bien des égards. Elle peut être notre chance. C'est celle du couple de salariés qui ne finit pas le mois et se lève chaque jour tôt et revient tard pour aller travailler loin. C'est celle de la mère de famille célibataire, veuve ou divorcée, qui ne vit même plus, qui n'a pas les moyens de faire garder les enfants et d'améliorer ses fins de mois et n'a plus d'espoir. Je les ai vues, ces femmes de courage pour la première fois disant cette détresse sur tant de ronds-points ! C'est celle des retraités modestes qui ont contribué toute leur vie et souvent aident à la fois parents et enfants

et ne s'en sortent pas. C'est celle des plus fragiles, des personnes en situation de handicap dont la place dans la société n'est pas encore assez reconnue. Leur détresse ne date pas d'hier mais nous avions fini lâchement par nous y habituer et au fond, tout se passait comme s'ils étaient oubliés, effacés. Ce sont quarante années de malaise qui ressurgissent : malaise des travailleurs qui ne s'y retrouvent plus.

Vidéo 19
- Tous les jours, Maguette prend le même chemin pour se rendre à son travail. Sur cette passerelle, difficile de circuler aux heures de pointe, le passage est encombré de vendeurs ambulants. Maguette veut dénoncer ces comportements. Depuis quelques mois il prend des photos partout dans la capitale, qu'il partage ensuite sur les réseaux sociaux.
- C'est devenu un réflexe, pour moi, de prendre en photo tout ce qui me déplait sur Dakar et ici c'est occupé de telle que sorte qu'on peut plus passer. Et c'est vraiment désolant et j'en ai ras-le-bol de tout ça.
- Crée il y a un an, le collectif Save Dakar cartonne et regroupe presque quinze mille abonnés rien que sur Twitter. Saleté, pollution, circulation et incivilités, chaque jour des photos sont publiées pointant du doigt la détérioration de la qualité de vie dans la capitale. Pour le collectif, la sensibilisation se fait désormais aussi en dehors du Web. Des moments de pédagogie auprès des plus jeunes sont organisés, comme dans cette école du quartier populaire de Gueule Tapée.
- Je leur dis de ne pas jeter leur détritus par terre, s'ils voient des élèves qui sont entrain de jeter des détritus par terre qu'ils leur disent de le mettre dans les poubelles. On pense que les meilleurs ambassadeurs du Sénégal c'est les enfants.
- Save Dakar continue de grandir. Des projets et une campagne de financement participative vont être lancés, en espérant de créer un électrochoc auprès des décideurs de la ville.

VIDÉO - UNITÉ 9
Vidéo 20
- Salut les garçons. Ça va ?
- Salut !
- Ça va ? Ouais…très très très mignon ce petit nœud de cravate.
- Ouai, c'est une excellente idée, ça.
- Merci.
- Oui, c'est mignon… et ce jean ! Fred ! On peut dire qu'il te met bien en valeur. Regarde, regarde Elisabeth.
- Ah ah, vivement le printemps et les petites chemises cintrées, les gars !
- Eh, vous êtes super beaux aujourd'hui, vous avez rendez-vous avec la direction ? J'ai l'impression que vous avez quelque chose à demander ?
- Ça va, on vous dérange pas trop ?
- Ben non…
- Bientôt on va nous demander de venir bosser en slip.
- Mais pourquoi pas ?
- Ah oui, bonne idée ! Bah… partez pas !
- Vous êtes lourdes, les filles !
- Qu'est-ce qu'ils sont susceptibles, on peut plus rien dire !
- Mais revenez !
- Mais oui !

En France, huit femmes sur dix ont déjà été confrontées à des remarques sexistes au travail.

Vidéo 21
- La défense des droits des femmes pour Emmanuel Macron, on a tous à y gagner : « Les entreprises où il y a de l'égalité hommes femmes sont des entreprises qui innovent davantage, qui réussissent davantage. »
- Et dans l'entreprise d'Emmanuel Macron alors, à l'Elysée, combien sont-elles ? Voici la composition du cabinet de la Présidence et des conseillers : 70 % d'hommes 30 % de femmes. On est loin de la parité ! Très loin même quand on regarde dans le détail. Au cabinet du président, onze hommes, une femme. Au pôle économie, six conseillers hommes, zéro femme. Au commandement militaire et à l'État-major, treize hommes, aucune femme. Alors, où sont-elles ? Elles sont majoritaires notamment à la santé et à la communication. Le seul secteur paritaire : les services administratifs. Comment expliquer cette absence de femmes ? Nous avons contacté l'Elysée. « Il y a sans doute une autocensure de la part des femmes quand on prend en compte les contraintes liées à l'exercice de ces fonctions. Pour les postes de conseillers il y a beaucoup plus de candidatures d'hommes que de candidatures de femmes ». Emmanuel Macron veut publier les noms des entreprises qui ne respectent pas la loi sur l'égalité des salaires car, dit-il : « Personne n'a envie d'avoir le bonnet d'âne de la classe en la matière ». En matière de parité homme femme, le bonnet d'âne, Emmanuel Macron y échappe de peu. Dans l'équipe de son prédécesseur François Hollande il y avait encore moins de femmes. Seulement 27 % contre 30 % aujourd'hui.

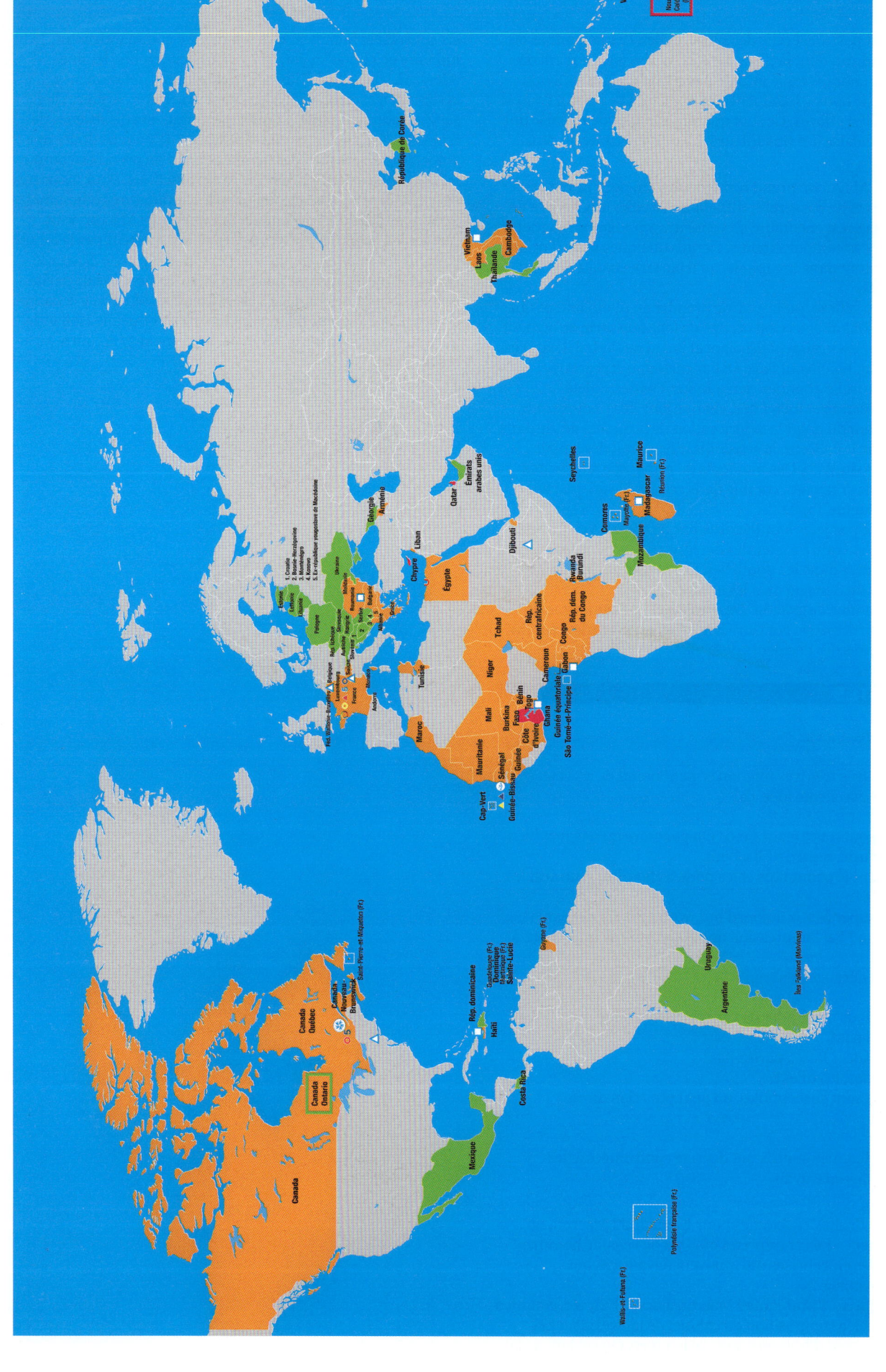

ORGANISATION INTERNATIONALE DE la francophonie

cent quatre-vingt-neuf **189**

L'EUROPE POLITIQUE

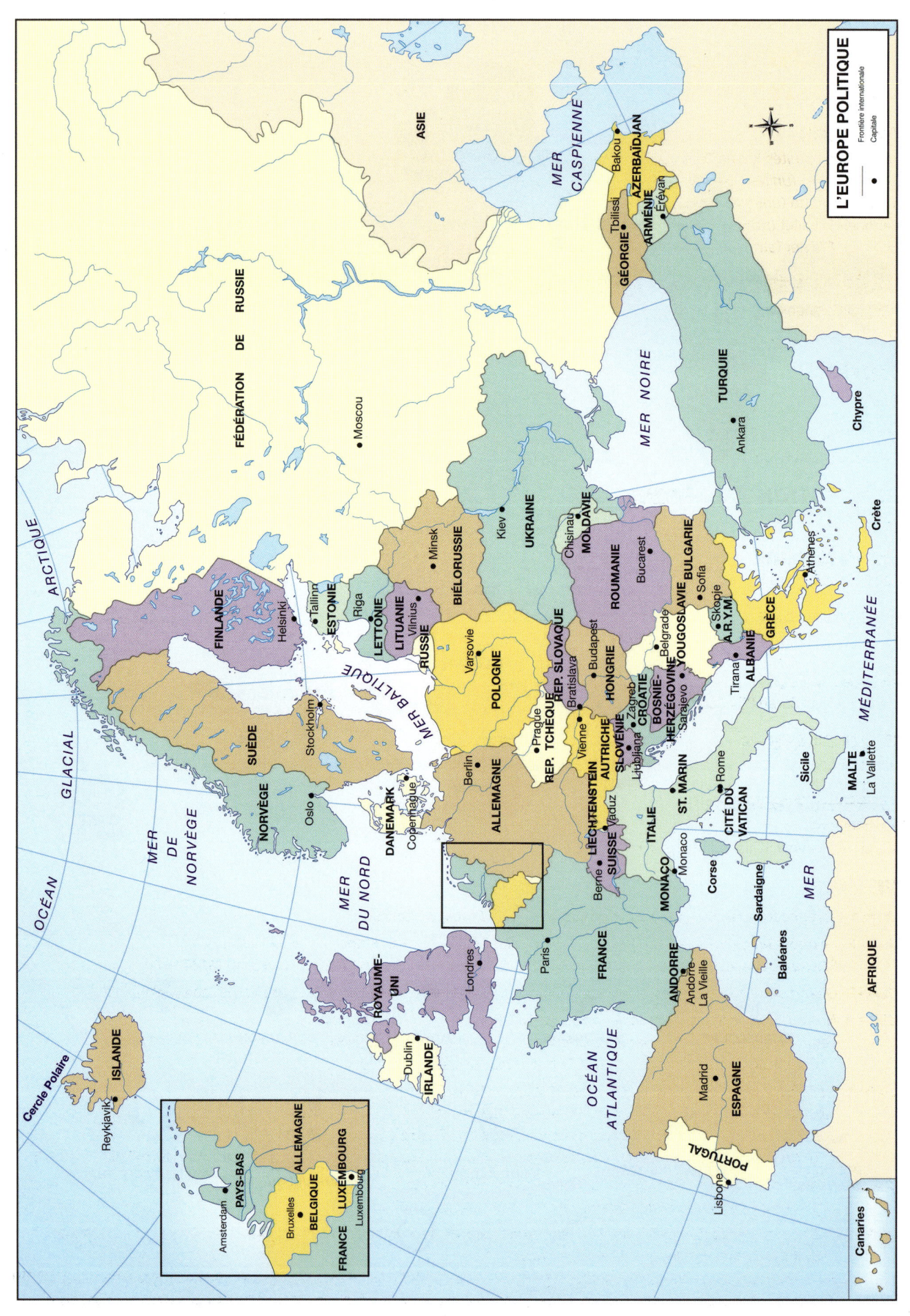

Frontière internationale
• Capitale

- ASIE
- MER CASPIENNE
- AZERBAÏDJAN — Bakou
- ARMÉNIE — Érevan
- GÉORGIE — Tbilissi
- FÉDÉRATION DE RUSSIE — Moscou
- MER NOIRE
- TURQUIE — Ankara
- Chypre
- Crète
- UKRAINE — Kiev
- MOLDAVIE — Chisinau
- ROUMANIE — Bucarest
- BULGARIE — Sofia
- A.R.Y.M. — Skopje
- GRÈCE — Athènes
- BIÉLORUSSIE — Minsk
- POLOGNE — Varsovie
- RÉP. TCHÈQUE — Prague
- RÉP. SLOVAQUE — Bratislava
- HONGRIE — Budapest
- YOUGOSLAVIE — Belgrade
- BOSNIE-HERZÉGOVINE — Sarajevo
- ALBANIE — Tirana
- ESTONIE — Tallinn
- LETTONIE — Riga
- LITUANIE — Vilnius
- RUSSIE
- FINLANDE — Helsinki
- SUÈDE — Stockholm
- NORVÈGE — Oslo
- DANEMARK — Copenhague
- ALLEMAGNE — Berlin
- AUTRICHE — Vienne
- SLOVÉNIE — Ljubljana
- CROATIE — Zagreb
- LIECHTENSTEIN — Vaduz
- SUISSE — Berne
- ITALIE
- ST. MARIN
- CITÉ DU VATICAN — Rome
- MONACO — Monaco
- Corse
- Sardaigne
- Sicile
- MALTE — La Vallette
- MER MÉDITERRANÉE
- OCÉAN GLACIAL ARCTIQUE
- MER DE NORVÈGE
- MER DU NORD
- MER BALTIQUE
- ISLANDE — Reykjavik
- Cercle Polaire
- ROYAUME-UNI — Londres
- IRLANDE — Dublin
- FRANCE — Paris
- ANDORRE — Andorre La Vieille
- ESPAGNE — Madrid
- PORTUGAL — Lisbonne
- Baléares
- OCÉAN ATLANTIQUE
- AFRIQUE
- Canaries

Encart :
- PAYS-BAS — Amsterdam
- ALLEMAGNE
- BELGIQUE — Bruxelles
- LUXEMBOURG — Luxembourg
- FRANCE

190 cent quatre-vingt-dix

DÉFI 3 - MÉTHODE DE FRANÇAIS
Livre de l'élève + CD - Niveau B1

AUTEURS
Pascal Biras *(unités 3, 4 et 7)*
Anna Chevrier *(unités 1, 5 et 9)*
Stéphanie Witta *(unités 2, 6 et 8)*
Raphaële Fouillet *(précis de grammaire)*
Christian Ollivier *(stratégie de lecture et d'écoute)*

CONSEIL PÉDAGOGIQUE ET RÉVISION
Agustín Garmendia
Laetitia Riou

ÉDITION
Laetitia Riou

DOCUMENTATION
Gaëlle Suñer Rabaud

CONCEPTION GRAPHIQUE
Miguel Gonçalves

COUVERTURE
Pablo Garrido, Luis Luján

MISE EN PAGE
Paula Castel Puig, Laurianne Lopez, Xavier Golanó

CORRECTION
Martine Chen, Sarah Billecocq

ILLUSTRATIONS
Daniel Jiménez

ENREGISTREMENTS
Blind Records
Merci à nos « voix », disponibles et sympathiques.

VIDÉOS

Unité 1 *Florence Bianchi : « La glace, c'est ma madeleine de Proust. »* CityPost

Unité 2 *La photo du bébé - Like-Moi !* Produit par Victoria Production pour France 4 et FTV Slash
Foie gras, une ferme expérimentale de l'Ariège élève des oies sans les gaver. France 3, le 07/12/2017

Unité 3 *Quand on se compare : les langues autochtones.* Extrait de l'émission *Couleurs locales* diffusée sur Unis TV

Unité 4 *Notre-Dame de Paris, la comédie musicale.* CBC/Radio-Canada Distribution
Les contes d'Hoffmann, de Jacques Offenbach, Chorégies d'Orange 2000
Interview de Catherine Frot en mai 2017 pour *Fleur de cactus*, France 3

Unité 5 *TikTok, l'application préférée des ados,* BFMTV, le 17/10/2018
Illectronisme : les oubliés d'internet, France 2, le 11/11/2018
YouTube : comment sont rémunérées les stars du Web ? France 2, publié le 06/03/2017
Effondrements d'immeubles à Marseille : la polémique enfle sur les réseaux sociaux, France 2, le 09/11/2018

Unité 6 : *L'infobèse,* un film de So Comment, Caroline Sauvajol-Rialland
Résistance à l'Agression Publicitaire, Partager C'est Sympa, le 29/11/2017

Unité 7 *C'est quoi, le 8e continent ? 1 jour, 1 question,* une coproduction Milan Presse et France Télévision, scénario d'Agnès Cathala, réalisation et dessins de Jacques Azam
Tarn : le succès d'une entreprise castraise qui propose de la vaisselle jetable écologique, France 3 Occitanie, le 11/01/2019
4 minutes pour tout comprendre sur le changement climatique, Ademe, reproduit avec leur aimable autorisation

Unité 8 *Faire de cette colère une chance,* discours d'Emmanuel Macron, le 10/12/2018.
Sénégal : Save Dakar, contre les incivilités dans la capitale, par Margot Chevance, TV5 Monde, le 19/08/2018

Unité 9 *Les remarques sexistes - France Télévisions casse les clichés !* France télévisions, le 07/03/2016
Parité hommes-femmes : à l'Elysée, faites ce que je dis, pas ce que je fais, France Télévisions, le 09/03/2018

©Photographies, images et textes

Couverture : travellinglight/Alamy Foto de stock

unité 1 David G Kelly/Getty ; Johan Larson/Dreamstime ; Jackq/Dreamstime ; John Lund Blend Images LLC/Getty ; Jolly Janner/Wikipédia ; Darren Baker/Dreamstime ; Ramoran/Dreamstime ; DiversityStudio1/Dreamstime ; Africa Now Forum
P. 9 : Reportage de Victor Dhollande sur la généalogie, produit et diffusé sur Europe 1, le 17/03/2018
P. 26 : *Mars Horizon*, de Florence Porcel et Erwann Surcouf, © Éditions Delcourt, 2017

unité 2 Mimi Haddon/Getty ; blackzheep/Adobe Stock ; Anka Van Wyke/Dreamstime ; Nataliya Borisenko/Dreamstime ; Tetiana Ropak/Dreamstime ; Valdum/Dreamstime ; by-studio/Adobe Stock ; Sofiaworld/Dreamstime ; Baghitsha/Dreamstime ; Andreblais/Dreamstime ; Kyle Lee/Dreamstime ; Natallia Khlapushyna/Dreamstime ; Robert Lerich/Dreamstime ; Yuliaglam/Dreamstime ; Ghislaine BRAS/Getty ; freeboytvnet/Adobe Stock ; Erica Guilane-Nachez/Adobe Stock ; dialloyaayaa/Pixabay
P. 30 : *Le Chat*, © P. Geluck / Editions Play Bac. Image extraite des *365 Jours du Chat*, 2009.

unité 3 Tara Moore/Getty ; F.L. Veuthey/Association mondiale d'espéranto (UEA) ; Thomaspajot/Dreamstime ; Cindy Hopkins/Alamy Stock Photo ; Anatoly Maslennikov/Adobe Stock
P. 45 : extrait de « Comment est née la langue française » ? *Franceinfo junior*, Céline Asselot et Estelle Faure, le 22/03/2017
P. 48 : logo du congrès mondial d'espéranto, F.L. Veuthey / Association mondiale d'espéranto (UEA)

unité 4 ID 383961/Pixabay ; Isaiahlove/Dreamstime ; Thibault Trillet/Pexels ; 58© Copyright 2017 conte.be ; JFBRUNEAU/Adobe Stock ; Kireev Art/Dreamstime ; Namur/www.namur.be ; MitaStockImages/Dreamstime ; Vincent Wong ; MitaStockImages/Dreamstime ; digitalmagus/Adobe Stock ; 18percentgrey/Adobe Stock ; Alexey Rumyantsev/Dreamstime ; © Marcel Hartman
© © Prod/Mandarin cinéma ; Georges Biard/Wikipédia ; Rémih/Wikipédia
P. 61 : *Été en pays de la Loire*, par Thomas Cauchebrais, *RCF* le 29/08/2018
P. 64 : *Le père Noël ets une ordure*, de Jean-Marie Poiré, 1982, La cinémathèque française
P. 64 : *Le Dîner de cons*, un film de Francis Veber. © 1998 GAUMONT / EFVE FILMS / TF1 FILMS PRO-DUCTION. Collection Musée Gaumont
P. 65 : *Le Prénom*, un film d'Alexandre de La Patellière et Matthieu Delaporte, 2012, Chapter 2 et Pathé
P. 68 : Extraits de l'interview de Laurent Lafitte, par Thierry Chèze et Igor Hansen-Love, *L'Express*, le 25/10/2017

unité 5 Google Maps/Wikipédia ; Fake Caller ; Once/getonce.com/fr ; Rocky my Run/rockmyrun.com ; Money manager ; Sergey Nivens/Adobe Stock ; marin/Adobe Stock ; e-penser/Bruce Benamran ; c'est une autre histoire/Manon Bril ; Micmaths/Mickaël Launay ; Tracy Whiteside/Dreamstime ; Ramzi Hachicho/Dreamstime ; Mimagephotography/Dreamstime ; Dimarik16/Dreamstime ; Kiosea39/Dreamstime ; Kiosea39/Dreamstime ; Littlebodybigbad/Wikipédia ; Albertshakirov/Dreamstime ; Jeff Cleveland/Dreamstime ; Alberto Jorrin Rodriguez/Dreamstime
P. 74 : Les Bons Clics, plateforme conçue par l'association WeTechCare, en collaboration avec Emmaüs Connect
P.78 : infographie « Voilà ce qu'il se passe en une minute sur Internet », @Lorilewis, @OfficiallyChadd, publié dans *Courrier international*, le 08/06/2018

unité 6 Epoxydude/Getty ; Le Monde/Wikipédia ; L'Équipe/Wikipédia ; Le Figaro/Wikipédia ; Libération/Wikipédia ; Twitter/Wikipédia ; Ljubisa Sujica/Dreamstime ; Laetitia Riou/ma famille chérie ; Puntostudiofoto Lda /Adobe Stock ; grafikplusfoto/Adobe Stock ; Myst/Adobe Stock ; Sakalouski Uladzislau/Dreamstime ; Yanikap/Dreamstime
P. 86 : infographies Kantar Public et Kantar Media pour *La Croix*, janvier 2018. Reproduit avec eur aimable autorisation
P. 87 : extrait de *Hashtag* « Infobésité, comment s'informer », par Lise Verbeke, *France Culture*, le 16/03/2018
P. 88 : extrait de « Le Décodex, guide pour savoir à qui faire confiance sur Internet », par Sam… aurent, *www.clemi.fr*
P. 92 : affiches reproduites avec l'aimable autorisation de la Ville de Paris et sa partenaire, l'agence Mad & Women
P. 94 : extrait de « Quelle est l'influence des publicités alimentaires sur la santé des enfants ? » par Gaëlle Lebourg, *Les Inrockuptibles*, le 30/05/18
P. 96 : « Stop Pub : un courrier pour le faire respecter », *www.zerowastefrance.org*

unité 7 Petr Kratochvil/publicdomainpictures.net ; NLshop/Dreamstime ; Dmstudio/Dreamstime ; Unclesam/Adobe Stock ; Sidpatil/Wikipédia ; korovina/Adobe Stock ; Irina/Adobe Stock ; Nathalon Tonge/observers.france24.com ; triocean /Adobe Stock ; arborpulchra/Adobe Stock ; Richard Carey /Adobe Stock ; IgOrzh/Dreamstime ; en:User:Sasha I/Wikipédia ; NigelSpiers/Adobe Stock
victor zastol'skiy/Adobe Stock ; Jürgen Fälchle/Adobe Stock ; Zoran Mijatov/Dreamstime ; gilitukha/Adobe Stock ; Christophe Fouquin/Adobe Stock ; Erica Guilane-Nachez/Adobe Stock ; Atlantis/Adobe Stock ; iiierlok_xolms/Adobe Stock ; nazar12/Adobe Stock

unité 8 Piero Cruciatti/Dreamstime ; Wisiel/Adobe Stock ; Piero Cruciatti/Dreamstime ; Rawpixel.com/Adobe Stock ; Dorian2013/iStock ; Ainoa/Adobe Stock ; Administration communale de Woluwe-Saint-Pierre ; Final09/Dreamstime ; Franck Thomasse/Adobe Stock
P. 114 : « Dix graphiques qui illustrent les inégalités en France », par Anne-Aël Durand, *Le Monde*, le 30 mai 2017 à 18h10
P. 115 : extrait de *Un Jour dans le monde*, « État des lieux des inégalités dans le monde », *France Inter*, Pierre Weill, le 24/04/2018
P. 118 : extrait de *La Voix militante*, « Le temps est venu d'exiger », par Rachel Boutin, ADDS Rives-Sud, mars 2016
P. 120 : extrait du *Guide du civisme*, commune de Woluwe-Saint-Pierre, 2018
P. 124 : extrait de « C'est prouvé : râler est bon pour la santé », par Pauline Guerguil, *www.le24heures.fr*, le 18/01/2017

unité 9 Jeremy Richards /Adobe Stock ; Rido/Dreamstime ; Rido/Dreamstime ; goir/Adobe Stock ; Wanida Prapan/Dreamstime ; Dean Drobot/Shutterstock ; mimagephotography/Shutterstock ; Merla/Shutterstock ; dundanim/Adobe Stock ; Anastasiia Malysheva/Dreamstime ; Denis Gorelkin/Dreamstime ; herreneck/Adobe Stock
P. 129 : *Le sexisme en maternelle*, par Camille Prieto, publié le 10 octobre 2016 sur http://blog.camilleprieto.fr
P. 130 : texte et photo extraits de *Macho Mouchkil*, par Julia Küntzle, http://julia-kuntzle.fr
P. 131 : *C'est mon boulot*, « Un tiers de la population active affirme avoir été discriminé », par Philippe Duport, *France Info*, le 23/03/2017
P. 132 : dessin « C'est la femme de qui ? », par Loup
P. 132 : extrait de « Parité hommes femmes : des pays africains donnent l'exemple », par Moussa Diop, *http://afrique.le360.ma*, le 23/10/2018
P. 135 : extrait de « Carillon, un réseau social pour les SDF » *France Info*, le 13/11/2018. Logo reproduit avec l'aimable autorisation de l'association La Cloche.
P. 137 : extrait de « Une association lance un réseau d'hébergement citoyen des réfugiés », Par Rémi Brancato, France Bleu Paris et France Bleu, le 03/05/2017
P. 138 : extrait de « La Tunisie adopte une loi contre les discriminations raciales », par Rémi Carlier, *www.france24.com*, le 10/10/2018

Tous les textes et documents de cet ouvrage ont fait l'objet d'une autorisation préalable de reproduction. Malgré nos efforts, il nous a été impossible de trouver les ayants droit de certaines œuvres. Leurs droits sont réservés à Difusión, S. L. Nous vous remercions de bien vouloir nous signaler toute erreur ou omission ; nous y remédierions dans la prochaine édition. Les sites Internet référencés peuvent avoir fait l'objet de changement. Notre maison d'édition décline toute responsabilité concernant d'éventuels changements. En aucun cas, nous ne pourrons être tenus pour responsables des contenus de liens vers des tiers à partir des sites indiqués.

© Difusión, Centre de Recherche et de Publications de Langues, S.L., 2019
ISBN édition internationale : 978-84-16943-59-3
Réimpression : avril 2021
Imprimé dans l'UE

Toute forme de reproduction, distribution, communication publique et transformation de cet ouvrage est interdite sans l'autorisation des titulaires des droits de propriété intellectuelle. Le non-respect de ces droits peut constituer un délit contre la propriété intellectuelle (art. 270 et suivants du Code pénal espagnol).